Rolf Friedrich Schuett

Heideggers philosophischer Eros

Versuch einer Psychoanalyse seines „Seyns"

Rolf Friedrich Schuett

Heideggers philosophischer Eros

Versuch einer Psychoanalyse seines „Seyns"

Books on Demand

Bibliographische Information Der Deutschen Bibliothek:
Die Deutsche Bibliothek verzeichnet diese Publikation in der
Deutschen Nationalbibliographie; detaillierte bibliographische Daten sind im
Internet über http://dnb.ddb.de abrufbar.

2. Auflage

Herstellung und Verlag :
BoD – Books on Demand, Norderstedt

Printed in Germany

ISBN   978-3-7543-2926-9

„Vielleicht aber kann ein Nachvollzug von Heideggers Denken, der anders ansetzt, als Heidegger selbst es tut, noch am ehesten die Frage wecken, was für Heidegger das zu Denkende ist."
(*Otto Pöggeler*: „Der Denkweg Martin Heideggers",
Pfullingen 1963, Seite 254)

„Wer sich auf den Weg des Denkens begibt, weiß am wenigsten von dem, was als die bestimmende Sache ihn — gleichsam hinterrücks über ihn hinweg — zu ihr bewegt. Wer sich auf das Unterwegs zum Aufenthalt im Ältesten des Alten einläßt, wird sich der Notwendigkeit fügen, später anders verstanden zu werden, als er sich selbst zu verstehen meinte."
(*Martin Heidegger*: „Wegmarken", Freiburg 1967, Vorwort)

„Nicht sein, sondern denken, denken, denken."
(*Stanislaw Lec)*

„Die meisten Menschen existieren, sonst nichts."
(*Oscar Wilde)*

Für Elke
in Liebe und Dankbarkeit

Inhalt

Die Zitate entstammen folgenden Ausgaben der Werke Heideggers:

SvG
Der Satz vom Grund, Verlag Günther Neske, Pfullingen^2, 1958
SdD
Zur Sache des Denkens, Max Niemeyer Verlag, Tübingen^1, 1969
META
Einführung in die Metaphysik, Max Niemeyer Verlag, Tübingen^2, 1958
HOLZ
Holzwege, Verlag Vittorio Klostermann, Frankfurt a.M.^{3}, 1957
WEG
Wegmarken, Verlag Vittorio Klostermann, Frankfurt a.M.^{1}, 1967
HOLD
Erläuterungen zu Hölderlins Dichtung,
   Verlag Vittorio Klostermann, Frankfurt a.M.^{2},1951
SuZ
Sein und Zeit, Max Niemeyer Verlag, Tübingen^8, 1957
UzS
Unterwegs zur Sprache, Verlag Günther Neske, Pfullingen^4,1971
TuK
Die Technik und die Kehre, Verlag Günther Neske, Pfullingen^2, 1962
VuA
Vorträge und Aufsätze, Verlag Günther Neske, Pfullingen^2, 1959

Einleitung : Ziel und Methode

„Geboren bin ich, Martin Heidegger, in Meßkirch (Baden) am 26. September 1889 als Sohn des Mesners und Küfermeisters Friedrich Heidegger und seiner Frau Johanna, geb. Kempf, beide katholischer Konfession. Ich besuchte Volks- und Bürgerschule meiner Heimat, von 1903 bis 1906 das Gymnasium in Konstanz, seit Obersekunda das Bertholdsgymnasium zu Freiburg, i. Br. Nach hier erlangtem Reifezeugnis (1909) studierte ich in Freiburg i. Br. bis zum Rigorosum. Ich hörte in den ersten Semestern theologische und philosophische Vorlesungen, seit 1911 vor allem Philosophie, Mathematik und Naturwissenschaften, im letzten Semester auch Geschichte."

Dieser unwillig kurze Lebenslauf des 24jährigen zu seiner Dissertation ist „wohl einer der längsten Beiträge, die Heidegger je über sich selbst geschrieben hat".[1]

Heidegger wurde geboren, arbeitete und starb.

Ginge es nach ihm, würde nach seinem Tode so über sein Leben hinweggegangen, wie er selbst einst eine Vorlesung über Aristoteles lapidar einleitete, um dann brüsk zur philosophischen Tagesordnung überzugehen. Und tatsächlich wäre die Philosophie des „Ereignisses" unbedeutend, müßte ihr Rang aus diesem Leben ohne besondere Ereignisse erschlossen werden. Lange wurden selbst äußere Lebensdaten des „Denkers in dürftiger Zeit" *(Karl Löwith)* von seinen ebenso vielen wie treuen Schülern in voller Ambivalenz gehütet als Irrelevanzen und priesterliche Fabrikgeheimnisse zugleich. „Sein Werk ist sein Leben", schreibt *Walter Biemel* in einer Monografie[2] und wehrt jeden Versuch ab, die Existentialphilosophie aus der unscheinbaren Existenz des Genies aus Meßkirch abzuleiten. Heideggers gedankliche Grunderfahrung, die immer neu paraphrasierte „ontologische Differenz von Sein und Seiendem", ist auf kein bekanntgewordenes frühkindliches oder pubertäres Initialerlebnis zurückführbar. Wir haben keinen Urtraum wie vom Zunftkollegen Descartes. *Mitscherlich* konnte den Traum des Chemikers Kekoulé analysieren; wir wissen von keiner Benzolschlange Heideggers, in der ein intrapsychischer Konflikt eine philosophische Lösung begünstigt oder die Arbeit an einem philosophischen Problem ein psychisches Dilemma mitgelöst hätte. Der Philosoph, der das Pathos des Existentiellen gegen alle verdinglichte Sachlichkeit wendete, klammerte seine eigene Existenz ein und aus. Dabei war es gerade Heidegger gewesen, der in jener Existenz eines Gegenstandes, die bei seinem Lehrer Edmund *Husserl* um der „Wesensschau der Sache selbst" willen einer phänomenologischen Reduktion zu opfern war, die menschliche Existenz diagnostiziert hatte, die subjektive

11

Intentionalität selbst, welche sich selbst in einer „Epoché" durchstreicht vor der „Sache selbst", um deren Wesen reiner hervortreten zu lassen. Der dänische Existenztheologe *Kierkegaard*, auf den Heidegger anfänglich sich berief, um ihn später als bloß „religiösen Schriftsteller" beiseitezulegen, hätte gegen ihn nichts weniger vorgebracht als gegen *Hegel*: Sie bauen Paläste und wohnen in Hundehütten. Camouflierte Heidegger seine innere und äußere Biografie aus Angst, seine fundamentalontologische Analytik des menschlichen Daseins könnte als philosophische Projektion der Kontingenz seiner bescheidenen privaten Existenz abgetan werden? Adorno jedenfalls, sonst jedem reduktionistischen Psychologismus gewiß abhold, entdeckte in Heideggers berühmtem „Man" (dem defizienten modus vivendi alltäglicher „Uneigentlichkeit" und „Verfallenheit" an Neugier, Zweideutigkeit, Gerede etc. etc.) nur willkürliche Beliebigkeit, Hochstilisierung von „zufällig Privatem". Andererseits ist der Anspruch dieses Denkens, objektiver zu sein als sein Urheber, in Schutz zu nehmen gegen Heidegger selbst und zu verteidigen gegen das existentialistische Postulat, die Wahrheit des Gedankens reiche nicht weiter, als sie gedeckt sei durch die enge Befangenheit unmittelbaren Lebensvollzuges. Kein Denken hat Sinn, das nicht den Bannkreis existentieller Einlösung überschreitet. Kein Wegweiser geht den Weg, den er weist, beschied der von Heidegger später bewunderte Max *Scheler* jemanden, der ihn auf die Diskrepanz zwischen seinem hehren Abstraktionsniveau und seiner vergleichsweise kümmerlichen Lebenspraxis festnageln wollte. Daß die Wahrheit eines Denkens identisch zu sein habe mit ihrer Verifizierung, am besten gleich durch das Leben des Denkers selbst, warf auch Jaspers ihm vor, von Habermas gerügt.

Es kann nicht um den Nachweis zu tun sein, auch Heidegger koche nur mit Wasser: Subaltern wäre ein analytisches „Il n'y a pas de héros pour le valet de chambre". Inferior, ihm eine unbewußte Inferiorität hämisch vorrechnen und das, was einem zu hoch ist, mit Freuds Messer beschneiden zu wollen. Bedeutend ist Heidegger einzig durch das, wodurch er mehr sagt als über seine innere Mechanik und seelische Chemie. Statt ihn erst aufs Podest zu heben und dann aufs Allzumenschliche wieder herunterzunivellieren, erlaubt es unsere Methode im Gegenteil, seine Größe gleichsam via negationis einzukreisen nicht von dort her, wo er auch nur Mensch ist, sondern wo sein Denken, seinem Anspruch zum Trotz, mehr über ihn als über die Welt sagt und *als* Denken also erlischt. Wo es ihm mißlingt, über seine Psychologie hinauszudenken, wird sie an diesem Denken selbst greifbar und begräbt es unter sich, ohne daß erst wir seine Anstrengung des Begriffs angestrengt rückgängig zu machen hätten, um hinter ihr einen Normalverbraucher triumphierend auszugraben wie dich und mich. Sicher ist Heidegger auch nur ein Mensch, aber nicht jeder Mensch ist Heidegger. Das Denken verbirgt den Menschen, und um den Menschen Heidegger ist es uns nicht zu tun.

Uns interessieren nicht die schwachen Stellen Heideggers, sondern seiner Philosophie. Eine Subjektivität auf Kosten der Objektivität ist eine falsche und schlechte. Nicht das Ich selbst verstellt den Blick auf die Sache selbst, sondern die Ichschwäche. Wo Heidegger vermeintlich nur noch subjektiv ist, ist diese Subjektivität gerade gestört, erlahmt, und hinter dem Rücken des psychologisch falsch Subjektiven triumphiert das philosophisch falsch Objektivierte, unbegriffen, intransparent, entfremdet, nicht mehr Wahrheit über Fakten, sondern Heideggers *Faktizität* selbst, die „mit seinem Existieren wütet", Geworfenheit, die dem Entwurf vorweg ist, um mit Heidegger selbst zu sprechen. Subjektives zerfällt dann wieder in seine objektiven Partialmomente, verfällt ans Ontische, aus dessen Subordination seine ontologische „Eigentlichkeit" erst besteht. Das ist der psychologische Kern von Heideggers ontologischem Objektivismus und Realismus : Desintegration, Dekomposition der von ihm analysierten „Existenz", ihre Re-Depersonalisierung zu dem, was sie als „Sichvorwegsein" gerade hinter sich lassen wollte als ontischen Abfall. — Und beruht Heideggers grandiose Wirkung nicht zuletzt darauf, daß er jener Ichschwäche, die von vielen als sozialpsychologische Signatur unserer Zeit angesehen wird, das gute Gewissen verschafft? Warum gerade Heidegger? Eine Analyse Kants, Schopenhauers, Kierkegaards oder Nietzsches wäre nicht weniger lohnend. Aber sie schrieben für eine Zeit, aus einer Welt heraus, die nicht mehr unmittelbar gegenwärtig ist. Heidegger läßt unsere Jahrzehnte verstehen und sich aus diesen Jahrzehnten. Warum dann nicht Russell, Jaspers, Bloch oder Sartre? Heidegger gilt mit welchem Recht auch immer als der bedeutendste Philosoph dieses Jahrhunderts. Seine Wirkung ist weltweite Antwort auf mächtige unterschwellige ideologische Bedürfnisse nach Rebellion und Sekurität zugleich, obwohl seine unmittelbare Attraktivität abgeklungen ist und nicht mehr Studentengenerationen in Bann schlägt. Wo er noch verführt, da nicht durch das Pathos existentieller Spontaneität in total verwalteter Welt, sondern im Gegenteil, weil er soliden ontologischen Halt in Aussicht stellt, säkularisierte Bindungen anbietet und ein zivilisationsmüdes Bedürfnis nach einer Natur ohne Gott zu befriedigen verspricht für jene, die nicht mehr an Gottvater glauben können, ohne auf Gläubigkeit überhaupt zu verzichten : Angeblich kommen wir für die Götter zu spät und für das „Seyn" zu früh („Aus der Erfahrung des Denkens").

Die Wahl fiel zudem auf Heidegger aus einem eher privaten, psychoanalytisch selbst relevanten Motiv; nicht zuletzt ist diese Studie auch ein später Versuch, den Einfluß von Heideggers Heils- und Herrschaftswissen auf den ideologischen Teil meiner eigenen Pubertät im Nachhinein aufzuarbeiten, Heidegger aus der Magie heraus zu entzaubern, die er Jahre hindurch auf meine Jugend ausübte. Verrät dieser Essay deshalb weniger über Heidegger als vielmehr über mich, der ich ihn zu fassen suche durch Selbstanalyse meiner Reaktion auf ihn hindurch? Nur zuinnerst verwandte Impulse sprechen auf ihn an oder schrecken idiosynkrarisch vor ihm zurück wie vor Versuchung und Gefahr in eins. Wir wollen uns durch analytische Psychologie über Heidegger belehren lassen, nicht à la Binswanger durch Heidegger die Psychologie bereichern, es sei denn, sie profitierte auch von jeder ihrer erfolgreichen Anwendungen. Franz von *Brentanos* Abhandlung „Über die mannigfaltige Bedeutung des Seienden bei Aristoteles" und *Husserls* „Logische Untersuchungen" bestätigten schon den Gymnasiasten und Theologiestudenten in seinem starken anti-psychologischen Affekt : Heideggers Invektiven gegen „bloß Psychologisches" sind zahllos. Der 24jährige ergreift mit seiner Dissertation 'Die Lehre vom Urteil im Psychologismus'[4] die Partei der Antipsychologisten in der formalen Logik: Die Unabhängigkeit des Urteilsgehalts vom Urteilsvollzug wird ihm zum Paradigma der psychischen Immunität von Denken überhaupt, auch und gerade später, als er sein Denken längst nicht mehr jener Logik unterstellt, die als Bundesgenossin im Kampf gegen Psychologik gerade gut genug war. Warum also Tiefenpsychologie eines Denkens, das Psychologisches, wenn nicht gar Psychisches so tief verachtet wie Tiefe usurpiert?

„Heidegger geht wie ein Tiefenpsychologe vor, obwohl ihm gerade diese Art der „Analyse" am fernsten liegt: er hört aus dem, was gesagt wird, ein Ungesagtes heraus, welches das eigentlich motivierende, wenn auch verborgene Motiv des Gesagten ist: Anfängliche Verfehlungen, die vergessen worden sind und die als anfängliche alle weiteren Geschicke des Menschen im voraus entscheiden und überholen, indem sie unbewußt die ganze Lebensgeschichte bestimmen, bis ein Heilender kommt, der es wagt, die lange Geschichte dieses Geschicks zu „wiederholen". Dem unpersönlichen „Es" des Unbewußten entspricht das anonyme „Es" des Seins und des Ereignens. *Freud* wie Heidegger, beide übereignen das selbstbewußte Ich einem tiefer liegenden Verhältnis, indem sie im Sichzeigenden und Gesagten ein Sichentziehendes und Ungesagtes erhorchen, das im Spiel der Assoziation von Einfällen unwillkürlich zur Sprache kommt... Die existential-ontologische Auslegung hat in jedem Falle recht, weil der Widerstand gegen sie beweist, daß er selbst nur einem „defizienten Modus" des zu Erweisenden entspringt."[5]

Wenden wir die Psychoanalyse selbst auf Heideggers quasi-tiefenpsychologische Existenzialanalytik des menschlichen Daseins an, übersetzen wir à la Wittgenstein das daseinsanalytische Sprachspiel ins psychoanalytische, wie lächerlich Heideggerschüler Gadamer auch immer das finden mag. Psychoanalysieren wir den Menschen, dessen Wesen Heidegger zeichnet, und relativieren wir seine philosophische Universalität. Ist die „Eigentlichkeit" der Existenz genitalen Charakters oder eher anal organisiert, wo steht sie innerhalb der genetischen, dynamischen, topologischen und strukturellen Dimension des Freudschen Modells? Ist sie eine fixierte, generalisierte Hypostase dessen, was in der psychoanalytischen Theorie der menschlichen Bildungsprozesse bloße Reifestufe und Durchgangsphase darstellt?

„Das Kind, könnte Fundamentalontologie plädieren, wenn es ihr nicht zu ontisch-psychologisch wäre, fragt nach dem Sein ... Sein Verhalten malt die Philosophie, gleichsam mit dem Anthropomorphismus des Erwachsenen, als die der Kindheit der gesamten Gattung als vorzeitlich-überzeitlich sich aus."[6] Ontogenese rekapituliert Phylogenese nach Freud auch in der Psychologie; in „Totem und Tabu" wiederholt die Familie das Drama der archaischen Urhorde. Dagegen scheint Heideggers Auffassung von der geistesgeschichtlichen Phylogenese der abendländischen Menschheit nur mystifizierende Projektion einer sehr subjektiven Ontologisierung jener menschlichen Ontogenese zu sein, welche die Psychoanalyse zeichnet. Die Geschichte der Philosophie ist als Geschichte der Metaphysik die Geschichte der Rationalisierung von Verdrängung. Philosophie als Aufklärung meint jene Vernunft, in der Heidegger nur rationalisierte „Seinsvergessenheit" sieht, nur Widerstand gegen die Rückkehr eines verdrängten Ursprungs, der abgespaltenen, nicht mehr bewußten inneren Natur, der „Physis". Metaphysik als Urneurose des Abendlandes, als Flucht vor der inneren Physis in das Abseits eines unsinnlichen Meta? Heidegger macht „Mut zur Angst" vor der heilsamen Wiederkunft, Reintegration des Verdrängten, zur Angst um das nur technische Ensemble zwangsneurotisch-ontischer Abwehrmechanismen, zur Angst vor dem Sein um das Seiende, vor allem um jenes Seiende, das implizit aus Seinsverständnis bestehe : um das menschliche Dasein je selbst.

Anstoß für die vorliegende Studie war ein Ähnliches, was dem Schriftsteller *Arno Schmidt* bei der Lektüre Karl Mays aufging: die unterschwellig psychoerotische Valenz der Sprache und Bilder. Sein Buch „Sitara oder der Weg dorthin" erklärt den weltweiten Ruhm der Werke Mays aus der grandiosen literarischen Strukturierung eines orientalisch virilisierten Wilden Westens, eines homosexualisierten Universums, dem ganze Generationen von Pubertierenden sich angstlos überlassen konnten. Der spätere Riesenroman „Zettels Traum" besteht fast ganz aus erotischer Privatmythologie und -etymotologie, nach Heißenbüttel einer Psychoanalyse von Sprache überhaupt. (Wir wollen mit Arno Schmidt nicht so weit gehen, etwa in Kultur, culture, die anale Dressur zu entziffern in den Lesarten: cul-tür, Kult-uhr, cool tour. Damit kämen wir bei Heideggers Lieblingswort „Sein" auf das französische „sein" für gleichzeitig Busen und Schoß. Ein Roman Schmidts über Heidegger dürfte damit spielen.) Aber merkwürdig bleibt doch, daß Heidegger immer wieder erotisch parodiert wurde. Kabarettisten machten in den Dreißigerjahren aus dem heroischen „Platzhalter des Nichts" den „Zuhälter des Seins", und das Schauspiel „Die Wacht am Sein" des christlichen Existentialisten Gabriel *Marcel* bezieht seine Komik daraus, daß der feierliche Anspruch der Existenzphilosophie dort ständig kollidiert mit dem uneingestandenen sexistentiellen Interesse des Philosophen Florian an seiner Haushälterin. Später heideggerte Günter Grass in den „Hundejahren".

Sartre fiel auf, daß Heideggers „Dasein" wie geschlechtslos aussehe. Nun ist keinem Denker vorzuwerfen, keine Philosophie der Sexualität geliefert zu haben, welche Bedeutung die Psychoanalyse ihr auch zuerkennen mag. Aber nicht genug damit, unterschlägt Heidegger sie auch dort, wo sie unübersehbar ist. *Adorno* mokierte sich darüber, daß er den „braunen Frauen" eines Hölderlingedichtes prüde alle erotischen Valeurs weginterpretierte: „Frau" habe dort noch den alten Klang von Herrin und Hüterin. Hätte Heidegger je über Sexualität geschrieben, wäre eine Ontologie von Sexualien herausgekommen. Wir werden im Folgenden nicht sehr viel mehr zeigen, als daß er tatsächlich eben eine solche Ontologie geschrieben hat, eine philosophische Pornographie gleichsam. Immer wieder warnt er, seine Grundbegriffe, die er aus dem umgangssprachlichen Bereich herausnimmt und für seine Absichten umfunktioniert, mit dem zu verwechseln, was sie „gemeinhin", „gewöhnlich" und „vulgär" meinen. Sein „Tod" ähnelt eher seiner eigenen Idee und einem Ideal, „Sorge" ist die gleiche für mich und Rockefeller und einen Neandertaler, und „Angst" schillert, weil unser Schrecken zwar ernst genommen, aber das Unakademische daran ja akademisch gemacht und soweit zu anthropologischer Invarianz verflüchtigt wird, daß niemand mehr darin seine Realängste wiedererkennen mag, von Trennungs-, Kastrations- und Gewissensangst ganz zu schweigen. Ständig wird zurückgegriffen auf ein alltägliches 'Vorverständnis', das wir in unmittelbarem Lebensvollzug von der Bedeutung eines Begriffs haben, dessen philosophische Spezialverwendung daran zu messen dann im gleichen Atemzug verboten wird. Freud lehrt in seiner Arbeit „Die Verneinung", „daß der übereifrige Gestus des Verleugnens im allgemeinen darauf hindeutet, gerade das, was verleugnet wird, sei in der psychologischen Wirklichkeit dennoch dahinter verborgen, so, wenn Menschen mit einem ungeheuren Eifer betonen, sie hätten, was man ihrer Ausdrucksweise entnehme, gar nicht gemeint. Mir scheint dieses psychologische Mißtrauen auch auf den philosophischen Sprachgebrauch übertragen werden zu können, vor allem, wenn so eifrig in der zeitgenössischen Philosophie betont wird, daß irgendwelche in das Bereich des Wesens oder des Seins gehörige Bestimmungen nach Behauptung der Philosophen mit Empirischem, mit Inhaltlichem, mit Seiendem gar nichts zu tun haben sollen. Wenn das so betont und behauptet wird, ohne daß dieser Unterschied aus den Worten selbst herauskommt, und wenn stattdessen die Worte auf genau das verweisen, was durch solche Behauptungen ihnen abgesprochen wird, dann ist der Verdacht begründet, daß in diesen Worten eben das Verleugnete sich versteckt. Infolgedessen soll man diesen Behauptungen nicht allzu sehr glauben."[7] Heidegger sucht allzu krampfhaft sein „Seyn" um dessen höherer Dignität willen von jeder Erinnerung an kulturelle Zutat und „bloß Seiendes" zu reinigen, jede Spur von Kontamination mit menschlichen Machenschaften und mit innerweltlich „Vorhandenem" daraus zu tilgen, allzu krampfhaft, als daß das doppelt Verneinte nicht das doppelt Bestätigte wäre. Ein anankastischer Waschzwang befreit unablässig das berührungsängstliche und bakteriophobe „Sein" vom „neugierigen" und „zudringlichen" Zugriff des „Zuhandenen" und menschlicher Begriffe. „Sein ist kein Seiendes und doch nicht nichts", weil es alles Seiende samt dem menschlichen Dasein überhaupt allererst vorliegen, erscheinen und sein lasse. Von keinem Seienden her durch begriffliche Synthese definierbar, sei es „nichts", nichts anderes als nicht das Seiende, nichts anderes als : anders denn das „Seiende im Ganzen", das es ermögliche. Jede Definition von Sein setze es in der Copula „ist" bereits voraus und grenze es ohnehin auf nur Seiendes ein durch Subsumption unter ein unmöglich Umfassenderes und noch Allgemeineres. Wenn wir der unablässigen Beteuerung nicht glauben, Sein sei das „transcendens schlechthin",[8] dann haben wir jene weltliche Abstammung, jene empirischen Menschen und ihre sozialen Interaktionsformen darin nachzuweisen, deren Transzendenz das Sein sein soll, Unser Ehrgeiz stellt nur darauf ab, detektivisch aus Heideggers sparsamen Paraphrasen dieses unbestimmten X, aus diesem Unding und undenkbaren Gedankending jenes ausgezeichnete „vulgäre" Da- und „Mit-sein" zu rekonstruieren und zu identifizieren, nach dessen Modell das berühmte „Seyn" gemodelt ist und aus dem Heidegger so sorgfältig alle rationale Überführbarkeit und peinliche faktische Herkunft zu verdrängen versucht hat. Dabei ist das vulgär-ontische wie analytische Tabu über dem Sein psychologisch nicht weniger motiviert als philosophisch. „Kein Sein ohne Seiendes" : Machen wir also das Ontologische ontisch dingfest. Welches lebendige Seiende „verbirgt und entbirgt sich" hinter dem Neutrum Sein, „in dessen Licht" als transzendentaler Bedingung seiner Möglichkeit alles Vorfindliche allererst „anwest" und „zum Vorschein kommt"? Heidegger selbst fordert uns auf zur „rechten Wahl des exemplarischen Seienden": „Ausarbeitung der Seinsfrage besagt demnach: Durchsichtigmachen eines Seienden — des fragenden — in seinem Sein."[9]

„Die Philosophie kommt nur in Gang durch einen eigentümlichen Einsprang der eigenen Existenz in die Grundmöglichkeiten des Daseins im Ganzen. Für diesen Einsprang ist entscheidend einmal das Raumgeben ... sodann das Sichloslassen in das Nichts, d.h. das Freiwerden von den Götzen, die jeder hat und zu denen er sich wegzuschleichen pflegt; zuletzt das Ausschwingenlassen dieses Schwebens. ... " (WEG 19)

„Der Hin- und Hergang, das Gleiten und Ausgleiten auf dieser Bahn ist uns so in Fleisch und Blut übergegangen, daß wir sie weder überhaupt kennen, noch auch nur die *Frage* nach ihr beachten und verstehen." (META 90)

„Aristoteles wurde geboren, arbeitete und starb."

Nach dieser lapidaren Einleitung ging Heidegger einst in einer Vorlesung brüsk zur philosophischen Tagesordnung über. Weiter läßt sich die Verachtung für innere und äußere Biografie als Interpretationsinstrument kaum treiben. Oder hat jeder Denker (mit der Individualpsychologie der Adlerschule) nur an der Philosophie seiner 'Organminderwertigkeit' geschrieben? Aber erschließen sich uns Kierkegaards Bücher besser nach der Lektüre einer Dissertation über seinen Buckel? In „Psychopathographien 1" (Frankfurt am Main 1972) erklärt eine Analytikerin die fulminante literarische Produktivität Kierkegaards nach seiner Entlobung von Regina Ohlsen aus der teilerfolgreichen Verarbeitung einer depressiven Vaterbindung. Nun gut, vielleicht verstehen wir jetzt, warum er überhaupt schrieb, aber dunkel bleibt, warum er gerade diese Bücher und keine anderen so und nicht anders schrieb und was sie der Mediokrität enthebt. An Psychographien von Schriftstellern fehlt es nicht, Psychogramme von Denkern sind ungleich seltener. Jean-Paul Sartre hat mit „Les mots" in einer brillanten Selbstanalyse seiner ersten zwölf Lebensjahre eine Ätiologie seiner Denkstrukturen versucht, um uns zu erklären, was ihn die „heilloseste aller bürgerlichen Einsamkeiten" wählen ließ, das Schreiben. Im Allgemeinen aber verstehen Philosophen zu wenig von Psychologie und Psychologen wenig von Philosophie. Philosophen wittern in Psychologie vorschnell bloßen Psychologismus, also überholte Metaphysik zur Liquidierung jeglicher Objektivität: als sei die Wahrheit eines Denkens so ganz immun gegen die Wahrheit dessen, der denkt. Psychologen lassen das hohe Anspruchsniveau des Denkens sich gern hämisch blamieren vor dem, was diese bloßen Rationalisierungen „eigentlich" innerseelisch fundiert: als fiele psychoanalytische Theorie dann nicht selbst pauschal unter dieses Verdikt. (Schon Anna Freuds These war subaltern, alle hochfliegenden Ideologiebildungen von Pubertanten seien „nichts als" Intellektualisierung von Triebkonflikten.)

Was Adorno in seiner „Ästhetischen Theorie" (Gesammelte Schriften 7, Frankfurt a.M. 1970) über Psychoanalyse von Kunstgebilden schrieb, mag auch von philosophischen Texten gelten (S. 20 ff.):
„Das Projektive im Produktionsprozeß der Künstler ist im Verhältnis zum Gebilde nur ein Moment und schwerlich das entscheidende ... Die psychoanalytische Kunsttheorie hat vor der idealistischen voraus, daß sie ins Licht rückt, was im Inwendigen der Kunst selbst nicht kunsthaft ist. Sie hilft, Kunst aus dem Bann des absoluten Geistes herauszuholen. ... Kunstwerke sind unvergleichlich viel weniger Abbild und Eigentum des Künstlers, als ein Doktor sich vorstellt, der Künstler einzig von der Couch her kennt. Nur Dilettanten stellen alles in der Kunst aufs Unbewußte ab ... Kunstwerke sind kein thematic apperception test ihres Urhebers. Mitschuldig an solcher Amusie ist der Kultus, den die Psychoanalyse mit dem Realitätsprinzip treibt: was diesem nicht gehorcht, sei immer nur 'Flucht'. Die Realität liefert zu vielen realen Grund, sie zu fliehen, als daß eine Entrüstung über Flucht anstände, die von harmonistischer Ideologie getragen wird; selbst psychologisch wäre Kunst besser legitimiert, als Psychologie ihr zuerkennt. In Künstlern höchsten Ranges wie Beethoven oder Rembrandt verband schärfstes Realitätsbewußtsein sich mit Realitätsentfremdung; das erst wäre ein würdiger Gegenstand der Psychologie von Kunst. Sie hätte das Kunstwerk nicht nur als das dem Künstler Gleiche zu dechiffrieren, sondern als Ungleiches, als Arbeit an einem

Widerstehenden. Hat Kunst psychoanalytische Wurzeln, dann die der Phantasie in der von Allmacht. In ihr ist aber auch der Wunsch am Werk, eine bessere Welt herzustellen."[3]

Hinter diese Einsichten darf nicht zurückgefallen werden. Unsere Studie hätte ihren Zweck mehr als erfüllt, wenn es uns zu zeigen gelänge, daß das Verhältnis zwischen Denken und Denker wahrhaft dialektisch ist : Nur durch eine ebenso notwendige wie nicht hinreichende Psychoanalyse eines Denkens hindurch enthüllt sich der Sinn seines Wahrheitsanspruchs, durch dessen werkimmanente Interpretation hindurch andererseits die Psychologie dieses Denkens erst ihren vollen, nichtreduktionistischen Sinn erhält. In diesem Sinne versuchen wir weniger eine Psychoanalyse das Denkers Heidegger als seines Denkens selbst, seiner spezifischen Reflexionsform, wie sie Alfred Lorenzer als „Symbolisierung einer spezifischen Interaktionsform" versteht, hier eines Philosophen mit dem „Ganzen der Welt".

Unter dem Wahrheits- und Objektivitätsanspruch einer Philosophie werden wir im Folgenden durchgehend den Anspruch verstehen, psychoanalytisch gesprochen, dem Realitätsprinzip zu entsprechen gegen die Instanzen von Triebwünschen und Überichforderungen. Verzwickt wird es, weil Philosophie nicht zuletzt gerade aus einer Definition dessen besteht, was als wirkliche Realität zu gelten habe. Ihr Realitätsbegriff ist zumeist gerade dem gesellschaftlich approbierten des Common Sense zuwider. Aber so wenig Philosophie als eine Art Metapsychologie des Realitätsprinzips automatisch legitimiert ist, das Prinzip einer „höheren" Realität zu usurpieren, in deren Namen der konventionierte Begriff von Wirklichkeit abgekanzelt werden darf, ebenso wenig ist sie als Anwalt eines abweichenden Begriffs von dem, was „wirklich real" ist, allein deshalb schon Philosophie eines Neurotikers. In Philosophie steht nicht in Frage, *daß* Realität Prinzip zu sein habe. Problematisiert ist, *was* real sei, welcher Begriff von Faktizität als Wahnschutz normativ werden möge.

Dies ist weder ein Versuch über Freud noch über Heidegger, sondern über Heideggers „Seinsfrage" und durch Heidegger hindurch über Philosophie selbst. Es wird weder eine Philosophie der Psychoanalyse geliefert noch umgekehrt die Philosophie in Psychologie aufgelöst, sondern nur so weit mit den Augen Freuds betrachtet, wie die Objektivität ihrer Systeme nicht nur vom manifesten biographischen Ich der Denker, sondern von ihren unbewußten inneren Abwehrmechanismen und den ebenso unbewußten psychogenen Erwartungshorizonten ihrer Leser gleichsam a priori hinterrücks systematisch verzerrt werden kann. Es gibt so viele Philosophien, wie es Philosophen gibt, und „alles ist subjektiv". Das Denken schützt sich vor dem Denker gemeinhin durch dessen Selbstreflexion auf die Partikularität seiner eigenen befangenen Subjektivität. Aber diese Subjektivität ist nicht nur das privatistisch schon genug borniere Ich, wie es bewußt zwischen Es, Über-Ich und Realität vermittelt, sondern zudem auch noch Rationalisierungsinstanz, die sich selbst vormacht, wie wenig sie sich angeblich selbst vormacht, wenn sie unter dem Vorwand, um der Objektivität von Erkenntnis willen das Subjektive methodisch durchstreichen zu müssen, es kurzerhand verdrängt. Häufig genug ist das privat Subjektive eines Denkers in seinem Denken weniger aufgehoben als eher verdrängt. Der Philosophie ist zuzumuten, sich außer mit dem positivistischen Sinnlosigkeitsverdacht und marxistischen Überbauverdacht auch mit dem Psychogenitätsverdacht ihrer Konstrukte auseinanderzusetzen. Diese Arbeit hätte ihren Zweck erfüllt, wenn sie die Denker und ihre Abnehmer dafür sensibilisieren könnte, gegen mögliche Fehlerquellen des Denkens aus dieser Richtung ein wenig wachsamer zu werden als bisher üblich und gefordert. Der warnende Katalog von Bacons Idolatrienlehre ist seit Freud zu erweitern um einige Qualitätskontrollgänge, die, wenn sie unter Konkurrenzdruck obligatorisch würden, das Anspruchsniveau an philosophisches Denken erhöhen müßten, weil sie es vom Stigma des subjektiv Beliebigen zu befreien helfen könnten. Wir hoffen, es den Philosophen fortan schwerer machen zu können, aber auch leichter, indem es ihren Gegnern erschwert wäre, sie zeitraubend mißzuverstehen und an der Philosophie vorbei auf die Psychologie des Denkers hereinzufallen oder loszuschlagen. Es gilt nicht, die kontingente Individualität des Philosophen aus dem herauszuoperieren, was an seinen Befunden überindividuell gelten mag. Im Gegenteil ist diese Individualität ihm erst einmal explizit zugänglich zu machen, um das Besondere bewußt mit dem Allgemeinen vermitteln zu können. Der zusätzliche Energieaufwand für selbstkritisch analytische Anstrengung würde bei der dann hinfällig gewordenen Rationalisierungsarbeit ja wieder eingespart. Die neurotisch motivierten Anteile an ungeneralisierbarer privater Kontingenz sollen nicht unbemerkt in den philosophischen Argumentationszusammenhang einfließen und ihn ex ovo verfälschen. Die Artikulation einer authentischen Grunderfahrung ist möglichst freizuhalten von den pseudophilosophischen Übermalungen unbewußter Abwehr intrapsychischen Materials. Ein solches Hilfsinstrument für analytischen Check-up ist dem Philosophen und seinen Interessenten in die Hand zu geben. Nicht, als sollte jeder Philosoph sich erst einmal auf die Couch legen müssen, um seine Kompetenz zu erwerben, über letzte Dinge zu sprechen. Schließlich gilt es ja nicht, den philosophischen Gedanken wieder in das psychische Rohmaterial aufzudröseln, dessen mühsame Bearbeitung er doch darstellt. Der Analytiker ist weder der größere Philosoph noch Psychoanalyse überhaupt Philosophie, geschweige die bessere. Mit Freud läßt sich nicht entscheiden, ob der Gedanke wahr oder falsch, sondern nur, ob er überhaupt ein Gedanke ist, d.h. nicht nur die Funktion hat, etwas durch das hindurch, was er bewußt machen will, gerade nicht bewußt werden zu lassen.

Nachweise

2   Walter Biemel — Heidegger, Hamburg 1973, Rowohlt Bildmonographien Bd. rm 200, S. 7

3   Theodor Adorno — Ästhetische Theorie, Gesammelte Werke Band 7, Frankfurt a. M. 1970, S. 20 f.

4   Martin Heidegger — Frühe Schriften, Frankfurt a.M. 1972

5   Karl Löwith — Denker in dürftiger Zeit, Frankfurt a.M. 1953

6   Th. Adorno — Negative Dialektik, Frankfurt a.M. 1966, S. 114 f.

7   Th. Adorno — Philosophische Terminologie I, Frankfurt a.M. 1974

8   SuZ 38

9   SuZ 7

„Die Psychologie ist *die* philosophische Wissenschaft u. u." (Theodor Lipps)

„Der große philosophische 'Erfolg' modernen Denkens liegt etwa bei der Psychoanalyse, nicht bei dem, was wir Philosophie nennen." (Karl Jaspers)

Metaphysik als Metapsychologie?

Das Buch läßt sich aber auch zwanglos lesen als eine Wissenschaftssatire auf den Schuljargon von Philosophie und Psychologie.

Martin Heidegger. War das dieser „Denker" im provinziellen Trachtenanzug, der 1976 gestorben ist und bis zuletzt vom „Sein" und immer wieder vom „Seyn" geredet hat, in einer so komisch originellen Do-it-yourself-Sprache, ein irrationalistischer Wortverdreher, der als Ideologe des Status quo in der Adenauer-Ära wiederum brauchbar war, mit seinem erfolgreichen „Jargon der Eigentlichkeit" (*Adorno*)? Aber nun ein halbes Jahrhundert nach der „antiautoritären Bewegung"?

Gewiß, seine nostalgische Sehnsucht zurück zur Natur bis zur frühgriechischen Physis scheint heute etwas übertrieben, ebenso wie sein heroischer Opfernihilismus und seine zivilisationsfeindliche Abwehr alles Urbanen und Kosmopolitischen; auch seine metaphysische Todesreklame ist heute nicht gerade „camp and groovy". Aber sein Veraltetsein ist doch auch wieder recht aktuell : Hat er nicht die rustikale „Pracht des Schlichten" und stadtflüchtige Bodenständigkeit bis zum Agrarfetischismus gefeiert? Hat er nicht gegen Intellektualismus, abendländische Rationalität, Kommunismus und Amerikanismus, Individualismus und auch Universalismus gleichermaßen gewettert, dieser antiliberalistische „Professor für Angst und Sorge", der sein Land aus den Niederungen der parlamentarischen Demokratie führen wollte in die „ekstatische Entschlossenheit" fürs *Eigentliche*? Vorbei die Zeit, da eine ganze Studentengeneration mit seinen Nietzsche- und Hölderlin-Interpretationen im Tornister in den Krieg zog. Vorbei auch die Zeit, als er in Davos und auf Bühlerhöhe gestreßte Manager von ihren „Holzwegen" auf seine früh-alemannischen „Feldwege" zu locken versuchte, um sie das große „Seinlassen" zu lehren. Aber seine schon so lange zurückliegende Warnung vor irrem Fortschrittsglauben und technologischem Raubbau an Mutter Erde, sein Votum für die einfachen vorindustriellen Gebrauchsgegenstände aus unverschandelt reiner Natur, machen ihn rückblickend gleichsam zu einem Atomkraftgegner und Umweltschützer der ersten Stunde, noch vor aller Proklamation der „Grenzen des Wachstums". Sogar den „Linken" imponiert heute, in einer Welt immer knapper werdender Naturressourcen mit dem Staat als Mangelverwalter, Heideggers Anathema gegen schrankenlose Produktivkraftentfesselung, noch vor und jenseits aller politischen Option für kapitalistische oder für sozialistische Produktionsverhältnisse. Außerdem empfiehlt der „Denker in dürftiger Zeit" mit quasireligiöser Heilsattitude allen eine Seinsmystik, die an keinen christlichen Vatergott mehr glauben können, aber auf Frömmigkeit ohne Gott nicht verzichten wollen, wenigstens im vortheologischen Wartestand. Er verspricht, die Sehnsucht nach traditionaler Sekurität und nach Rebellion zugleich zu befriedigen, nach dem Destruktiven und dem Positiven, nach existenzieller Innerlichkeit und unpolitischer „Gewalt-tätigkeit".

Das Urteil über seine eindeutschende Spezialsprache schwankt zwischen „berückender Tiefsinn", „kunstgewerbliches Dekor" und „höherer Blödsinn in Kabarettreife". Die einen rühmen Heideggers stupende Originalität, andere monieren gerade, wie wenige Konfektionsklischees des Common Sense er mit seinen

22

unkonventionellen Worten aufgelöst habe. Aber der „bohrende Ernst" des vorerst letzten spekulativen Grüblers hat fernöstliche Anhänger in kontemplativen Meditationskulturen. Wenn sich eine retraitistische Jugendbewegung auf Zen und Hermann Hesse beruft, warum haben dann Landkommunarden, Blumenkinder und Hippies in Heidegger, der als Salonbauer seine Feder für einen Pflug im „Acker des Seins" hielt, nie ihren Guru gesehen? Weil er zu dunkel und schwierig ist? Ist Heidegger tot? Die Gesamtausgabe seiner Werke war auf etwa 80 Bände veranschlagt. Erst ein Gutteil davon soll bisher veröffentlicht sein, z.T. in viele Sprachen übersetzt. Bevor er endgültig den Gelehrten anheimfällt, möchte ich einen völlig neuartigen Zugang zu seinen Schriften vorschlagen, der Fans wie Verächter höchst befremden wird, aber die vielen Indifferenten auf ihn neugierig machen könnte. Graben wir ihn also aus unter den unübersehbaren Titeln an Sekundärbibliographie über ihn! Eine Renaissance?

Mein kurzes Brevier ist nichts als eine Collage von Originalzitaten aus philosophischen Werken Heideggers, nicht etwa aus Briefen oder anderen privatbiographischen Dokumenten. Meine einzige Zutat besteht aus der Art des Arrangements der unverändert wiedergegebenen Belegstellen. Dabei wurden die Passagen nicht soweit zerstückelt, daß sich durch Montage jeder beliebige neue Sinn daraus hätte konstruieren lassen. Heideggers berüchtigt dunkle Gedanken sollen durch den neuen Kontext nur bis zu einer Kenntlichkeit entstellt werden, die den wirklichen Sinn nicht durch willkürliche Unterstellungen verfälschen, sondern durch Verfremdung allererst freilegen will. Mein Kurzreader will die Lektüre der Werke nicht ersetzen, sondern anregen. Keinem der vielen Leser scheint bisher der Gedanke gekommen zu sein, Heideggers umstrittene Sprache einmal ganz ernst und wörtlich zu nehmen, sich seinen Assoziationen bei der Lektüre ganz zwanglos hinzugeben, statt die als esoterisch und gewalttätig verschriene Diktion bewundernd nachzustammeln, höhnisch zu belächeln oder einfach in schulphilosophische Terminologie zu übertragen, um das Ganze leichter lesbar und kritisierbar zu machen. Heidegger-Interpreten werden dann in aller Regel more sophisticated als ihre Vorlage, die ganz zu Unrecht als abschreckend spröde und unverständlich gilt. Ich werde zu beweisen versuchen, daß die Lektüre seiner Werke ein ausgesprochen sinnliches Vergnügen bereiten kann. Man darf nämlich Heidegger durchaus ähnlich lesen, wie Arno Schmidt in „Sitara oder der Weg dorthin" seinen Karl May gelesen hat. Sartre monierte, daß das von seinem Lehrer beschriebene menschliche Dasein „wie geschlechtslos" aussehe, was der Franzose dann in „Das Sein und das Nichts" (1943) korrigierte. Ich behaupte, daß kein Denker seit Plato vom philosophischen Eros stärker beseelt war als dieser „Ek-sistenzialist", der in aller Prüderie die Sexualia nie zu den „Existenzialien" zählte. Aber die sonderbare Kunstsprache, die Heidegger für seine Seinslehre eigens erfunden hat, ist nach meiner Überzeugung eine einzige philosophische Chiffrierung geheimer erotischer Phantasien, eine metaphysische Verkleidung höchst physischer Phantasmagorien, ein etwas ächzender Kompromiß zwischen logischen und skatologischen Bedürfnissen des Autors und seiner Kunden, deren beider Unbewußtes hinter ihrem Rücken miteinander kommuniziert. Ein Teil von Heideggers Faszination beruht, glaube ich, auf dem Genuß höherer Pornographie im unverdächtigen Gewände von Philosophie als Feigenblatt. Die Kabarettisten der späten Zwanzigerjahre müssen das geahnt haben, als sie aus dem „Platzhalter des Nichts" (zwischen weiblichen Beinen) den „Zuhälter des Seins" machten. Heidegger : der *dirty old man* der Philosophie, ein pornographischer Denker und Liebhaber einer Dame namens Sophie?

Heidegger deutet Hölderlins Gedicht „Andenken" und schreibt: „Denn die Liebe ist der Blick für das Wesen des Geliebten, welcher Blick durch dieses Wesen hindurch in den Wesensgrund der Liebenden blickt. Doch dieser Wesensblick unterscheidet sich vom bloßen Beschauen, das im Genuß eines Anblicks sich erschöpft. Das Blicken des Geistes der Liebe bleibt nicht am Anblick haften, sondern heftet sich selbst im Wesen des Geliebten an, um dieses, durch das 'fleißige' Blicken, fest in seinen Grund zurückzustellen. Das anheftende Blicken der Liebe geschieht mit Fleiß, d.h. nicht nur in steter Sorge, sondern 'mit Absicht'. Allein diese Absicht ist nicht die Absicht der Berechnung. Sie entstammt dem Absehen des Wesensblickes auf den Wesensgrund der Liebenden. Dieses Absehen heftet alles an den Grund. Das anheftende Denken des Geistes der Liebe ist auch ein Andenken. Die Liebenden denken in das Wesen des Geliebten voraus und müssen doch stets dahin zurückdenken, daß sie selbst sich im zugedachten Wesen halten. Was die Liebe in ihrem Wesensblick erblickt, ist ein Bleibendes. Aber das liebende Erblicken ist kein Stiften. 'Was bleibt aber, stiften die Dichter'."

Hier wird noch keine Ehe gestiftet, sondern etwas, wir wissen noch nicht was, „im Festen des Ursprungs festgesteckt. Dies heißt: gestiftet. Demnach ist das Stiften das dem Ursprung sich nähernde Bleiben, das bleibt, weil es als der scheue Gang zur Quelle den Ort der Nähe nur schwer verlassen kann ... Das stiftende Wohnen ist das ursprüngliche Wohnen der Erdensöhne, die zugleich die Kinder des Himmels sind". Was ist das für ein „Stiftungsgrund"? „Grund nennt einmal die Tiefe, z.B. den Meeresgrund, den Talgrund, den Wesensgrund." Heidegger nennt den Humanismus: „Humus. Das ist der gewachsene Grund, der schwere, fruchtbare Erdboden ... Grund meint solches, wohin wir hinab-, worauf wir zurückgehen." Im „Humanismusbrief" wird dann Philosophie als Große Möge vorgestellt:

„Sich einer 'Sache' oder einer 'Person' in ihrem Wesen annehmen, das heißt: sie lieben: sie mögen. Dieses Mögen bedeutet, ursprünglicher gedacht: das Wesen schenken. Solches Mögen ist das eigentliche Wesen des Vermögens, das nicht nur dieses und jenes leisten, sondern etwas in seiner Herkunft 'wesen', das heißt sein lassen kann. Das Vermögen des Mögens ist es, 'kraft' dessen etwas eigentlich zu sein vermag. Dieses Vermögen ist das eigentlich 'Mögliche', jenes, dessen Wesen im Mögen beruht. Aus diesem Mögen vermag das Sein das Denken. Jenes ermöglicht dieses. Das Sein als das Vermögend-Mögende ist das 'Mögliche'."

„Doch wir vermögen immer nur solches, was wir mögen, solches, dem wir zugetan sind, indem wir es zulassen. Wahrhaft mögen wir nur jenes, was je zuvor von sich aus uns mag und zwar uns in unserem Wesen, indem es sich diesem zuneigt."

„Die Zuneigung des Seins" und seine „Zuwendung" bewirken ein „dem Sein höriges Denken". Aber die Geliebte ist auch kokett: „Das Sein entzieht sich... Wenn wir in das Ziehen des Entzugs gelangen, sind wir auf dem Zug zu dem, was uns anzieht, indem es sich entzieht." Das Sichziehen macht also seine Attraktivität aus: „Die Sehnsucht ist der Schmerz der Nähe des Fernen."

„Ansichhalten, Verweigerung, Vorenthalt zeigt dergleichen wie ein Sichentziehen, kurz gesagt: den Entzug ... verweigernd-vorenthaltende Nähe." Den frühen Griechen habe das Sein sich offenbart als „Physis": „Die mächtige, weil göttlichschöne, weil wunderbar allgegenwärtige Natur berückt und entrückt. Das Zumal der Berückung und Entrückung ist aber das Wesen des Schönen." Die Dichter also lieben die Natur, klar, „die Allerschaffende", „Allebendige" und „Allerglühende". Warum entzieht sich die erglühende Spröde?

„Das Heilige als das Unnahbare wirft jeden unmittelbaren Zudrang des Mittelbaren aus seinem Vorhaben ins Vergebliche ... Aber seine Entsetzlichkeit bleibt verborgen in der Milde des leichten Umfangens." „Sein: der Ab-Grund ... 'Ab-grund' heißt das alles Verschließende, das von 'der Mutter Erde' getragen wird." „Die Erde läßt so jedes Eindringen in sie an ihr selbst zerschellen. Sie läßt jede nur rechnerische Zudringlichkeit in eine Zerstörung umschlagen." „Die Erde ist das zu nichts gedrängte Hervorkommen des ständig Sichverschließenden und dergestalt Bergenden." Im Umfangen geborgen ist das Menschenkind und doch zurückgestoßen von Mutter Natur?

„Realität ist Widerstand, genauer Widerständigkeit... Widerstand begegnet in einem Nicht-durch-kommen, als Behinderung des Durchkommenwollens. Mit diesem aber ist schon etwas erschlossen, worauf Trieb und Wille *aus sind* ... Das Aussein auf... das auf Widerstand stößt und einzig 'stoßen' kann, ist selbst schon bei einer Bewandtnisganzheit..." Was hat es mit diesem stoßenden Trieb und seinem Widerstand für eine Bewandtnis? Worauf „triebmäßiges Sichbefinden" aus ist, sagt Heidegger in seiner Logik. 'Logos' bestimmt er als 'lesende Lege': „Darin waltet das Zusammenbringen, sich niederlegen in die Sammlung der Ruhe ... Doch diese Ruhe ist bewegter denn alle Bewegung ... Legen heißt: zum Liegen bringen. Legen ist dabei zugleich: eines zum anderen, ist zusammenlegen ... Dies besagt: sammeln, eines zum anderen legen. Hierbei kann es geschehen, daß das eine so zum anderen gelegt wird, daß eines nach dem anderen sich richtet." Das führe dann zur „Richtigkeit der Aussage" in der „Angleichung des Subjekts an sein Objekt".

Lassen wir erst einmal auf sich beruhen, warum das Sein, die Erde und die Natur sich dem Menschenkind verschließen : „Verborgenheit: ... Verschließung, Verwahrung, Verhüllung, Verdeckung, Verschleierung, Verstellung..." „... indem Es, das Sein sich gibt, ... erscheint Seyn anfänglich im Licht des verbergenden Entzugs." 'Es gibt Sein': „Es gibt sich und versagt sich zumal." Schließlich gibt es auch erst beim späten Heidegger nach der berühmten „Kehre" vom menschlichen Dasein zum „Seyn" diesen „Schmerz des Versagens und die Schonungslosigkeit des Verbietens. Lastender ist die Herbe des Entbehrens". Sehen wir zu, was beim frühen Heidegger von 'Sein und Zeit' (1926) die beiden machen, die da zusammenliegen. Ganz logisch : „Akte werden vollzogen, Person ist Aktvollzieher. Aber welches ist der ontologische Sinn von 'vollziehen'?" Der Existenzphilosoph sagt es : „existieren". Was ist das? „Das ekstatische Wesen des Menschen beruht in seiner Ek-sistenz." „'Ek-sistenz' ist Sorge ... für das Sein." „Das Sein des Daseins bestimmten wir als Sorge ... um das eigenste Selbsteinkönnen." „Deren ontologischer Sinn ist die Zeitlichkeit ... Zeitlichkeit ist das ursprüngliche 'Außer-sich' an und für sich selbst." In der „ekstatischen Zeitlichkeit" nun „gehört zur Ekstase ein Wohin der Entrückung. Dieses Wohin der Ekstase nennen wir das horizontale Schema". „Die Phänomene des zu ..., auf..., bei ..., offenbaren die Zeitlichkeit als das ekstatikon schlechthin." Existieren ist also „das ekstatische Wohnen in der Nähe des Seins". Wenn das menschliche Dasein aber „Sorge" ist, dann ist es „zunächst und zumeist ein Sein bei dem Besorgten". Wer besorgt hier was wem und womit? „Ekstatisches Wohnen"? „Dieses Wohnen ist das Wesen des 'In-der-Welt-seins'." „In-Sein ... meint eine Seinsverfassung des Daseins und ist ein Existenzial. Dann kann damit aber nicht gedacht werden an das Vorhandensein eines Körperdinges (Menschenleib) 'in' einem vorhandenen Seienden. Das In-Sein meint so wenig ein räumliches 'Ineinander' Vorhandener, als 'in' ursprünglich gar nicht eine räumliche Beziehung der genannten Art bedeutet; 'in' stammt von innan-, wohnen, habitare, sich aufhalten, 'an' bedeutet: ich bin gewohnt, vertraut mit, ich pflege etwas; es hat die Bedeutung von colo im Sinne von habito und diligo. Dieses Seiende, dem das In-Sein in dieser Bedeutung zugehört, kennzeichnen wir als das Seiende, das ich je selbst bin. Der Ausdruck 'bin' hängt zusammen mit 'bei'; 'ich bin' besagt wiederum: ich wohne, halte mich auf bei... der Welt, als dem so und so Vertrauten. Sein als Infinitiv des 'ich bin', d.h. als Existenzial verstanden, bedeutet wohnen bei ..., vertraut sein mit... In-Sein bestimmt als Wohnen bei ..." wäre aber die Eindeutschung des lateinischen Co-habitare.

„Das In-Sein ist *Mitsein* mit Anderen." In-sein, worin? Im Anderen soll ich sein, aber womit? Heidegger nennt es „Zeug" und wählt als Beispiel ein Handwerkszeug: „... je weniger das Hammerding nur begafft wird, je zugreifender es gebraucht wird, um so ursprünglicher wird das Verhältnis zu ihm, um so unverhüllter begegnet es als das, was es ist, als Zeug. Das Hämmern entdeckt die spezifische 'Handlichkeit' des Hammers." (Was also entdeckt die spezifische „Handlichkeit" des Zeugs im Allgemeinen?) Das Zeug soll „zuhanden" sein fürs „Besorgen".

„Das In-der-Welt-sein ist als Besorgen von der besorgten Welt *benommen."* Und wohin mit dem Zeug? „Das Zeug hat seinen Platz ... Der Platz ist je das bestimmte 'Da' und 'Dort' des Hingehörens eines Zeugs." Mit diesem Zeug ist das Dasein „Platzhalter des Nichts". „Das Nichts ist der Schleier des Seins." Der Mensch ist als „Nachbar des Seins" und als „Hirt des Seins" nicht „Herr des Seins". „Das menschliche Dasein kann sich nur zu Seiendem verhalten, wenn es sich in das Nichts hineinhält." Aber dieses Nichts ist nach Heidegger nicht nichtig und macht das Dasein nicht zunichte, sondern seine Leere ist die „Öffnung des Seins" selbst. Für diese Öffnung wählt er ein Bild aus seiner alemannischen Umwelt, eine Schwarzwaldlichtung : „Die Waldlichtung ist erfahren im Unterschied zum dichten Wald, in der älteren Sprache 'Dickung' genannt. Das Substantivum 'Lichtung' geht auf das Verbum 'lichten' zurück. Das Adjektivum 'licht' ist dasselbe Wort wie 'leicht'. Etwas lichten bedeutet: etwas leicht, etwas frei und offen machen, z.B. den Wald an einer Stelle frei machen von Bäumen." „Das Stehen in der Lichtung des Seins nenne ich die Ek-sistenz des Menschen." (Erinnert das nicht an das Lied: Ein Männlein steht im Walde ...? Sagt, wer mag das Männlein sein, das da steht auf einem Bein? Und das purpurrote Mäntel-chen?) Die Lichtung ist für ihn die ganze Welt: „'Welt' ist die Lichtung des Seins, in die der Mensch aus seinem geworfenen Wesen her heraussteht." Er wird „Wurf des Seins" genannt, weil er „dem Sein entstammt". „Dergestalt geworfen steht der Mensch 'in' der Offenheit des Seins." „Ek-sistenz bedeutet inhaltlich Hinaus-stehen in die Wahrheit des Seins." Heidegger geht nun zurück auf das griechische Wort für Wahrheit: Aletheia, Unverborgenheit. „Die Ale-theia, die Unverborgenheit müssen wir als die Lichtung denken ... gutgerundete Unverborgenheit, gedacht als die Lichtung." Das einzig Wahre also für Heidegger ist diese „Öffnung des Seins".

„Sein lichtet sich dem Menschen im ekstatischen Entwurf. Doch dieser Entwurf schafft nicht das Sein", da ja umgekehrt der Mensch „dem Sein entstammt" und dessen „Wurf" ist. „Wahrheit als die Lichtung ... geschieht, indem sie gedichtet wird." Womit dichtet = verschließt der Dichter die Lichtung? „Je handlicher ein Zeug zur Hand ist, umso unauffälliger bleibt es, daß z.B. ein solcher Hammer ist, umso ausschließlicher hält sich das Zeug in seinem Zeugsein... umso einfacher rückt es uns in diese Offenheit ein und so zugleich aus dem Gewöhnlichen her-aus." „Indem eine Welt sich öffnet, bekommen alle Dinge ihre Weile und Eile, ihre Ferne und Nähe, ihre Weite und Enge." Der Mensch „weiß, was er inmitten des Seienden will". „Wollen ... ist das ekstatische Sicheinlassen des existierenden Menschen in die Unverborgenheit des Seins. Die in 'Sein und Zeit' gedachte Entschlossenheit ist nicht die decidierte Aktion eines Subjekts, sondern die Eröff-nung des Daseins aus der Befangenheit im Seienden zur Offenheit des Seins. In der Existenz geht jedoch der Mensch nicht erst aus einem Innern zu einem Draußen hinaus, sondern das Wesen der Existenz ist das ausstehende Innestehen im wesenhaften Auseinander der Lichtung des Seienden ... Wollen ist die nüchterne Entschlossenheit des existierenden Übersichhinausgehens, das sich der Offenheit ... aussetzt ... nüchterne Inständigkeit im Ungeheuren." „Darum muß in diesem Offenen je ein Seiendes sein, worin die Offenheit ihren Stand und ihre Ständigkeit nimmt." „Lichtung der Offenheit und Einrichtung in das Offene gehören zusammen." Ahnt man, was das für ein Loch ist, „in das alles Seiende hereinsteht und aus dem es sich zurückzieht"?

„Eine Lichtung ist. Sie ist, vom Seienden her gedacht, seiender als das Seiende. Diese offene Mitte ist daher nicht vom Seienden umschlossen, sondern die lichtende Mitte selbst umkreist wie das Nichts, das wir kaum kennen, alles Seiende. Das Seiende kann als Seiendes nur sein, wenn es in das Gelichtete dieser Lichtung herein- und hinaussteht. Nur diese Lichtung schenkt und verbürgt uns Menschen einen Durchgang zum Seienden, das wir selbst nicht sind, und den Zugang zu dem Seienden, das wir selbst sind. Doch selbst verborgen kann das Seiende nur im Spielraum des Gelichteten sein ... Die Lichtung, in die das Seiende hereinsteht, ist in sich zugleich Verbergung." Was hat er lichtscheu zu verbergen, dieser „Spielraum der Offenheit..., worin jegliches Seiende in seiner Weise aufgeht"? Womit ist dieser „Vollzugsraum für die Bewältigung des Seienden im Ganzen besetzt"? Wir verstehen aber schon den Titel des Hauptwerks 'Sein und Zeit': „Die Zeit zeitigt. Zeitigen heißt: reifen, aufgehen lassen." Das Menschenkind muß erst „wachsen", mit der „Zeit... die erst das Offene eröffnet", wird es groß. Was macht der Mensch aber dann in der Lichtung des Seins?

„Er bewegt sich in ihr hin und her."

„Für das sinnende Denken dagegen gehört der Weg in das, was wir die Gegend nennen. Andeutend gesagt, ist die Gegend als das Gegnende die freigebende Lichtung... Das Freigebend-Bergende der Gegend ist jene Bewegung, in der sich die Wege ergeben, die der Gegend gehören. Der Weg ist, hinreichend gedacht, solches, was uns gelangen läßt, und zwar in das, was nach uns langt, indem es uns belangt ... gelangen läßt in das, wohin es gehört." Wir erinnern uns: „dem Sein gehörend", „auf das Sein hörend", „dem Sein höriges Denken". „Bewegen aber heißt: ... einen Weg bahnen, z.B. durch tiefverschneites Land ... Abwässer eines großen verborgenen Stromes, des alles bewegenden, allem seine Bahn reißenden Weges. Alles ist Weg."

Das Zeug „hält die umsichtig gebrauchten Gegenden ausdrücklich offen, das jeweilige Wohin des Hingehörens, Hingehens, Hinbringens, Herholens". Diese „offene Gegend" oder „freie Gegend" ist die erogene „Zone des Seins". Darauf „versteht" sich das Dasein: „Es ist der ekstatische, d.h. im Bereich des Offenen innestehende geworfene Entwurf." Heidegger nennt „den stillen Glanz (das Gold) des Geheimnisses, das im Einfachen der Lichtung immerwährend scheint". Dieses Geheimnis wollen wir lüften. „Aber das Goldene des unscheinbaren Scheinens der Lichtung läßt sich nicht greifen, weil es selbst kein Greifen-

28

des, sondern das reine Ereignen ist." Ein freudiges „Ereignis", das auch „Eräugnis" genannt wird. „Daher wird die Erfahrung der Sinne überhaupt als 'Augenlust' bezeichnet."

Was „er-äugen" wir mit dem „Einblick in das, was ist", der ein „Einblitz" sein soll? „Kein Aussehen ohne Licht — das erkannte schon Platon. Aber es gibt kein Licht und keine Helle ohne die Lichtung ... Der Lichtstrahl schafft nicht erst die Lichtung, die Offenheit, er durchmißt sie nur. Solche Offenheit allein gewährt überhaupt einem Geben und Hinnehmen ... erst das Freie, worin sie sich aufhalten können und sich bewegen. Alles Denken der Philosophie, das ausdrücklich oder nicht ausdrücklich dem Ruf 'zur Sache selbst' folgt, ist auf seinem Gang, mit seiner Methode, schon in das Freie der Lichtung eingelassen. Von der Lichtung jedoch weiß die Philosophie nichts. Die Philosophie spricht zwar vom Licht der Vernunft, aber achtet nicht auf die Lichtung des Seins. Das lumen naturale, das Licht der Vernunft, erhellt nur das Offene." „Licht kann nämlich in die Lichtung, in ihr Offenes, einfallen und in ihr die Helle mit dem Dunkel spielen lassen ... Aber niemals schafft das Licht erst die Lichtung, sondern jenes, das Licht, setzt diese, die Lichtung, schon voraus ... Überall, wo ein Anwesendes anderem Anwesenden entgegen kommt, ... da waltet schon Offenheit, ist freie Gegend im Spiel." „Die Wahrheit des Seins kann deshalb der Grund heißen, in dem die Metaphysik als die Wurzel des Baumes der Philosophie gehalten, aus dem sie genährt wird." „Das Ragen des Baumes ist gerufen. Es durchmißt zumal den Rausch des Erblühens und die Nüchternheit der nährenden Säfte. Verhaltenes Wachstum der Erde und die Spende des Himmels gehören zueinander."

In dem Aufsatz 'Der Ursprung des Kunstwerks' entwickelt Heidegger 1936 seine Ars amandi: „Was ist Kunst? ... Das Wesen der Kunst ist... Dichten innerhalb der Lichtung ... dieser Stoß ins Offene ... jener Stoß ins Ungeheure ... aber dieses vielfältige Stoßen hat nichts Gewaltsames ... und das Nichtaussetzen dieses Stoßes macht die Beständigkeit des Insichruhens am Werk aus." Da wird „das Heilige als Heiliges eröffnet und der Gott in das Offene seiner Anwesenheit hereingerufen" mit der „Errichtung eines Standbildes". „Das Gegeneinander von Welt und Erde ist ein ... Urstreit, in dem jene offene Mitte erstritten wird, in die das Seiende hereinsteht und aus der es sich in sich selbst zurückstellt ... Der Streit ist kein Riß als das Aufreißen einer bloßen Kluft, sondern der Streit ist die Innigkeit des sich Zugehörens der Streitenden ... weil der Streit im Einfachen der Innigkeit zu seinem Höchsten kommt ... Er ist Grundriß. Er ist Aufriß, der die Grundzüge des Aufgehens der Lichtung des Seienden zeichnet ... Reißen meint hier, den Riß reißen mit der Reißfeder auf dem Reißbrett." „... die Erde selbst muß als Sichverschließende hervorgestellt und gebraucht werden. Dieses Brauchen aber verbraucht und mißbraucht die Erde nicht... Dieses Brauchen der Erde ist ein Werken mit ihr." „Wahrheit als die Lichtung und Verbergung des Seienden geschieht, indem sie gedichtet wird" und „eine offene Stelle aufschlägt, in deren Offenheit alles anders ist als sonst", „und zwar dergestalt, daß jetzt das Offene erst inmitten des Seienden dieses zum Leuchten und Klingen bringt". Aber „das Geschaffene soll nicht als Leistung eines Könners bezeugt werden", anders als ein Jahrzehnt früher, wo das Dasein „sein eigenstes Selbstseinkönnen be-zeugt" und „je das ist, was es sein kann" und worauf es sich „versteht" in seinem „vulgären Seinsverständnis". Was ist das „Auseinander der Lichtung", „das Innige des gespannten Auseinander im Zueinander eines Einigen"? Weiß Heidegger, was der Aufreißende da sagt, oder müssen wir es ihm mit Freud sagen? „Wer sich auf den Weg des Denkens begibt, weiß am wenigsten von dem, was als die bestimmende Sache ihn — gleichsam hinterrücks über ihn hinweg — zu ihr bewegt..." Das verhindert das Über-Ich, die verinner(lich)te Stimme des Gewissens: „Der Ruf kommt aus mir und doch über mich." Vor diesem Ruf wird so einiges verdrängt an 'Drang'. „Der ekstatische Bezug zur Lichtung des Seins" ist biblisches „Erkennen", „Welterkennen". Die philosophische Erkenntnistheorie will ganz erkennen, „wie das Subjekt im Erkenntnisakt die Kluft zum Objekt überbrückt"; „... gegeben ein Seiendes, genannt Natur, als das, was erkannt wird ...". „Erkennen ist eine Seinsart des In-der-Welt-seins." „Und das bestimmende Sichaufhalten bei dem zu erkennenden Seienden ist nicht etwa ein Verlassen der inneren Sphäre, sondern auch in diesem 'Draußensein' beim Gegenstand ist das Dasein im rechtverstandenen Sinne 'drinnen', d.h. es selbst ist es als In-der-Welt-sein, das erkennt." Sehen wir uns das Erkenntnisinstrument einmal genauer an, dieses „Zeug", welches die Kluft zum Objekt überbrücken soll: „Die Brücke ist ein Ort ... Ursprünglich bedeutet der Name 'Ort' die Spitze des Speers. In ihr läuft alles zusammen. Der Ort versammelt zu sich ins Höchste und Äußerste ... Dinge, die in solcher Art Orte sind, verstatten jeweils erst Räume ... Raum, Rum heißt freigemachter Platz für Siedlung und Lager."

Der Speer überbrückt die Kluft zum Sein, in ihm regt sich das Physische: „Physis meint das aufgehende Sichaufrichten, das in sich verweilende Sichentfalten." „... das in sich ruhende Aufgehen ist ... Aufleuchten, Sichzeigen, Erscheinen ... des Seins im Sinne des Gerade-in-sich-aufrecht-dastehens... das von sich aus Aufgehende (z.B. das Aufgehen einer Rose), das sich öffnende Entfalten, das in solcher Entfaltung in die Erscheinung Treten und in ihr sich Halten und Verbleiben, kurz, das aufgehend-verweilende Walten." — „Rose, insofern diese in sich selber steht, einfach Rose ist ... Ihr Blühen ist einfaches aus sich Aufgehen... Aufgehen kann überall, z.B. an den Vorgängen des Himmels (Aufgang der Sonne), am Wogen des Meeres, am Wachstum der Pflanzen, am Hervorgehen von Tier und Mensch aus dem Schooß erfahren werden." „Dieses aber, das in sich hoch gerichtete Dastehen, zum Stand kommen und im *Stand* bleiben, verstehen die Griechen als Sein." „Das In-sich-da-Stehende aber wird, von der Betrachtung her gesehen, zum Sich-dar-Stellenden, das sich in dem, wie es aussieht, darbietet. Das Aussehen einer Sache nennen die Griechen eidos oder idea." „Das ursprünglich aufgehende Sichaufrichten der Gewalten des Waltenden ... wird jetzt zur herzeigbaren Sichtbarkeit vorhandener Dinge." Erektion also wird zur exhibitionierten Auf-richtigkeit dieses Dingsbums. „Physis ist das aufgehende Walten, das In-sich-dastehen, ist Ständigkeit." Dieser ontologische Ständer richtet sich auf, und er richtet sich auf den „Welteingang des Seienden", den „ekstatisch eingenommenen Raum", den die „Gunst des Seins" „er-öffnet". „Das Seiende steht im Sein." „Die Lichtung selber aber ist das Sein." Bei den Griechen war das Mutter „Natur... die 'leicht umfangend' alles in ihrer Offenheit und Lichtung einbehält ... Physis als Grundwort gedacht, bedeutet das Aufgehen in das Offene, das Lichten jener Lichtung, in die herein überhaupt etwas erscheinen, in seinem Umriß sich stellen, in seinem 'Aussehen' sich zeigen und so als Dieses und Jenes anwesend sein kann". So ist das Physische bei Heidegger so „zweideutig", wie er Zweideutigkeit immer haßte: als Physis des Seins die Lichtung, als Physis der Ek-sistenz aber das Gerade-in-sich-aufrecht-dastehen des Seienden vom Schlage des menschlichen Daseins. Dieses „Zweideutige" enthüllt sich dann in einer Trakl-Deutung als „das Zwiefache der Geschlechter".

Damit ist das menschliche Dasein, die Ek-sistenz, als männliches Dasein entlarvt, als Erdensohn, während das Seyn die Mutter Natur und Mutter Erde bedeutet. Weitere Zitate sollen diese Hypothese erhärten helfen. Wenden wir uns Heideggers Trakl- und Hölderlin-Interpretationen zu, die in dieser Hinsicht sehr ergiebig sind. Über Trakls Gedicht 'Abgeschiedenheit' heißt es da: „Das Abendland birgt den Aufgang der Mühe des 'Einen Geschlechts' ... Das Wort 'Ein Geschlecht' nennt hier überhaupt keinen biologischen Tatbestand, weder die 'Eingeschlechtlichkeit' noch die 'Gleichgeschlechtlichkeit'." „Der Fluch des verwesenden Geschlechts besteht darin, daß dieses alte Geschlecht in die Zwietracht der Geschlechter auseinandergeschlagen ist. Aus ihr trachtet jedes der Geschlechter in den losgelassenen Aufruhr der je vereinzelten und bloßen Wildheit des Wildes." Heidegger deutet den „Geist des Bösen. Dessen Aufruhr steigt dort in seine äußerste Bösartigkeit, wo er gar aus der Zwietracht der Geschlechter noch ausbricht und in das Geschwisterliche einbricht". „In der Gestalt des Knaben Elis beruht das Knabenhafte nicht in einem Gegensatz zum Mädchenhaften. Das Knabenhafte ist die Erscheinung der stilleren Kindheit. Diese birgt und spart in sich die sanfte Zwiefalt der Geschlechter, des Jünglings sowohl wie der 'goldenen Gestalt der Jünglingin'." „Der Abgeschiedene ist der Wahnsinnige, weil er anderswohin unterwegs ist... er ist anderen Sinnes ... der Gestorbene ist der Wahnsinnige ... er lebt in seiner Kammer so still und versonnen, daß er mit seinen Schlangen spielt." „Die mondene Stimme der Schwester" Trakls führt zum „Abschied vom bisherigen Geschlecht", mit dessen Mehrdeutigkeit Heidegger spielt: 1) Menschengeschlecht, Gattung Mensch; 2) Generation; 3) Genitalität. Der wahr-scheinliche Geschwisterinzest ist sorgsam weginterpretiert.

Wie deutet Heidegger Hölderlins Gedicht 'Heimkunft / An die Verwandten'? „Heimkunft ist die Rückkehr in die Nähe des Ursprungs ... Suevien, die Mutter, wohnt nahe dem Heerde des Hausses. Der Herd behütet die stets gesparte Glut des Feuers, das, wenn es entflammt, die Lüfte und das Licht in das Heitere öffnet ... 'Heerd des Hausses', d.h. der mütterlichen Erde, ist der Ursprung der Aufheiterung, deren Licht erst die Ströme über die Erde ergießt." „Von der Natur her gedacht, bleibt das Chaos jenes Aufklaffen, aus dem das Offene sich öffnet, damit es jedem Unterschiedenen erst seine umgrenzte Anwesung gewähre ... Doch Chaos bedeutet zuerst das Gähnende, die klaffende Kluft, das zuvor sich öffnende Offene, worin alles eingeschlungen ist ... Das Chaos ist das Heilige selbst. Kein Wirkliches geht dieser Aufklaffung vorher, sondern stets nur in sie ein." Neben Mutter Erde : „Vater Äther, der Hohe". Er „deckt die Klüfte des Gebirges, in deren lichtlose Tiefe der aufheiternde Lichtstrahl hinabwirkt ... im Alpengebirg ereignet sich das immer stillere Sichüberhöhen des Hohen bis in das Höchste ... Das Höchste 'über dem Lichte' ist die strahlende Lichtung selbst ... Hier im 'Höchsten' wohnt der 'Hohe', der ... Er-freute...". Hier „'liebt er es' 'zu öffnen'... läßt er erst die finstere Tiefe in ihr Gelichtetes klaffen. Was wäre Tiefe ohne Lichtung?"

Heidegger deutet auch das Gedicht 'Andenken', das Hölderlin „nach der Rückkehr in das Haus der Mutter" verfaßt hat. „Man bemerkt auch leicht, daß hier ein Gedenken an den Aufenthalt Hölderlins im 'südlichen Frankreich' zum Wort kommt." Die Interpretation scheint den einzigen Zweck zu verfolgen, aus der Not der Rückkehr des kranken Hölderlin zur Mutter eine metaphysische Tugend zu machen : die Geburt des Dichters aus der Weigerung oder Unfähigkeit, sich vom Heim zu lösen und erwachsen zu werden. „Die Kolonie ist das auf das Mutterland zurückweisende Tochterland. Indem der Geist Land solchen Wesens liebt, liebt er mittelbar und verborgen doch nur die Mutter. Das ist die heimatliche Erde, die ... jedoch schwer zu gewinnen, die Verschlossene..." Nun, weshalb wohl? Der Mutterinzest ist nicht „schicklich". Seit der Beschäftigung mit Hölderlin ist die „Ek-sistenz" bei Heidegger ein fügsames Kind, geborgen in mütterlicher Fürsorge, „auf das an sich haltende Zurückhalten gestimmt", ein unter gottväterlicher Kastrationsdrohung infantilisiertes Wesen.

Was sieht der philosophische Voyeur? Als Phänomenologe kommt Heidegger rasch 'zur Sache selbst": „Was ist das, was die Phänomenologie 'sehen lassen' soll? ... Offenbar solches, was sich zunächst und zumeist gerade *nicht* zeigt, was gegenüber dem, was sich zunächst und zumeist zeigt, *verborgen* ist..." Sehen lassen, was „sich von ihm selbst her zeigt": „Das Seiende wird der Verborgenheit entrissen. Die jeweilige faktische Entdecktheit ist gleichsam immer ein *Raub".* Heidegger spricht von „Aufdecken" und „Seinsenthüllung" und „Erschließen des Seins". „Das Denken zieht Furchen in den Acker des Seins ... Die Erde ist die dienend Tragende, die blühend Fruchtende, hingebreitet in Gestein und

Gewässer, aufgehend zu Gewächs und Getier ... Der Aussaat voraus geht das Pflügen. Es gilt, das Feld urbar zu machen ... es gilt, dieses Feld erst zu ahnen, und dann zu finden und dann zu bebauen ... Doch ist jedem Denkenden je nur ein Weg, der seine, zugewiesen, in dessen Spuren er immer wieder hin und her gehen muß, um ihn endlich als den seinen, der ihm doch nie gehört, einzuhalten und das auf diesem Weg Erfahrbare zu sagen."

Welche Erfahrungen hat er nun mit Mutter Natur? „Obzwar inmitten des Seienden und von ihm umfangen, hat das Dasein als existierendes die Natur immer schon überstiegen." „Die Transzendenz jedoch ist der Überstieg, der so etwas wie Existenz überhaupt und mithin ein 'Sich'-bewegen-im-Raume ermöglicht." „Das Aufgeräumte ist in seiner Räumlichkeit freigemacht, gelichtet und gefügt. Das Heitere, das Aufgeräumte, vermag allein, anderem seinen gemäßen Ort einzuräumen." Wir erinnern uns: „Denken ist Erörterung des Seins ... Ursprünglich bedeutet der Name 'Ort' die Spitze des Speers." Dieser Speer wird auch „Gestell" genannt: „Das Wesen der Technik beruht im Ge-stell." Sie „nimmt als das gesammelte Sich-zum-Stand-bringen den Raum ein, erobert ihn erst...". Mit ihr ist der Mensch hinter der Natur her : „Das nachstellende Vorstellen, das alles Wirkliche in seiner verfolgbaren Gegenständlichkeit sicherstellt... stellt die Welt auf sich zu und die Natur zu sich her." Das Dasein hat seine Technik : „Gewalttat als Eröffnung des Seins". Da wird dann ganz schön gerangelt : „Dasein ist die ständige Not der Niederlage und des Wiederaufspringens der Gewalt-tat gegen das Sein und zwar so, daß die Allgewalt des Seins das Dasein zur Stätte seines Erscheinens vergewaltigt (wörtlich genommen) ..." Wer will da sagen, wo der Sieger ist und wo der Unter-worfene (sub-iectum)? Nach der „Kehre" jedenfalls ist der Mensch nicht mehr „Herr des Seins", sondern nur noch „Hirt des Seins". Schäferstündchen des Seinspastors? Er gerät ganz schön „außer sich" : „Ich bin niemals nur hier als dieser abgekapselte Leib, sondern ich bin dort, d.h. den Raum schon durchstehend." Die „Verräumlichung des Daseins in seiner 'Leiblichkeit'" hatten wir als „Öffnung" schon beschrieben gefunden. „Raum ist wesenhaft das Eingeräumte ... Das Eingeräumte ist jeweils gestattet und so gefügt, d.h. versammelt durch einen Ort, d.h. durch ein Ding von der Art der Brücke." Durch solch ein Ding wird der Raum „ekstatisch erschlossen". Das ist unsere „abgründige leibliche Verwandtschaft mit dem Tier". „Denn der Wille will seinen Willen." Was will er vom Sein? „Überall ist es bestellt, auf der Stelle zur Stelle zu stehen, um selbst bestellbar zu sein für ein weiteres Bestellen." „Das Schönste, das in sich Ständigste" ist das, was sich „im Sinne des nur Beständigen zu versteifen sucht": „Das Übersteigende und so sich Erhöhende muß als solches im Seienden sich befinden ... Dieses Inmittensein von ... gehört vielmehr zur Transzendenz." So „kommt in ihm die wahre Nähe zu den Dingen ins Steigen". Sehen wir uns dieses Ding einmal genauer an. „Aus dem Spiegel-Spiel des Gerings des Ringen ereignet sich das Dingen des Dinges ... Wir sind — im strengen Sinne des

Wortes — die Bedingten." Nun? „Die Frage 'Was ist ein Ding?' müssen wir demnach als eine solche bestimmen, bei der die Dienstmägde lachen. Und was eine rechte Dienstmagd ist, muß doch auch etwas zu lachen haben."

„Ein Ding ist der Krug. Was ist der Krug? Wir sagen: ein Gefäß; ein solches, was anderes in sich faßt... Dieses Fassende ist selbst wieder faßbar am Henkel... Wir gewahren das Fassende des Gefäßes, wenn wir den Krug füllen ... Wenn wir den Krug vollgießen, fließt der Guß beim Füllen in den leeren Krug. Die Leere ist das Fassende des Gefäßes. Die Leere, dieses Nichts am Krug ist das, was der Krug als das fassende Gefäß ist... Wie faßt die Leere des Kruges? Sie faßt, indem sie, was eingegossen wird, nimmt. Sie faßt, indem sie das Aufgenommene behält. Die Leere faßt in zwiefacher Weise: nehmend und behaltend. Das Wort 'fassen' ist darum zweideutig... Das zwiefache Fassen der Leere beruht im Ausgießen ... Ausgießen aus dem Krug ist schenken. Im Schenken des Gusses west das Fassen des Gefäßes ... Das Geschenk des Gusses kann ein Trunk sein. Er gibt Wasser, er gibt Wein zu trinken. Im Wasser des Geschenkes weilt die Quelle. In der Quelle weilt das Gestein, in ihm der dunkle Schlummer der Erde, die Regen und Tau des Himmels empfängt. Im Wasser der Quelle weilt die Hochzeit von Himmel und Erde. Sie weilt im Wein, den die Frucht des Rebstockes gibt, in der das Nährende der Erde und die Sonne des Himmels einander zugetraut sind ... Das Geschenk des Gusses ist der Trunk für die Sterblichen. Er labt ihren Durst. Er erquickt ihre Muße. Er erheitert ihre Geselligkeit." — „Erde und Himmel, Gott und Mensch — das Weltspiel." Nun kann das Liebesspiel beginnen, Heidegger zitiert Meister Eckart: „diu minne ist der natur, daz si den menschen wandelt in die dinc, die er minnet." „Erde und Himmel, das Strömen der Tiefe und die Macht der Höhe..." „Schmiegsam, schmiedbar, geschmeidig, fügsam, leicht...": „Der Reigen ist der Ring, der ringt, indem er als das Spiegeln spielt." Und „... so reicht sich eines dem anderen hinüber, eines überläßt sich dem anderen; eines ist dem anderen über als das darüber Wachende, Hütende, darüber als das Verhüllende". Doppelte Paarung, eine richtige Orgie: „Die Vierung west als das ereignende Spiegel-Spiel der einfältig einander Zugetrauten. Die Vierung west als das Welten von Welt." „Die Dinge tragen, indem sie dingen, Welt aus ... Die Innigkeit von Welt und Ding ist keine Verschmelzung. Innigkeit waltet nur, wo das Innige, Welt und Ding, rein sich scheidet und geschieden bleibt." („'Welt' ist die Lichtung des Seins.") „Der Unter-Schied hält von sich her die Mitte auseinander, auf die zu und durch die hindurch Welt und Ding zueinander einig sind." Das ist die petite différence: „Der Unter-Schied trägt Welt in ihr Welten, trägt die Dinge in ihr Dingen aus. Also sie austragend, trägt er sie einander zu." „Der Unter-Schied stellt das Ding als Ding in die Welt." „Vielmehr geschieht die Eröffnung des Offenen und die Lichtung des Seienden nur, indem die Offenheit entworfen wird." „Sein ist im Entwurf verstanden." „... 'etwas verstehen' in der Bedeutung von 'einer Sache vorstehen können', 'ihr gewachsen sein', 'etwas können'." Beide verstehen sich gut : „... jedes entwerfende Offenhalten der Wahrheit des Seins als Verstehen von Sein" ist „der ekstatische, d.h. im Bereich des Offenen innestehende geworfene Entwurf". „Sein lichtet sich dem Menschen im ekstatischen Entwurf." („Ent-wurf' ist die Eindeutschung des lateinischen: e-iaculatio; quod erat demonstrandum). Das ist nun aus den „zweideutigen Verabredungen" geworden, die ein Heidegger so verabscheut. Diese Lichtung „umschließt die Gestalt des Gottes und läßt sie in dieser Verbergung durch die offene Säulenhalle hinausstehen in den heiligen Bezirk", der den Gott so bezirzt. „Der Entwurf eröffnet erst den Spielraum, darin die Dinge, d.h. die Tatsachen, sich zeigen." Als was zeigt sich das Ding? „Alles, was ... glänzt und blüht, tönt und duftet, steigt und kommt, aber auch geht und fällt, aber auch klagt und schweigt, aber auch erbleicht und dunkelt."

„Das Sein kommt, sich lichtend, zur Sprache." Und was sagt der Muttermund, Gebärmuttermund? (Schließlich haben auch wir in Grimms Etymologischem Wörterbuch nachgesehen : Mhd. *gelihter* ist von ahd. *lehtar* 'Gebärmutter' (eigentlich : Liegendes) abgeleitet und bedeutet 'Geschwister': „die zur selben Gebärmutter Gehörigen". Dann hieße 'lichten' so viel wie : leicht machen, entbinden, gebären.) „Die Sprache ist die Zunge ... Zungenfertigkeit... Die Sprache ist die Blume des Mundes. In ihr erblüht die Erde der Blüte des Himmels entgegen." (Cunnilingus?) „Die Sprache ist der Bezirk (templum), d.h. das Haus des Seins." „Die Ek-sistenz bewohnt denkend das Haus des Seins." „Das Sein solcher Gebäude kann man gleichsam riechen, und man hat oft nach Jahrzehnten noch den Geruch in der Nase." Heideggers „Neugier, der nichts verschlossen, hat „die Erschlossenheit des In-Seins die Lichtung des Daseins genannt". Die Parole heißt : „vom Ge-stell zur Lichtung". „Der Andere ist so zunächst in der besorgenden Fürsorge erschlossen": Das Dasein muß für das Sein, dem es besorgt wird, sorgen. Und nach der „Kehre", nach der Bekehrung? „Heraklit denkt das Sein als die Weltzeit und diese als das Spiel des Kindes ... Das Seinsgeschick: ein Kind, das spielt. Somit gibt es auch große Kinder." Werdet wie die Kinder? Jedenfalls auch der Kleine „weiß, was er inmitten des Seienden will" als „der Wille des Wissens und der Liebe", „unerfahren bislang, aber erfahrener vielleicht künftig". Auch ihn lockt schon „die rätselhafte Mehrdeutigkeit des Nichts" inmitten von Mutter Natur, er will „im Nichts die Weiträumigkeit dessen erfahren, was jedem Seienden die Gewähr gibt zu sein". Er ist „neugierig" und liest bei Aristoteles : „Außerdem entsteht ja ein Mensch aus einem Menschen, aber nicht ein Bettgestell aus einem Bettgestell."

Der Philosoph liest ihm Hölderlin vor:

„Warum huldigest du, heiliger Sokrates,
Diesem Jünglinge stets? kennest du Größeres nicht?
Warum siehet mit Liebe,
Wie auf Götter, dein Aug' auf ihn?"

35

„Wer das Tiefste gedacht, liebt das Lebendigste,
Hohe Jugend versteht, wer in die Welt geblickt,
Und es neigen die Weisen
Oft am Ende zu Schönem sich."

Ist das wirklich „gegen das Ichsein und Dusein und erst recht etwa gegen die
'Geschlechtlichkeit' neutral"? „'Rein' sagt für Hölderlin stets so viel wie 'ursprünglich', entschieden verbleibend in anfänglicher Bestimmung. Dies eignet
den Kindern." Kinder geblieben aber sind die Dichter : „Wenn die Dichter
inneibleiben in der Allgegenwart der mächtigschönen 'Natur', dann ist auch jede
Möglichkeit genommen, nur auf das Eigene zu pochen und sich in dem zu vermessen, was das Gesetz ist. Ihre Hände sind 'schuldlos'." „Es schützet die Einfalt ihn ... die in der schicklichen Nähe zum Hohen verweilt." Das ist „Vater
Äther, der Hohe". „Allzu leicht könnte der Halbgott", der Halbstarke, „über die
Kindheit hinausgerückt, das Ungleiche zu den Göttern 'nicht dulden' wollen"
mit seiner „entzweienden Gier". „Das wesentliche Wünschen unterscheidet sich
vom bloßen Begehren, das sein Begehrtes je nur für sich und im Begehren auch
nur sich will. Solches Begehren weicht dem Schicklichen aus." Der Dichter
dichtet die Lichtung des Seins, aber: „Das Dichterische ist das Endliche, das
sich in die Grenzen des Schicklichen fügt". Er will nicht „das 'Exotische', das er
rauschsüchtig durchkostet". „Der Verzicht nimmt nicht. Der Verzicht gibt." Er
trifft auf den „Schmerz des Versagens und die Schonungslosigkeit des Verbietens" beim „Aufblicken zu den 'Ideen'": „Blitze nämlich sind der Zorn eines
Gottes" *(Hölderlin)*. „Es gibt nämlich Sein", weiß Heidegger mit Parmenides,
wenn er nach der „Kehre" zu den Vorsokratikern zurückgeht, in die Kindheit des
abendländischen Geistes. Aber das Sein ist seit Plato an „Vater Äther, der Hohe"
vergeben, an seinen „Willen zur Macht" und die Technik seines „Ge-stells", das
Mutter Natur stellt durch die „Gewalttätigkeit" seiner Ideen. Vor diesem „Übermenschen" hat das Menschenkind jene existentielle „Angst", die Heidegger zur
„Grundbefindlichkeit des Daseins" macht, welches in die „Lichtung der Natur
hinausstehen" will. Angst? Wovor und worum?

„Die Furcht verschließt zugleich das gefährdete In-Sein, indem sie es sehen läßt
... Das Fürchten um als Sichfürchten vor erschließt immer ... das In-sein hinsichtlich seiner Bedrohtheit... Das, worum die Angst sich ängstet, enthüllt sich
als das, wovor sie sich ängstet: das In-der-Welt-sein." „Weitere Abwandlungen
der Furcht kennen wir als Schüchternheit, Scheu." Natürlich „nicht in der Form
kleiner Minderwertigkeitsgefühle", bewahre! Aber Schuldgefühle regen sich
doch: „... das verschwiegene, angstbereite Sichentwerfen auf das eigenste
Schuldigsein — nennen wir die Entschlossenheit" „zum Stehenkönnen in der
Offenbarkeit". „Eigentlich kann die Angst nur aufsteigen in einem entschlossenen Dasein." „Die Angst des Verwegenen ... steht... im geheimen Bunde mit der
Heiterkeit und Milde der schaffenden Sehnsucht." Diese „Angst vor dem

Nichts" ist Angst vor der Seinslichtung, die schon vom „golden blühenden Baum" von „Vater Äther" besetzt ist. „So bringt die In-ständigkeit sich in das Gesetz", und die Erdensöhne sind „von einem Licht, und sei dies auch ein übersinnliches, belichtet, so daß sie sich vor ihm nie in das Finstere verstecken können". Es gibt Sein, und doch ist es schon vergeben: „Es gibt sich und versagt sich zumal." Mutter Natur, denn als solche hat sich das Sein den frühen Griechen offenbart, „gibt" sich dem menschlichen Dasein in der „Fürsorge", aber versagt sich seinem „Besorgen". Das Dasein ist Sorge, und das Sein sorgt für mich, aber ich kann Es ihm nicht besorgen. Davor steht Gottvaters „Ge-stell". Also entsagt das Dasein dem „Besorgen" und kriecht seit Heideggers Beschäftigung mit Hölderlin unter den Rock der Mutter Natur, ganz „gering" und „ent-eignet". „Der Verzicht nimmt nicht. Der Verzicht gibt." Er gibt die fürsorgliche Nähe des Seins: „Insofern wir das Ding als Ding schonen, bewohnen wir die Nähe." „Das Sein ist das Nächste." Durch diese „Anmessung an einen maßgeblichen Anblick, der deshalb Vorbild heißt", entgeht das Dasein der „Angst vor dem Tode", es „verwindet den Un-fug", indem es sich nicht mehr „auf sein Besonderes versteift". Heidegger interpretiert das Platonische Höhlengleichnis als Sieg des Lichtes der Vernunft über die Lichtung der Leibeshöhle von Mutter Natur: „Die in sich offene Umschließung der Höhle und das durch sie Umstellte und also Verborgene verweisen zugleich auf ein Außerhalb, das Unverborgene, das über Tag ins Licht sich weitet." „Die sophia außerhalb der Höhle ist philosophia", aber Heideggers „Existenz" will in die Urhöhle zurück, weg vom Licht, zurück in die Lichtung der ontologischen Bauchhöhle, um sich dort zu „verbergen". Erkauft ist dieser „Unter-stand" (Sub-stanz) durch „Verzicht" auf das „Eigentliche": „'Aufenthalt' — als dem Sichenthalten von jeglicher Hantierung." Vater Äther ist wachsam: „So ist denn, wo das Ge-stell herrscht, im höchsten Sinne *Gefahr.*" Die Seinslichtung ist eben die „offenbare Stätte der Seinsbedrohung und Beirrung und so die Möglichkeit des Seinsverlustes, das heißt — Gefahr". Der Dichter „be-zeugt das Heilige", aber eben als Heiliges, als Tabu, im Lied. „Der Gesang dieser Sänger ist kein Werben und kein Gewerbe", ebenso wenig wie die „Gunst des Seins", seine „Huld". „'Des Vaters Stral, der reine, versengt es nicht.'" Angst? „Was hat das Seinsgeschick dieser Angst mit Psychologie und Psychoanalyse zu tun?" Ja, was wohl?

„Weil aber das Fest das Brautfest ist, gedenkt der Dichter aus dem Denken an das Fest der Frauen ... 'Die Frauen' — dieser Name hat hier noch den frühen Klang, der die Herrin und Hüterin meint." „'Die braunen Frauen daselbst'"... Das erinnert an das südliche Land, wo das Element des 'himmlischen Feuers' ... durch seine Glut die ihm Ausgesetzten 'fast' zu 'verbrennen' droht", weil sie die „Raserei der wilden Entrückung" suchen. Angst?

„Oedipus, zu Anfang der Retter und Herr des Staates, im Glanz des Ruhmes und der Gnade der Götter, wird aus diesem Schein, der keine bloß subjektive Ansicht

des Oedipus von sich selbst ist, sondern das, worin das Erscheinen seines Daseins geschieht, herausgeschleudert, bis die Unverborgenheit seines Seins als des
Mörders des Vaters und des Schänders der Mutter geschehen ist. Der Weg von
jenem Anfang des Glanzes bis zu diesem Ende des Grauens ist ein einziger
Kampf zwischen dem Schein (Verborgenheit und Verstelltheit) und der Unver-
borgenheit (dem Sein) ... Wir dürfen aber Oedipus nicht nur als den Menschen
sehen, der zu Fall kommt, wir müssen in Oedipus jene Gestalt des griechischen
Daseins begreifen, in der sich dessen Grundleidenschaft ins Weiteste und
Wildeste vorwagt, die Leidenschaft der Seinsenthüllung, d.h. des Kampfes um das
Sein selbst."

Diese Sätze stehen in der berühmt-berüchtigten Freiburger Vorlesung vom
Sommersemester 1935 „Einführung in die Metaphysik", mitten in der „Kehre"
vom Da-sein zum da-Seyn, vom Ge-stell zur Lichtung, von der enttäuschenden
Politik zu Hölderlin, von der „Eigentlichkeit des Daseins" zum „Eigentum" der
Mutter Natur.

Sein, Natur, Erde vor Seiendem, Dasein, Göttern. „Es gibt Sein": Ist das nicht
das „unmittelbar Gegebene", die gute alte Mater-ie? Heidegger ein Mater-ialist
malgré lui meme, der nicht will, daß Mutter Natur zum Bearbeitungsmater-ial
wird? Die Wahrheit eine Frau? „Die Aletheia ist Göttin." Das Sein: französisch
le sein — Busen und Schoß? Das stolze abendländische Subjekt : subiectum
entis? „Lichtung der Natur" vor dem „Licht der Vernunft"? Ontologisches Matri-
archat? Die männliche „Eigentlichkeit" ein „Eigentum des Seins"? Ist der
Ek-sistenzialismus ein Feminismus? Jedenfalls bleibt der Erdensohn ein recht
androgyner Softy vor der allmächtigen Mutter Natur, bei Hölderlin sogar
infantil-regressiv, ja schizoidal an sie gebunden: „So vermag das dem Ursprung
Entsprungene nichts gegen seinen Ursprung." „Die Erde ist das, wohin das
Aufgehen alles Aufgehende und zwar als ein solches zurückbirgt."

„Warum ist überhaupt Seiendes und nicht vielmehr nichts?"

Das Menschenkind „kommt ... als solches Dasein je schon aus dem offenbaren
Nichts her" in seiner „Wesensgeburt" und „verzichtet" „schicklich" auf „Hang
und Drang" : „Zur Endlichkeit des Dranges gehört diese Passivität im Sinne dessen, was der Drang nicht erdrängt." Vom „Ge-stell" des Vater Äther aus der
Seinslichtung „geworfen", „kreist der Mensch, ausgestoßen aus der Wahrheit
des Seins, um sich selbst als animal rationale" und wird vernünftig. Der Erdensohn opfert sein Gestell, um sich die Fürsorge des Seins zu erhalten: „Das Opfer
ist der Abschied vom Seienden zur Wahrung der Gunst des Seins." Schluß mit
dem „Kampf zwischen denen, die an der Macht sind, und denen, die an die
Macht wollen". Das „Gemachte" „läßt" das „Gemöge" schicklich zufrieden,
damit das Nichts nicht mehr das Dasein „nichtet", d.h. kastriert. Schluß mit der
Metaphysik, sie „denkt den Menschen von der animalitas her und nicht zu seiner
humanitas hin". Schluß mit der „Sinnlichkeit des Übermenschen", der bei Nietz-

sche Gottvater getötet hat. „Das Sein zum Tode ist wesenhaft Angst", Kastrationsangst vor Gottvaters Rache: „Rache ist das widersetzliche, herabsetzende Nachstellen", „insofern das Sein selber das Strittige ist".

Quod erat demonstrandum.

Man muß Heidegger nicht so lesen, aber ihn begründet so lesen können.

Heideggers Ästhetik

„Soll der Mensch noch einmal in die Nähe des Seins finden,
dann muß er zuvor lernen, im Namenlosen zu existieren."
(WEG 150)

Aus: „Brief über den Humanismus" (1946):
„Sich einer „Sache" oder einer „Person" in ihrem Wesen annehmen, das heißt:
sie lieben: sie mögen. Dieses Mögen bedeutet, ursprünglicher gedacht: das Wesen
schenken. Solches Mögen ist das eigentliche Wesen des Mögens, das nicht nur
dieses oder jenes leisten, sondern etwas in seiner Her-Kunft „wesen", das heißt
sein lassen kann. Das Vermögen des Mögens ist es, „kraft" dessen etwas
eigentlich zu sein vermag. Dieses Vermögen ist das eigentlich „Mögliche", jenes,
dessen Wesen im Mögen beruht. Aus diesem Mögen vermag das Sein das
Denken. Jenes ermöglicht dieses. Das Sein als das Vermögend-Mögende ist das
„Mög-liche"."

„Doch wir vermögen immer nur solches, was wir mögen, solches, dem wir zugetan
sind, indem wir es zulassen. Wahrhaft mögen wir nur jenes, was je zuvor von sich
aus uns mag und zwar uns in unserem Wesen, indem es sich diesem zuneigt."
(VuA 129)

Nach Heidegger hält sich das Sein gerade in dem, was es an ihm selbst ist, hinter
seinen Präsentationsarten verborgen, ja durch die Formen hindurch versteckt, *in*
denen es sich als Seiendes und Seinlassendes offenbart. Es verbirgt sich in seinen
Manifestationsweisen, deren Geschichte ja eine einzige Verfallsgeschichte von
„Seinsvergessenheit" sei. Da geht es mit dem Sein unablässig bergab, von *physis*
über *poiesis* zu *techne*, deutsch vom „Herstand" über den „Gegenstand" zum
„Bestand" des „Ge-stells". Nur in der Frühzeit des Denkens habe das Sein selbst
sich in aller Klarheit „von ihm selbst her" ausgesprochen. So konkret nun Heidegger die Masken beschrieben hat, in denen sich das Sein bislang zu verkleiden
liebte, so nichtssagend wird er, wenn es zu verraten gilt, als was es sich anfänglich
denn nun eigentlich „entborgen" habe. Soweit wir sehen, hat Heidegger nur ein
einziges Mal nicht nur wiederholt, *daß* Sein und Wahrheit so viel heiße wie
„Unverborgenheit", sondern auch, *als was* es sich bei den früheren Griechen gezeigt habe vor aller späteren Verschüttung seines allerersten „Aufblitzens". Die
Farbe, die ursprüngliches und eigentliches Sein heute habe, hat Heidegger oft
und gern bekannt: das Braun und Grün bäuerlicher Bodenständigkeit. Aber nur
an einer Stelle, die deshalb für unsere Studie eine Schlüsselfunktion gewinnt, hat
er die Katze aus dem Sack gelassen, als es darum ging, das frühgriechische Pen-
dant und Vorbild für die „Ursprünglichkeit" seines heutigen Agrarfetischismus
vollinhaltlich zu nennen.

„Oedipus, zu Anfang der Retter und Herr des Staates, im Glanz des Ruhmes und der Gnade der Götter, wird aus diesem Schein, der keine bloß subjektive Ansicht des Oedipus von sich selbst ist, sondern das, worin das Erscheinen seines Daseins geschieht, herausgeschleudert, bis die Unverborgenheit seines Seins als des Mörders des Vaters und des Schänders der Mutter geschehen ist. Der Weg von jenem Anfang des Glanzes bis zu diesem Ende des Grauens ist ein einziger Kampf zwischen dem Schein (Verborgenheit und Verstelltheit) und der Unverborgenheit (dem Sein). Um die Stadt lagert das Verborgene des Mörders des vormaligen Königs Laios. Mit der Leidenschaft dessen, der in der Offenbarkeit des Glanzes steht und Grieche ist, geht Oedipus an die Enthüllung dieses Verborgenen. Schritt für Schritt muß er dabei sich selbst in die Unverborgenheit stellen, die er am Ende nur so erträgt, daß er sich selbst die Augen aussticht, d.h. sich aus allem Licht herausstellt, verhüllende Nacht um sich schlagen läßt und als ein Geblendeter dann schreit, alle Türen aufzureißen, damit dem Volk ein solcher offenbar werde, als der, der er *ist*.

Wir dürfen aber Oedipus nicht nur als den Menschen sehen, der zu Fall kommt, wir müssen in Oedipus jene Gestalt des griechischen Daseins begreifen, in der sich dessen Grundleidenschaft ins Weiteste und Wildeste vorwagt, die Leidenschaft der Seinsenthüllung, d.h. des Kampfes um das Sein selbst."

Hölderlin sagt in dem Gedicht: „In lieblicher Bläue blühet ..." das seherische Wort: „Der König Oedipus hat ein Auge zu viel vielleicht". Dieses Auge zu viel ist die Grundbedingung alles großen Fragens und Wissens und auch sein einziger metaphysischer Grund."[1]

Heidegger könnte „neuzeitliche Subjektivismen und Psychologismen"[2] bei der „Auslegung des Oedipus Tyrannus" nicht schmähen, kennte er nicht Freuds Deutung des Oedipusmythos. Das Zitat stammt aus einer Vorlesung vom Sommersemester 1935. Von da an datiert Heidegger selbst seine berühmte Kehre vom Sein zum „Seyn", die innere Abkehr von seinem politischen „Irrtum", den er zum „beirrenden Geschick des Seins selbst" umstilisiert.

Allerdings unverändert wiederaufgenommen in den berüchtigten Nachdruck von 1953, von Habermas derzeit vehement gerügt, sind jene alten Passagen von der „inneren Wahrheit und Größe dieser Bewegung (nämlich mit der Begegnung der planetarisch bestimmten Technik und des neuzeitlichen Menschen)".[3]

An der Übervaterfigur scheidet sich, wie wir sehen werden, der spätere vom jungen Heidegger, und es ist Hölderlin, der ihn ebenso den „Stifter" einer neuen Welt im Landesvater zu begrüßen wie dann dessen unerwartete kalte Schulter zu „verwinden" hilft, bis hin zur „Verwindung der Metaphysik" überhaupt.

Wiederholen wir jetzt an Heidegger jene Gewaltsamkeit, die seinen Hölderlininterpretationen angelastet wird? Hören wir also vorerst auf, in Heidegger hineinzuprojizieren, wes Geistes Kind wir selbst sind. Lassen wir dem Sein Zeit, sich zu offenbaren. Halten wir nur fest : 1935 zitiert Heidegger in seiner Metaphysikvorlesung mit dem „Oedipus Tyrannos" eine klassische griechische Dichtung, in der für ihn das Wesen der Kunst, Stiftung, Gründung, Anfang und Schenkung einer neuen Welt zu sein, in höchst authentischer Ursprünglichkeit „sich ereignet". Im selben Jahr entsteht „Der Ursprung des Kunstwerkes", Heideggers Ästhetik, die alle Kunst auf „Dichtung" zurückführt. Vordergründig scheint dort Heidegger Freuds Auffassung von Kunst als einer asketischen Transformation egoistischer Triebphantasien in sozial höher Bewertetes zu teilen: „Das Geschaffene soll nicht als Leistung eines Könners bezeugt und dadurch der Leistende in das öffentliche Ansehen gehoben werden. Nicht das N.N. fecit soll bekanntgegeben werden ..."[4] „Das Werk stellt als Werk eine Welt auf."[5] „Die Welt ist die sich öffnende Offenheit der weiten Bahnen der einfachen und wesentlichen Entscheidungen im Geschick eines geschichtlichen Volkes."[6] Der Künstler lebt sich nicht aus, er dient dem Kollektiv. Obwohl beider Ästhetik im antipsychologischen Akzent übereinkommt, scheint zu Heideggers Kunstlehre auf den ersten Blick kein schärferer Gegensatz denkbar als Adornos These vom exhibitionistischen Künstler: „Künstler sublimieren nicht. Daß sie ihre Begierde weder befriedigen noch verdrängen, sondern in sozial wünschbare Leistungen, ihre Gebilde, verwandeln, ist eine psychoanalytische Illusion. Übrigens sind legitime Kunstwerke ohne Ausnahme heute sozial unerwünscht. Viel mehr zeigen Künstler heftige, frei flutende und zugleich mit der Realität kollidierende, neurotisch gezeichnete Instinkte. Noch der Spießertraum vom Schauspieler oder Geiger als einer Synthese aus Nervenbündel und Herzensbrecher trifft eher zu als die nicht minder spießbürgerliche Triebökonomie, der zufolge die Sonntagskinder der Versagung es in Symphonien und Romanen loswerden. Ihr Teil ist vielmehr hysterisch outrierte Hemmungslosigkeit über allen erdenklichen Ängsten, Narzissmus, bis an die paranoische Grenze getrieben. Gegen das Sublimierte haben sie Idiosynkrasien. Unversöhnlich sind sie den Ästheten, gleichgültig gegen gepflegte Milieus, und in geschmackvoller Lebensführung erkennen sie so sicher die mindere Reaktionsbildung gegen den Hang zum Minderen wie die Psychologen, von denen sie selber verkannt werden. Sie lassen ... vom Derben, Albernen, Unanständigen sich verlocken ... Aber Ausdruck ist nicht Halluzination. Er ist Schein, gemessen am Realitätsprinzip und mag es umgehen. Niemals jedoch versucht durch ihn, so wie durchs Symptom, Subjektives anstelle der Realität wahnhaft sich zu substituieren. Ausdruck negiert die Realität, indem er ihr vorhält, was ihr nicht gleicht, aber er verleugnet sie nicht. Er sieht dem Konflikt ins Auge, der im Symptom blind resultiert. Soviel bleibt dem Ausdruck mit der Verdrängung gemeinsam, daß in ihm die Regung durch die Realität blockiert sich findet ... Als Ausdruck kommt sie zur unverfälschten Erscheinung ihrer selbst und damit des Widerstandes, in sinnlicher Nachahmung. Sie ist so stark, daß ihr die Modifikation zum bloßen Bild, Preis des Überlebens, widerfährt, ohne sie auf dem Wege nach außen zu verstümmeln. Anstelle des Ziels wie der eigenen subjektiv zensorischen „Bearbeitung" setzt sie die objektive: ihre polemische Offenbarung. Das unterscheidet sie von der Sublimierung: jeder gelungene Ausdruck des Subjekts, ließe sich sagen, ist ein kleiner Sieg über das Kräftespiel seiner eigenen Psychologie. Das Pathos von Kunst haftet daran, daß sie, gerade durch Zurücktreten in die Imagination, der Übermacht der Realität das Ihre gibt, und doch nicht zur Anpassung resigniert, nicht die Gewalt des Auswendigen in der Deformation des Inwendigen fortsetzt. Die das vollbringen, haben dafür als Individuen ausnahmslos teuer zu zahlen, hilflos zurückgeblieben hinter dem eigenen Ausdruck, der ihrer Psychologie entrann."[7#]

Sehen wir also zu, was der große Künstler nach Heidegger eigentlich tut, wenn er wie Hölderlin unter Gottes Gewittern steht, dem Volk die himmlische Gabe ins Lied gehüllt zu reichen:

„Die Ästhetik nimmt das Kunstwerk als einen Gegenstand ... der aisthesis, des sinnlichen Vernehmens im weiten Sinne ,.."[8] „Wenn Wahrheit sich in das Werk setzt, erscheint sie. Das Erscheinen ist... die Schönheit. So gehört das Schöne in das Sichereignen der Wahrheit. Es ist nicht nur relativ auf das Gefallen und lediglich als dessen Gegenstand. Das Schöne beruht indessen in der Form, aber nur deshalb, weil die forma einst aus dem Sein als der Seiendheit des Seienden sich lichtete. Damals ereignet sich das Sein als *eidos*. Die *idea* fügt sich in die *morphe*. Das *synolon*, das einzige Ganze von *morphe* und *hyle*, nämlich das *ergon*, *ist* in der Weise der *energeia*. Diese Weise der Anwesenheit wird zur actualitas des ens actu. Die actualitas wird zur Wirklichkeit. Die Wirklichkeit wird zur Gegenständlichkeit. Die Gegenständlichkeit wird zum Erlebnis."[9] Schönheit, Formen, Aussehen, Gesicht, Energie, Akt? Philosophie ist nach Plato Liebe zur *idea*, zum schönen „Aussehen" (wie Heidegger übersetzt), Sehnsucht, im Schönen zu zeugen, einer Schönheit, die Hegel dann als „sinnliches Schemen" der platonischen Idee bestimmt hat.

Was ist Kunst? „Die Kunst ist das Sich-ins-Werk-Setzen der Wahrheit"[10]. „'Setzen' heißt hier: zum Stehen bringen."[11] Was also ist Kunst? Ein „Stoß ins Offene".[12] „Aber dieses vielfältige Stoßen hat nichts Gewaltsames."[13]... und das Nicht-aussetzen dieses Stoßes macht die Beständigkeit des Insichruhens am Werk aus."[14] Wer oder was ist da am Werk?

Die Kunst besteht darin, „daß sie inmitten des Seienden eine offene Stelle auf-schlägt, in deren Offenheit alles anders ist als sonst".[15] Da „rückt es uns in diese Offenheit ein und so zugleich aus dem Gewöhnlichen heraus. Dieser Verrückung folgen heißt: die gewohnten Bezüge zur Welt und zur Erde verwandeln ,.."[16] Was ist dieses Offene, „in das alles Seiende hereinsteht und aus dem es sich zurückzieht. Aber wie geht das zu?[17] Das geht nicht zu, das geht gerade auf:

„Inmitten des Seienden im Ganzen west eine offene Stelle. Eine Lichtung ist. Sie ist, vom Seienden her gedacht, seiender als das Seiende. Diese offene Mitte ist daher nicht vom Seienden umschlossen, sondern die lichtende Mitte selbst umkreist wie das Nichts, das wir kaum kennen, alles Seiende. Das Seiende kann als Seiendes nur sein, wenn es in das Gelichtete dieser Lichtung herein- und hinaussteht. Nur diese Lichtung schenkt und verbürgt uns Menschen einen Durchgang zum Seienden, das wir selbst nicht sind, und den Zugang zu dem Seienden, das wir selbst sind."[17] Aber „die offene Stelle inmitten des Seienden, die Lichtung, ist niemals eine starre Bühne mit ständig aufgezogenem Vorhang, auf der sich das Spiel des Seienden abspielt."[18] Offenbar ist der „Spielraum der Offenheit..., worin jegliches Seiende in seiner Weise aufgeht"[19], fürs Liebesspiel auch mal geschlossen.

Der Künstler „weiß, was er inmitten des Seienden will".[20] „Das Wollen ist das ekstatische Sicheinlassen des existierenden Menschen in die Unverborgenheit des Seins. Die in „Sein und Zeit" gedachte Entschlossenheit ist nicht die decidierte Aktion eines Subjekts, sondern die Eröffnung des Daseins aus der Befangenheit im Seienden zur Offenheit des Seins. In der Existenz geht jedoch der Mensch nicht erst aus einem Innern zu einem Draußen hinaus, sondern das Wesen der Existenz ist das ausstehende Innestehen im wesenhaften Auseinander der Lichtung des Seienden."[20]

Was sich da nun vor diesem „Stoß ins Un-geheure"[21] „auseinanderfaltet", nennt Heidegger Erde, und „Wollen ist die nüchterne Ent-schlossenheit des existierenden Übersichhinausgehens, das sich der Offenheit ... aussetzt. So bringt sich die Inständigkeit in das Gesetz."[22] Sich dem „Segen" der Öffnung aussetzen heißt, sich dem „Fluch" eines Gesetzes aussetzen nur dann, wenn diese Öffnung verboten ist. Verboten aber ist der Schoß der Mutter durch den Vater für den Penis des Knaben. Aber gerade dieser Mutter Erde will der Künstler zu Leibe. Sie ist ebenso schützend wie tabu für den, der mehr in ihr als Schutz sucht : „Die Erde ist das zu nichts gedrängte Hervorkommen des ständig Sichverschließenden und dergestalt Bergen-den."[23] „Die Erde läßt so jedes Eindringen in sie an ihr selbst zerschellen. Sie läßt jede nur rechnerische Zudringlichkeit in eine Zerstörung umschlagen."[24] Heidegger hat dieses Wort „zerschellen" nur noch einmal benutzt, als er das Dasein am Tod zerschellend auf sein faktisches Da sich zurückwerfen ließ.[25] Da wir seit Freud Todesangst aus der Angst vor der im Überich internalisierten Kastrationsdrohung herleiten, ist auch hier die Zudringlichkeit zur Mutter Erde mit dem Kastrationstod bedroht. Was macht der Mann von Welt mit Mutter Erde? „Das Gegeneinander von Welt und Erde ist Streit."[26] Ein „Urstreit, in dem jene offene Mitte erstritten wird, in die das Seiende hereinsteht und aus der es sich in sich selbst zurückstellt."[27] „Der Streit ist kein Riß als das Aufreissen einer bloßen Kluft, sondern der Streit ist die Innigkeit des sich Zugehörens der Streitenden",[28] der „im Einfachen der Innigkeit zu seinem Höchsten kommt."[29] „Dieser Riß reißt die Gegenwendigen in die Herkunft ihrer Einheit aus dem einzigen Grunde zusammen. Er ist Grundriß. Er ist Auf-riß, der die Grundzüge des Aufgehens der Lichtung des Seienden zeichnet."[30]

„Reißen heißt hier, den Riß reißen mit der Reißfeder auf dem Reißbrett."[31] Da „muß der Streit als Riß in die Erde zurückgestellt, die Erde selbst muß als Sich-verschließende hervorgestellt und gebraucht werden. Dieses Brauchen aber ver-braucht und mißbraucht die Erde nicht als einen Stoff, sondern es befreit sie gerade zu ihr selbst."[32] Die „Unermüdliche" in der „Fürsorge" wird „abgemüdet".

„An der Erde als der wesenhaft sich verschließenden findet „der Zudringliche" seinen höchsten Widerstand und so gerade die Stätte seines ständigen Standes, darin die Gestalt festgestellt werden muß."[33] Nun steht der Ständer, und das Weib braucht die männliche Besatzungsmacht; am und um den Ständer herum, den sie umschließt, gewinnt sie überhaupt erst ihre Formen. „Darum muß in diesem Offenen je ein Seiendes sein, worin die Offenheit ihren Stand und ihre Ständigkeit nimmt. Indem sie so selbst das Offene besetzt, hält sie dieses offen und aus. Setzen und Besetzen sind hier überall aus dem griechischen Sinn der *thesis* gedacht, die ein Aufstellen im Unverborgenen meint."[34] „Das Seiende steht im Sein."[35] „Lichtung der Offenheit und Einrichtung in das Offene gehören zusammen."[36] Wo diese „Erstellung das Heilige als Heiliges eröffnet und der Gott in das Offene seiner Anwesenheit hereingerufen wird", „bekommen alle Dinge ihre Weile und Eile, ihre Ferne und Nähe, ihre Weite und Enge."[37] „Die Welt trachtet in ihrem Aufruhen auf der Erde, diese zu überhöhen ... Die Erde aber neigt dazu, als die Bergende jeweils die Welt in sich einzubeziehen und einzubehalten".[38] Der Mann von Welt will ihr den Sinn fürs Höhere einbläuen und selbst den Kopf über Wasser behalten, aber das „Dumpfe des Lastens und des Massigen"[39] an der Venus dentata droht ihn so oral-kaptativ in ein „Verströmen" aufzusaugen, wie er als Kind selbst einst aggressiv die Mutterbrust sich zu inkorporieren suchte und diesen Kannibalismus nun paranoisch auf ihre auch analsadistisch gefräßige „Fürsorge" projiziert. Nicht das Kind will die Mutter, es fühlt sich verführt; es will los, und sie gibt nicht frei. „Niemals ist das (genitale) Seiende unser Gemächte oder gar nur unsere Vorstellung."[40] „Die Eröffnung von Jenem, worein das Dasein ... schon geworfen ist,"[41] ist nicht eine „Leistung des selbstherrlichen Subjekts." „Dies ist die Erde ..., der sich verschließende Grund, dem es aufruht mit all dem, was es sich selbst noch verborgen, schon ist."[41] Das Kind ist nur das Wesen, das alles „Mitgegebene im Entwurf aus dem verschlossenen Grund heraufholt. So wird er als der tragende Grund erst gegründet. Weil ein solches Holen, ist alles Schaffen ein Schöpfen (das Wasser holen aus der Quelle)."[42] Erst später wird das Dichten der Lichtung, dieses genitale Verschließen der Öffnung, dieses nach Hölderlin unschuldigste und gefährlichste aller Geschäfte, dann zur „Zweideutigkeit" der verbotenen Frucht vom Baum der Erkenntnis und das Sein „dann verwandelt zum Seienden im Sinne des von Gott Geschaffenen"[42], zum „durchschaubaren Gegenstand" seiner sozialen Kontrolle und Zensur. Was ist Kunst hier noch anderes als die Liebeskunst? Wo bleibt die Sublimation? Beschreibt Heidegger Kunst, das „Ins- Werk-Setzen" der Wahrheit", nicht unfreiwillig wie einen Koit, einen inzestuösen zumal, frei nach dem Ödipusmythos? „Einführung in die Metaphysik" wird zur ars amandi, Anleitung zur Immission in einen weiblichen Akt. Gesetzt, etwas sei an Heideggers These, der Mensch sei weniger Herr über ein Kommunikationsinstrument als eher Eigentum der Sprache, dann ist er hier selbst Opfer einer Sprache geworden. Falls jemals die Sprache sich ihres Sprachrohrs Heidegger bediente, um hinter seinem Rücken uns mehr oder weniger oder anderes „zuzusagen", als er selbst auszudrücken beabsichtigt und meint, dann hier.

im Sinne des von Gott Geschaffenen"[42], zum „durchschaubaren Gegenstand" seiner sozialen Kontrolle und Zensur. Was ist Kunst hier noch anderes als Liebeskunst? Wo bleibt die Sublimation? Beschreibt Heidegger Kunst, das „Ins-Werk-Setzen" der Wahrheit", nicht unfreiwillig wie einen Koit, einen inzestuösen zumal, frei nach dem Ödipusmythos? „Einführung in die Metaphysik" wird zur ars amandi, Anleitung zur Immission in einen weiblichen Akt. Gesetzt, etwas sei an Heideggers These, der Mensch sei weniger Herr über ein Kommunikationsinstrument als eher Eigentum der Sprache, dann ist er hier selbst Opfer einer Sprache geworden. Falls je die Sprache sich ihres Sprachrohrs Heidegger bediente, um hinter seinem Rücken uns mehr oder weniger oder anderes „zuzusagen", als er selbst auszudrücken beabsichtigt und meint, dann hier.

Nachweise

1   META 81
2   META 82
3   META 152
4   HOLZ 53
5   HOLZ 34
6   HOLZ 37
7   Th. Adorno:
8   HOLZ 66
9   HOLZ 67 f.
10   HOLZ 28
11   HOLZ 25
12   HOLZ 54
13   HOLZ 54
14   HOLZ 53
15   HOLZ 59
16   HOLZ 54
17   HOLZ 41 f.
18   HOLZ 42
19   HOLZ 49
20   HOLZ 55 f.
21   HOLZ 56
22   HOLZ 55
23   HOLZ 37
24   HOLZ 36
25   SuZ 385
26   HOLZ 37

27   HOLZ 43
28   HOLZ 51
29   HOLT 38
30   HOLZ 51
31   HOLZ 58
32   HOLZ 52
33   HOLT 57
34   HOLZ 49
35   HOLZ 41
36   HOLZ 50
37   HOLZ 34
38   HOLZ 37
39   HOLZ 35
40   HOLZ 41
41   HOLZ 62
42   HOLZ 63 f.

„Vom Seienden angeschaut, in dessen Offenes einbezogen und einbehalten, und so von ihm gefangen, in seinen Gegensätzen umgetrieben und so von seinem Zwiespalt gezeichnet sein: das ist das Wesen des Menschen in der großen griechischen Zeit." (HOLZ 83 f.). Einige Sätze weiter ist die Rede vom männlichen „Vermögen", das den „Vollzugsraum für die Bewältigung des Seienden im Ganzen besetzt."

„Feldwege" und „Holzwege"

Heidegger mußte vor fast einem Jahrhundert die „Existenz" seiner Philosophie durch Regression in Sicherheit bringen : „Allein die Regression auf die narzißtische Phase verspricht dann noch Schutz vor diesen Ängsten."[1] Es bleibt kein anderer Ausweg. Wo Aggression gegen den Übervater so verboten wie jede Identifikation mit ihm abgewiesen ist, bleibt nur übrig, was in „Sein und Zeit" schon projektiert war : das freie „Vorlaufen zum Tode", die „Vorwegnahme" der Kastration. Existenz tut sich selbst an, was sie dem Landesvater gar nicht antun kann, läßt ihre Seinsanmaßung also sein und wendet dann ihre schuldbeladenen Destruktionstendenzen gegen den Vater auf sich selbst, bestraft sich dafür, daß sie den Vater mit dem Entzug des Seinsprivilegs dafür bestrafen möchte, daß er im gleichen Atemzug die Mutter tabuiert und dadurch, daß er sich dem Sohn als Identifikationsobjekt verweigert, ihm somit die Überkompensationsgrundlage entzieht. Nur um den Preis der Impotenz, aus deren Not eine Tugend zu machen dann Philosophie rationalisierend herhalten muß, ist fortan eine ungestrafte Rückkehr zur Erdmutter möglich. Existenz begibt sich des eigensten potenten *Seinkönnens*, läßt sich ihr Sein vorgeben und unterläuft so die Kastrationsgefahr. Phall-los, kein Rivale für den eifersüchtigen Vater mehr, darf das Dasein fortan ganz unangefochten, weil es der landesväterlichen Strafandrohung zuvorkommt, unter den Rock des Seins kriechen : „Das existentiale Denken verkriecht sich in die Höhle der vorvergangenen Mimesis."[2] Mimesis : Nachahmung, Anpassung, Unterwerfung, defensive narzißtische Identifikation eher mit der Mutter als mit dem Vater. Zurück zu den Müttern darf nur und erst, wer sich durch antezipierte Selbstkastration reinfantilisiert. Es wächst die wenig attraktive Aussicht, sich identifizieren zu wollen mit einem immer schwächer werdenden, im Konkurrenzkampf unterliegenden, besiegten Vater, mit einem unter-worfenen Sub-jekt, einem niedergeworfenen Weltentwurf, und was ist Identifikation mit einem toten Vater anderes als suizidal. „Wie der Vater zu werden, hieße für den Knaben, eine passive, kastrierte Figur zu werden, die von der Frau herabgesetzt wird, oder eine inkonsistente Figur, die ... nur Konfusion und Leiden bedeutet. Auf jeden Fall würde der Junge dann kein Liebesobjekt mehr für die eigene Mutter darstellen. Nach den vorliegenden Untersuchungen verhalten sich die Mütter gegenüber ihren Söhnen immer sexuell verführerisch, selbst wo sie ihnen feindselig oder scheinbar gleichgültig gegenübertreten. Da der Sohn sich daher kompetenter als der Vater in der Beziehung zur Mutter fühlt, werden die inzestuösen Wünsche nicht durch Identifikation mit ihm aufgegeben; vielmehr umgeht er die inzestuöse Mutterbeziehung und die Gefahren der Kastration, indem er die *prä*-ödipale Mutter zum Sexualobjekt nimmt. Durch die Verleugnung des eigenen Phallus auf dem Wege der regressiven Identifikation kann der Junge sein Genital retten, durch Unterdrückung von Penisreaktionen kann er der Verfolgung entgehen. Wegen seiner archaischen Ichstruktur, die in der Fixierung an die orale Phase der psycho-sexuellen Entwicklung ihre Ursache hat, ist es dem Kind unmöglich, die primitive Befriedigung preiszugeben. Die geliebten und gehaßten Objekte werden dem Ich „einverleibt", jedoch nicht aufgegeben."[3]

„Die traumatischen ödipalen Konflikte, die sich schichtspezifisch ausprägen, haben zur Folge, daß das präschizophrene Kind versucht, durch Verstärkung der narzißtischen Selbstbesetzung des „grandiosen Selbst", und durch Verstärkung der idealisierten Elternimago das ursprüngliche Erlebnis der Mutter-Kind-Einheit aufrechtzuerhalten. Die idealisierten Aspekte der sich widersprüchlich darstellenden Eltern werden kaum internalisiert, sondern bleiben in unveränderter Form als archaische Übergangsobjekte bestehen. Das Kind fühlt sich ohne diese mächtigen Objekte hilflos."[4] So „kommt es erst gar nicht zur vollen Entfaltung der ödipalen Konflikte, da das Kind die inzestuöse Beziehung zur Mutter aus Angst vor der Kastration vorzeitig verdrängt und auf die präödipale Mutterbindung regrediert."[5] „Allein die Regression auf die narzißtische Phase verspricht dann noch Schutz vor diesen Ängsten."[6]

„Socarides (1971) betont in seiner Darstellung der Entwicklung homosexueller Tendenzen immer wieder deren Ähnlichkeit mit der psychotischen Entwicklung. Die starke Mutterfixierung führt hier zu Identifizierung mit der Mutter, wobei das Subjekt sich selbst zum narzißtischen Liebesobjekt nimmt. Die Familie des Homosexuellen ist zumeist von einer Frau beherrscht, der Vater ist abwesend oder passiv, schwach indifferent oder sadistisch. In allen Fällen stellt er kein stabiles Identifikationsmodell dar, mit dessen Hilfe die Kastrationsangst bewältigt werden könnte. Vergleichbare Konstellationen haben Lidz u. a. für die Probleme des präpsychotischen Knaben ermittelt. Eine symbiotische Beziehung, in der die Mutter den Sohn durch starke projektive Identifikationen an sich bindet und ihn als Teil ihrer eigenen Persönlichkeit definiert, dient der Mutter zur kompensatorischen Befriedigung ihrer affektiven und sexuellen Bedürfnisse, die ihr Mann unbefriedigt läßt ..."[3] Oder nur zur Kompensation eines übermächtigen Penisneides. Wie sagt Heidegger? „Das Sein braucht den Menschen." Nicht weniger als das Kind die Mutter. Aber das Sein braucht nicht nur das Dasein, sondern dessen schizoidalen „Abstieg", weil „die Erhaltung des familialen Gleichgewichts mit einer psychotischen Entwicklung eines Kindes erkauft werden muß."[7] Seit seiner Beschäftigung mit Hölderlin propagiert Heidegger unentwegt dieses „Opfer" des Daseins an das „Geviert" der Familie.

Es fällt ins Auge, daß Heidegger sich nicht erst vom scheiternden, sondern bereits vom aufsteigenden Landesvater getäuscht und angeführt fühlte, den er nur kurze Zeit für das „einzige Gesetz der Wirklichkeit" hielt. Nie wird der selbst das Sein genannt, aber er handelt auf „Weisung" und „Geheiß" dieses Seins, als Werkzeug und Sprachrohr der Vorsehung, wie später Heidegger selbst dem

„Seinsgeschick" zu entsprechen sucht. Wenn wir bisher vor allem heraus-gestrichen haben, wie sehr und wozu bei Heidegger das menschliche Dasein dieses Seyn braucht, sei jetzt darauf eingegangen, wozu das Sein umgekehrt das Dasein braucht, wozu es ihm gut ist. Denn Sein und Mensch sind bei MH durchaus durch die Wechselseitigkeit verbunden, mit der sie einander tiefste Bedürfnisse befriedigen. Sie kommen einander durch ständiges *Do-ut-des* weitest entgegen, symbiotisch verklammert durch eine equilibrierte Balance von Angebot und Nachfrage. *Alfred Lorenzer* hat gezeigt, wie sehr die frühe Mutter-Kind-Dyade eine Urproduktionsgemeinschaft ist. Das Kind ist ein Erzeugnis der Mutter nicht nur bei der Geburt, sondern in seiner ganzen primären Sozialisation, und auch die Mutter wird erst Mutter durch die Form ihrer sozialisierenden Interaktion mit dem Kind; beide produzieren einander erst durch Bearbeitung der inneren Natur des Säuglings. Und nicht nur ist das Baby auf die Mutter „angewiesen", auch das Sein „braucht" das Dasein. Wozu? Nach psychoanalytischer Theorie bekommt die Frau mit ihrem Kind ihren seit frühester Kindheit ersehnten Phallus, den sie zwar ins Leben hinausschicken muß, auf daß er groß und stark werde, der aber gerade *als* großer und starker Sohn *ihr* Phallus bleiben soll und keinen eigenen Phallus entwickeln soll. Das Kind, ihr Phallus, der Gebrauch von seinem „eigensten" Phallus machen und sich inzestuös mit ihr vereinigen wollte, wäre vom eifersüchtigen Vater vor die Wahl gestellt, sich entweder von diesem Penis oder der Mutter zu trennen. Im ersteren Fall würde das Kind kastriert, in zweiten Fall die Mutter selbst um ihren Phall gebracht. Am inzestuösen Phallus ihres Phallus kann sie also nicht interessiert sein, weil der Vater ihren Phallus bedroht, wenn er den Phallus ihres Phallus bedroht. Also wird die Mutter, um ihren mühsam erworbenen „Prügel" nicht aufs Spiel zu setzen, irgendwo bemüht sein, diesen Penis präödipal an sich gebunden zu halten. Das wird in einer schizoidalen Familienstrategie der Kastrationsangst des Kindes entgegenkommen und sie verstärken. So bleiben Mutter und Kind präinzestuös ineinander verstrickt — beide aus Kastrationsangst. Die ödipale Kastrationsangst des einen ist die präödipale Trennungsangst des anderen. Gleichwohl soll das Kind, um sie nicht narzißtisch zu kränken, nicht klein und schwach bleiben, sondern der große und starke Penis der Mutter werden, zu ihrem höheren Ruhme, auf daß er sie räche am unterdrückenden Gatten und sie entschädige für alles, wodurch sie „zu kurz gekommen" ist im Leben. Nur ein erwachsener Phall kann ihr diese narzißtische Gratifikation bieten und bedroht sie durch seine eigene phallische Autonomie gleichzeitig mit Kastration. Deshalb muß in einer solchen schizophrenogenen Familiensituation die Mutter das Kind zwei in sich widersprüchlichen Appellen aussetzen, an denen es zerbrechen kann:
1. Werde selbständig (denn nur ein im Leben erfolgreiches Kind ist ein potenter Penis für sie)!
2. Bleibe gerade *als* potenter Penis *mein* Penis (dessen Glanz und Herrlichkeit ihr zugerechnet bleibt)! Das ist die schizophrenogene Beziehungsfalle des double-

bind, wie sie von Wynne, Bateson, Jackson, Laing, Lidz u. a. beschrieben wurde. Der Befehl ans Kind, bei der Mutter als ihr Penis zu bleiben, versteckt sich hinter der Aufforderung, sich von ihr zu lösen, um ein großer und starker Penis zu werden. Ginge es nach einer solchen Mutter, die ihr Kind braucht und mißbraucht zur Kompensation ihrer penisneidischen Minderwertigkeitsgefühle und als qualifizierte Waffe gegen die verletzend übermächtige Welt der Männer, dann müßte dieses Kind gerade *in* seiner Abhängigkeit von ihr ganz selbständig sein und *in* seiner kompetenten Selbständigkeit mit ihr symbiotisch verbunden bleiben. Das zweideutige Unding einer solchen Freiheit in der Gebundenheit und Gebundenheit in der Freiheit wird von Heidegger philosophisch abgesegnet. Psychoanalytisch signifikant ist dabei natürlich, daß i. A. einer der beiden in sich widersprüchlichen Appelle bewußt, der andere unbewußt bleibt. Explizit wird die Mutter ihr Interesse an der Selbständigkeit und lebenstüchtigen Autonomie ihres Kindes bekunden, um vor sich selbst, vor dem Kind und der rechenschaftspflichtigen Umwelt ihren phallischen Ehrgeiz zu verbergen, dieses Kind möge gerade *in* seiner autonomen „Eigentlichkeit" *ihr* „Eigentum" bleiben, seine Qualifikationen und seine Erfolge mögen ihr zugerechnet werden. *Horst-Eberhard Richter* und *Helm Stierlin* haben diese versteckte Ausbeutung eines Kindes durch seine Eltern zu erfassen gesucht in theoretischen Modellen, die über die intrapsychische Fixierung der traditionellen psychoanalytischen Einzeltherapie hinaus ganze Familienkonstellationen und -strategien mitberücksichtigen.

Wo so das Kind nur in eine Pseudo-Autonomie entlassen wird, weil es insgeheim den egoistischen Interessen von Elternteilen weiter zu dienen hat und sich in deren (zumeist) voreinander und vor sich selbst kaschierte strategische Entwürfe einspannen lassen muß bei Strafe von Liebesentzug, ist auch die Zwangsverbundenheit mit der Familie nur eine pseudo-community. Was das Kind auch tut, es ist immer falsch, trifft auf bewußte Ablehnung, wenn es dem unterschwelligen Appell folgt, und wird explizit zu etwas stimuliert, wofür es mit unbewußter Abwendung bestraft wird. So kann das Kind benutzt und „eingesetzt" werden als Waffe eines Elternteils gegen einen anderen, als stellvertretender Sündenbock für alles, was in einer Familie deren selbstgewähltem Image zuwiderläuft, als Projektionsschirm für alles, was jeder der Elternteile in sich selbst nicht wahrhaben will, als Übertragungsobjekt für ambitiöse Träume der Älteren, die sie sich selbst nicht erfüllen konnten und das Kind nun für sie befriedigen soll etc.

Nur kastrierte Frauen kastrieren als Mütter ihre Söhne, nur unterdrückte unterdrücken. Die Theologen sind zu Unrecht von Heidegger fasziniert. Das menschliche Dasein ist bei ihm nicht *religiert* an einen Vater im Himmel, sondern *delegiert* von einer zu kurz gekommenen Mutter Natur, die ihren eigenen analen Ehrgeiz in ihr Geschöpf investiert. „Wo also ein Kind seinen Eltern als Delegierter dient, wird ihm erlaubt — ja, wird von ihm verlangt —, daß es sich bis zu einem gewissen Punkt aus dem elterlichen Blickfeld entfernt. Zugleich wird es jedoch gleichsam an der langen Leine der Loyalität gehalten, bleibt doch sein Ausgesandtsein an Bedingungen geknüpft, die eine Wiederkehr zu den Eltern einschließen. Seine Loyalität darf dabei nicht zu blind, zu starr oder restriktiv sein, sie muß vielmehr für Initiative, relative Autonomie, Selektivität und Differenzierung Raum lassen. Wäre dies nicht der Fall, könnte der Delegierte Aufträge, die von ihm Wendigkeit, Geschick und eigenes Urteil verlangen, nicht ausführen." (*Helm Stierlin*, 1975)

Auf Heidegger angewandt, bedeutet das, daß alles, was das Dasein „umwillen seiner selbst" tut, insgeheim umwillen eines Seins geschieht, das nicht eigentlich sein eigenes ist, sondern das der Mutter ..." Alexander *Mitscherlich* beschreibt diesen Typ: „Als Kind seiner Mutter ist er das Opfer, als Vater seiner Kinder ist er der Befehlshaber, wenn nicht der Verfolger, als tyrannischer Ehemann der willigen Frau ist er der Große, Starke, als Sexualpartner, der sie nicht befriedigen kann, der unfähige, schwache Mann." (*Alexander Mitscherlich*: „Die Unfähigkeit zu trauern", München 1967, S. 51). Wir wissen nicht, ob die Familie, der Heidegger entstammt, und jene, die er selbst gründete, diesem delegiert-delegierenden Typus entsprach. -- Ähnlich bis homolog ist nach *Stierlin* dieser Typus jedenfalls jener Familienstruktur, die *Erikson* als die des einst typischen Deutschen erkannte und wie wir sie wiederfinden in Heideggers Philosophie als „eigenartige Mischung idealistischer Rebellion und gehorsamer Unterwürfigkeit", als „das Fehlen eines wirksamen väterlichen Einflusses und die Bindung an eine mystisch-romantische Totalität wie Natur, Vaterland, Kunst, Existenz usw., die alle als Super-Image einer reinen Mutter fungieren." (*E. H. Erikson* : „Childhood and Society", New York 1950, S. 335). Das setzte sich in die „vaterlose Gesellschaft" fort, die *Mitscherlich* beschrieb, in der es der pater familias, zu einem kleinen Angestellten übermächtiger Hierarchien entmächtigt, den Söhnen nicht mehr verwehren will und kann, das Inzesttabu zu unterlaufen und regressiv an dominierende Mütter gefesselt zu bleiben in der Nachkriegszeit. *R. Grossarth-Maticek* hat zu zeigen versucht, daß die marxistisch motivierte Studentenrevolte der Sechzigerjahre auch eine „Rebellion der Gestörten" gewesen sein müsse zwischen einem schwachen oder beziehungsunwilligen und kriegskorrumpierten Vater und einer hinter tyrannischer overprotection ambitiös delegierenden Mutter.

Eine Mutter läßt sich Schuld- und Schamgefühle nur allzu gern beschwichtigen durch Stimulierung von Begabungen, Aufstieg und Größenphantasien ihres Sohnes : Apotheose eines vorsorglich gebundenen Sohnes, der von der Mutter mit der Mission beauftragt war, das beiden lästige patriarchale „Gestell" aus der mütterlichen Waldlichtung zu vertreiben, um darin zur Belohnung *als* heroischer Phallus der Mutter präödipal und intrauterin „geborgen" zu sein? War das der kleinste gemeinsame Nenner zwischen solcher familiären Herkunft, Heideggers

Philosophie und späterer linker Hinwendungen zu sozial-revolutionären Utopien à la Heideggerschüler Herbert Marcuse? Auch Heidegger vertrieb im Auftrag der Mutter den „Fremdkörper" des Vaterphallus aus der virgo intacta des heiligen Mutterkörpers nicht anders, als er das phallisch Seiende aus dem vaginalen Sein vertrieb, das technokratische Gestell dieses Erzvaters aus der ontologischen Lichtung wegphilosophierte, um der Phallus der Mutter zu *sein,* Phallus ohne inzestuös-kastrablen eigenen Phallus. Der Denker *hat* kein aufgestelltes Gestell, er *ist* der Phallus des Seins, und da mit dem Kopf gedacht wird, philosophiert Heidegger mit der Eichel und koitiert mit dem Kopf. Das Denken ist kein Probeakt, sondern der Akt selbst, es ist selbst sexualisiert und libidinös besetzt, weil es nicht immer nur an das Eine denkt, sondern die „Sache selbst" *ist*. Und das Peniskind steht prägenital-präödipal in die Seinslichtung hinein und als Phallus der Mutter aus dieser Seinslichtung hinaus.

Diese Fetischisierung der Sprache auf Kosten ihres Bezugs zur Sache macht dieses Denken nach der „Kehre" per-vers, ist doch die Sachvorstellung präpsychotisch substituiert durch die Wortvorstellung, die Heideggers etymologische, neologisierende Wurzelsucht verabsolutiert, statt sie in den Dienst der Sachvorstellung zu stellen. In „Die Revolte gegen den Vater" (Frankfurt/M. 1970) hat *Gérard Mendel* an dem Buch „Les mots et les choses" des von Heidegger tief beeinflußten Strukturalisten *Michel Foucault* gezeigt, wie hier die Philosophie sich dazu hergibt, die regressive psychoide Präponderierung von les mots vor les choses zu rechtfertigen als unerhörten Fortschritt übers ontisch-fassadäre Denken hinaus. Mendel sucht wie wir im Falle Heideggers die Tiefe des Denkens in der Tiefe der Regression, für die dieses Denken Reklame macht. Bei Heidegger will das Sein sich mit seinem Phallus, dem Dasein des Kindes, „sehenlassen" können, muß es also soweit aus seinen persekutorischen, symbiotischen Fängen freigeben, daß es jene Kompetenzen draußen erwirbt, die es befähigen, als phallisches Statussymbol mit ihm Ehre einzulegen und Staat zu machen. Es wähnt, seine „eigensten Seinsmöglichkeiten zu entwerfen", und ahnt nicht, daß es sich nur zum anal-phallischen Eigentum der Mutter damit geeignet macht. So ist das Dasein vom Sein gerade im Betreiben seiner *Eigentlichkeit* „im Vorhinein" immer schon a priori „enteignet", sind alle Entwürfe des Daseins „umwillen seiner selbst" vom egoistischen Entwurf des Seins längst „er-worfen" und in ihrem Sinn überholt. Physis, Natura, übersetzt MH mit „Aufgang" und „Hervorgang". Der Schoß der Erde geht auf und das Kind wird in die Welt gesetzt. Aber so oft auch betont wird, es werde ins Freie gesetzt und in seine Eigentlichkeit entlassen, ebenso oft wird darauf hingewiesen, daß es gerade *in* seiner Eigentlichkeit und Freiheit an den „Hervorgang" gebunden bleibt. Das Entsprungene bleibt im Ursprung. Das Sein „bewahrt sein Eigentum". (SdD 23). Das Kind ist nur Bote und Delegierter der „phallischen Mutter", es lebt in ihrem Auftrag, „umwillen" seines Seins, das ihr gehört und hörig ist. „Physis ist das Hervorgehen und

Aufgehen, das Sichöffnen, das aufgehend zugleich zurückgeht in den Hervorgang ..." (HOLD 55). „Physis ist das aufgehende In-sich-zurück-gehen ..." Indem die Mutter ihr Kind ins Leben entläßt, gibt sie „sich nicht auf; im Gegenteil: als Frucht geht das Gewächs in den Samen zurück ..." (WEG 367). „Die Physis ist ... Verfügung über die Bewegtheit eines Bewegten ..." (WEG 341).

Später behauptet MH, das gemeint zu haben, als er in SuZ 1926 davon sprach, daß die Existenz zwar sich selbst und nur sich selbst entwerfe, aber eben nur ihre eigene Geworfenheit entwerfe und daß sie dazu geboren sei, immer nur das entwerfen zu können, wozu sie geboren sei : zu einem Phallus aufzuwachsen, aber eben zum Phallus des naturmütterlichen Seins. Alle wilde Entschlossenheit zur eigensten *jemeinigen* Zukunft war schon 1926 immer nur Wiederholung dessen, was einer immer schon gewesen sei, Wiederkehr der „Eingenommenheit" und „Benommenheit" vom Seienden im Ganzen, der Umweltmutter. Dadurch war dem Dasein immer schon „entzogen" die Möglichkeit, einen eigenen Phallus zu *haben,* statt ihn für die Mutter zu *sein* und darzustellen.

Wir verstehen jetzt, was „Seinsgeschick" bedeutet : Die Mutter schickt das Kind nur deshalb ins Leben hinaus, damit es seine Mission für sie erfüllt, nicht, damit es in „selbstischem Eigensinn" sich „aufspreize" in die „zügellose Ungebundenheit" der „Willkür" und „sich versteift auf sein gesondertes Besonderes" (VuA 178). Damit sie nicht ohne Phallus ist, sei ihr Phallus ohne Phallus, ohne versteifte Besonderheit seinerseits. Wir glauben jetzt aber auch besser zu verstehen, wodurch Heidegger sich nicht nur enttäuscht, sondern getäuscht und betrogen fühlen mußte, sieht man einmal von den politischen und philosophischen Gründen seiner Wendung zu Hölderlin ab. Das Dasein wiegt sich in der Illusion, das „Gestell" sei dem Sein aufgezwungen. Die Mutter hat den Vater zwar einst selbst gewählt, bereite aber alles vor, ihn aus ihrer sozialuterinen „Lichtung" wieder zu vertreiben. Der Sohn fühlt sich ermuntert und ermutigt, ihr bei diesem „unschuldigsten und gefährlichsten aller Geschäfte" (Hölderlin) zu helfen.

Als Lohn der Mühen wird ihm ewiges Wohnrecht, frei Kost und Logis, in ihrem prägenitalen Sozialuterus der Gemeinschaft in Aussicht gestellt. Der Sohn wird beauftragt, den „Wächter des Seins" vor ihrer platonischen Leibeshöhle zu spielen. Er soll sie vor der Vergewaltigung durch den „Gewalt-tätigen" „schützen" und „bewahren" und ihre Öffnung freihalten vom väterlichen Gestell. Seine Philosophie gibt sich zur Rechtfertigung des symbolischen Vatermords her. Das einzige Opfer, das jeder bringen sollte, bestand lediglich darin, ihn nicht schuldig zu sprechen für das, was alle durch ihn hindurch taten und tun sollten. Ein Stellvertreter wurde ermächtigt, alle zu rächen. Aber von Mutter und Brüdern dazu ermächtigt, an ihrer Stelle die Erzväter von den Müttern zu befreien, machte der Landesvater auf Heidegger offenbar den Eindruck, die befreite und gerächte Mutter Erde zum Lohn für seine Untat eigenmächtig ganz für sich allein zu beanspruchen, statt sie, wie verabredet und geschworen, mit allen Brüdern gemeinschaftlich zu teilen. „Man" habe sich „auf sein Besonderes versteift" und sich „in selbstischen Eigensinn aufgespreizt", in das „Grimme" „zügelloser Willkür". Von jetzt an wird Heidegger nie wieder etwas unterstützen, was nach Vatermord aussieht. Er verzweifelt an der Möglichkeit, ein Held könne kommen und die geschändete Mutter ein für alle Mal vom Vater befreien, ohne sie also selbst für sich zu usurpieren.

Keiner erschlägt den Vater, ohne sich an dessen Stelle setzen zu wollen. Jeder Heros buhlt um die Unterstützung und das Stillhalten der Bruderhorde mit dem Versprechen, die vom Vater dann befreite Mutter für den ganzen Bruderclan freizugeben. Aber sobald die Tat getan ist, hat der Held den Eid vergessen und vergewaltigt selbst die Mutter, statt sie präödipal mit den Brüdern zu teilen. Diese Lehre zieht Heidegger und gibt vor, auch sich selbst nicht getäuscht zu haben. Mutter Erde selbst habe sich in der Wahl ihres messianischen Delegierten eben geirrt. Er hatte den Auftrag, sie vom „Gestell" zu befreien, und entpuppte sich selbst als gewalt-tätiges, inzestuöses Gestell, identifizierte sich mit dem, was er tötete, und tötete den Vater im Auftrag der Mutter, um selbst Gottvater zu werden. (Belanglos, ob er dazu wirklich delegiert war oder die Erteilung dieses Auftrags nur in die Mutter hineinprojizierte.) An dieser Stelle trennt Heidegger sich auch von *Sartre*, dessen humanistischer Existentialismus als „Philosophie eines vaterlosen Kindes" *(Hans Mayer)* alle Söhne zum Patrizid ohne Reue aufruft. Nach Sartre ist der Mensch ein einziger Versuch, Gott zu werden, aber auch eine „nutzlose Leidenschaft", weil der Versuch, Gottvater, also Ursache seiner selbst zu werden (das *ens causa sui* der Scholastiker), den Versuch impliziert, sich selbst hervorzubringen und in die Welt zu setzen, also auch die eigene Mutter zu werden. Der Mensch kann sich selbst (und die Welt) nur produzieren, indem er den Schöpfer der Welt beseitigt und sich an dessen Stelle setzt. Sein eigener Vater zu werden, heißt für Sartre aber, auch seine eigene Mutter zu werden, weil ja die Mutter es ist, die das Kind hervorbringt, das sich also mit der eigenen Mutter identifizieren muß, wenn es sich selbst erschaffen will. Sartres Vaterbild hat die mütterlichen Züge des Weltschöpfers und All-produzenten, und deshalb scheitert bei ihm der Versuch des Menschen, sich selbst zu produzieren, an der inneren Widersprüchlichkeit des damit identischen Versuchs, gleichzeitig der eigene Vater *und* die eigene Mutter zu werden. Im Übrigen fürchtet Sartre in der Identifikation mit der produzierenden Mutter viel zu sehr den Rückfall in die „klebrige" Symbiose mit dem Sein, von dem er sich im „nichtenden Akt der Seinsüberschreitung" gerade endlich befreien und „losreißen" will, wenn er der reine, strenge Vatergott werden will. Der „Ekel" vor der präödipalen Mutter-Kind-Einheit des Menschen mit dem Sein treibt die existentialistische Existenz ja gerade in den Vatermord, in die Identifikation mit einem Vater, der so viele Züge mit der klebrigen, „viskosen" Mutter gemein hat, daß das Dasein oszilliert zwischen Regen und Traufe und, verzweifelnd an den Paradoxien der Selbstverwirklichung, sein Heil schließlich in der Verbrüderung mit militanten politischen Gruppen sucht. So hofft Sartre, durch Aufhebung seines Existentialismus in den Marxismus der Bruderhorde der Gefahr zu entgehen, hinter den getöteten Autoritäten wieder das verhaßte Bild der verstrickenden Mutterimago auftauchen sehen zu müssen. Denn der politische Kampf gegen imperialistischen Kapitalismus ist ein gleichzeitiger Kampf gegen die Autorität des Vaters *und* der ausbeutenden, delegierenden Mutter. *G. Mendel* hatte gezeigt, daß sich im rohen externalisierten Über-Ich der Institutionen der vaterlosen modernen Hochindustriegesellschaft die Vater- und Mutterimagines untrennbar vermischen und diese destruktive Vermischung es dem Kind verwehrt, die emotionalen Ambivalenzen auf eine geliebte Mutter und einen gehaßten Vater verteilen zu lernen. Immer muß die von Sartre propagierte Existenz fürchten, einen Vater zu töten, um ihr eigener Vater zu werden, der mit einer Mutter identisch ist, von der sie sich gerade lösen will : also selbst das zu werden, wovon sie sich befreien will, und sich von dem zu trennen, was sie erreichen will. In diese Aporien verfällt nicht ein Heidegger, dessen „Dasein" so früh schon das patrizidale Programm aufgibt und sich zum „gebundenen Delegierten" des Seyns detachieren läßt. Da der nur zum Patrizid, nicht zum eigenmächtigen Inzest ermächtigt und delegiert war, sieht Heidegger sich verraten und mutmaßt, Mutter Erde selbst habe vielleicht ihrem Lieblingssohn den gattenmörderischen Auftrag nur deshalb gegeben, um ihn zu ihrem Geliebten zu machen. „Das Sichverbergen gehört zur Vorliebe des Seins." (WEG 370). Heidegger gibt nicht auf, „am Rätsel des Seins zu dichten", die wirklichen und verborgenen Absichten der Mutter Erde, ihre unerforschlichen Ratschläge und wahren Wünsche und Bedürfnisse zu erraten und zu entziffern. Aber er will zur Stelle sein, wenn das Sein ihn braucht, um wieder einmal ihre Lichtung von irgendeinem patrisyntonen Gestell zu befreien und die „Offenheit ihrer Lichtung zu hüten". Er gelobt, dem Sein jeden launischen Wunsch von den Augen abzulesen, wenn es nur geruhen würde, ihn mit dem kleinen Finger den geringsten „Wink" zu geben. So lauert und fensterlt und lungert der Denker Tag und Nacht vor dem „Haus des Seins" herum, immer bereit, sein Denken für *Es* zu opfern, jede Weisung blind entgegenzunehmen, jeden Auftrag kadavergehorsam auszuführen.

Wenn er nur sicher sein kann, daß die Weisung von der Mutter kommt und nicht vom Erzvater in ihr. Vielleicht ist die Öffnung des Seins dann irgendwann auch einmal *von* leiblichen und Landesvätern *frei für* das sich angeführt fühlende Kind.

Nietzsche

Seine Auseinandersetzung mit der Politik hat Heidegger vor allem über die Auseinandersetzung mit Nietzsche geführt, den er als den einzig legitimen Philosophen „in dürftiger Zeit" empfunden haben muß. Als er zum Geistesführer seines Landes eben nicht berufen wird, „verwindet" er seine Enttäuschung, indem er Nietzsches Lehre vom „Übermenschen" als die Vollendung des abendländischen Nihilismus abtut. Haut Heidegger den Sack und meint den Esel? Nietzsche sei der letzte Philosoph gewesen, wenn Philosophie heißt, das Sein zu vergessen. Zwar habe Nietzsche mit dem Tod Gottes das Ende des Übersinnlichen gedacht, um an seine Stelle den Menschen zu setzen. Aber das Kind Gottes habe Gott nur getötet, um selber Gottvater zu sein. Der Mensch begeht den Vatermord an Gott, soweit, so gut. Aber Nietzsche habe mit dem übersinnlichen Jenseits auch das sinnliche Diesseits getötet, denn sein Nihilismus besteht nach Heidegger nicht darin, daß der Mensch die bisherigen obersten Werte entwertet hat, sondern, daß er als sein eigener Übervater den Sohn unter sich begrabe wie einst Gott den Menschen. Die „Existenz" kommt nur vom Regen in die Traufe. Den Ödipuskomplex auflassen heißt, aus der Not eine Tugend machen und sich mit dem Vater identifizieren. Die Kastrationsdrohung bleibt ihm ungemildert bestehen. „Existenz" möchte sein wie der Übermensch, verzweifelt an dieser Aufgabe und kompensiert dann die narzißtische Kränkung, die im Entzug liegt, indem sie das entwertet, was sie nicht kann und weil sie es nicht kann und darf. Für das Kind ist der Übermensch nicht weniger als Gott : übermächtiger Vater. In Nietzsche wird der Propagandist eines Vaterbildes angegriffen, dem Existenz sich nicht gewachsen fühlt. Heideggers Vatermord besteht darin, daß er dem Übermenschen das Seinsmonopol abspricht. Das Ressentiment des Schlechtweggekommenen wertet den Entwerter alle obersten Werte ab. Philosophie wird zur sublimen Kastration des großen Kastrators, zur Herabsetzung dessen, der das Gesetz vertritt. Dessen Stärke wird als Schwäche entlarvt. Seit der Auseinandersetzung mit Nietzsche heißt „Sein" für Heidegger nicht länger Vatersein. Der Vater ist nicht das Sein des Kindes in dem Maße, in dem er für das Kind nur ein Wert ist, den es zu realisieren hat. Es soll der Vater werden, aber was heißt das anderes, als daß es *nicht* der Vater *ist*. Das Nochnichtsein ist ein bloßes Seinsollen. Nietzsche sei nicht deshalb Nihilist, weil er mit der Entwertung der obersten Werte bis zu Ende gegangen sei, sondern weil er das Sein selbst zum Wert entwertet und den Wert zum Sein aufgewertet habe.

„... dann besteht das Wesen des Nihilismus darin, daß es mit dem Sein selbst nichts ist."[8]

Zwar ist auch das Kind „Wille zur Macht", aber für das Kind ist es mit dem (Vater-) Sein und mit der Mutter nichts. Heideggers perhorreszierende Beschreibungen des neuzeitlichen Menschentyps sind Beschreibungen eines Vaterbildes, eines „Vor-Bilds", die das Grauen des ohnmächtigen Kindes vor dem Wüterich widerspiegeln, der alles an sich reißt. Heidegger wird nicht müde, seine „Selbst-Gerechtigkeit"[8] anzuklagen, die nichts anderes gelten läßt, weil sie überlebende Allgemeingültigkeit ist.

„Der Wille ist kein Wünschen und kein bloßes Streben nach etwas, sondern Wollen ist in sich das Befehlen ... Denn der Wille will seinen Willen ... Der Wille will sich selbst."[9] „Nietzsche begreift daher den Willen zur Macht nicht psychologisch, sondern er bestimmt umgekehrt die Psychologie neu als „Morphologie und Entwicklungslehre des Willens zur Macht."[10] „Der Wille zur Macht ist seinem Wesen nach der wertesetzende Wille. Die Werte sind die Erhaltungs-, Steigerungs-, Bedingungen innerhalb des Seins des Seienden."[11] Er „beruhigt ... sich bei keinem Reichtum des Lebens. So kommt er ständig als der gleiche auf sich als den Gleichen zurück."[12] „Darum sagt Nietzsche ...: „Recht = der Wille, ein jeweiliges Machtverhältnis zu verewigen."[13] „Das Sein ist zum Wert geworden. Beständigung der Beständigkeit des Bestandes ist eine notwendige, vom Willen zur Macht selbst gesetzte Bedingung der Sicherung seiner selbst."[14] „Wenn jedoch der Wert das Sein nicht das Sein sein läßt, was es als das Sein selbst ist, dann ist die vermeintliche Überwindung allererst die Vollendung des Nihilismus."[15] „Der menschliche Aufstand in die Subjektivität macht das Seiende zum Gegenstand. Das Gegenständliche aber ist das durch das Vorstellen zum Stehen Gebrachte. Die Beseitigung des an sich Seienden, das Töten des Gottes, vollzieht sich in der Bestandsicherung, durch die sich der Mensch die stofflichen, leiblichen, seelischen und geistigen Bestände sichert, dies aber um seiner eigenen Sicherheit willen, die die Herrschaft über das Seiende als das mögliche Gegenständliche will, um dem Sein des Seienden, dem Willen zur Macht zu entsprechen. Sichern als Beschaffen von Sicherheit gründet in der Wertsetzung. Das Wertsetzen hat alles an sich Seiende unter sich und damit als für sich Seiendes umgebracht, getötet."[16]
„Dann ist das Denken in Werten das radikale Töten. Es schlägt das Seiende als solches nicht nur in seinem An-sich-sein nieder, sondern es bringt das Sein gänzlich auf die Seite."[17] Häufig zitiert Heidegger den Nietzschesatz: „Dem Werden den Charakter des Seins *aufzuprägen* — das ist der *höchste Wille zur Macht.*" Vor dem vollendeten Sein des Vaters als höchsten Wert aber ist das erst Werdende das Minderwertige. Für das Kind bleibt nichts, es ist nichts. Das wird Heidegger fortan Nihilismus nennen. Es ist viel leichter, nicht Gott zu sein, als nicht jener Übermensch, der seinen Platz einnimmt. Der im Über-Ich zu verinnerlichende Übermensch duldet im Sohn keinen Widerstand mehr. Die „Raserei der blonden Bestie" hat nach Heidegger in der Raserei der modernen Technik ihr wichtigstes

Machtinstrument. Wenn der Vater sich das Sein reserviert, besteht der Vatermord darin, ihm das Semsmonopol abzusprechen und wieder auf das Kind zu übertragen oder auf die heimatliche Urmutter.

„Ebenso wenig bleibt die Rache und die Rachsucht ein Gegenstand der Psychologie." „Rache ist das widersetzliche, herabsetzende Nachstellen." MH möchte gern, daß es mit der Rache und ihren Vergeltungsschlägen, mit Schuld und Strafe, ein Ende habe, also damit, daß der Sohn den Vater, der Vater den Sohn „herabsetzt, um dem Herabgesetzten gegenüber sich selbst in die Überlegenheit zu stellen und so die eigene, für einzig maßgebend gehaltene Geltung wiederherzustellen. Denn die Rachsucht wird vom Gefühl des Besiegt- und Geschädigtseins umgetrieben." Sie ist also Antwort auf narzißtische Kränkung, Aggression, die den Aggressiven mit Vergeltung bedroht. Sie ist „des Willens Widerwille gegen die Zeit und ihr 'Es war'". Mit Nietzsche will MH, „daß der Mensch erlöst werde von der Rache", denn „wo Leid war, da sollte immer Strafe sein." (VuA 101 ff.)

„Wenn ich vom Glauben so angesprochen wäre, würde ich die Werkstatt schließen", beteuerte Heidegger den Theologen 1954. Dem verhaßten Katholizismus seiner Herkunft entfloh er in die Philosophie, die ihn mit *Luther* in Berührung brachte, doch : Wer die evangelische Theologie aus gewachsener Herkunft kenne, könne ihr nicht folgen, und *Bultmann* profitierte von MH, nicht umgekehrt. So bleiben religiöse Attitüden ohne christlichen Gehalt, wie *Adorno* bemerkt, und auch *Löwith* erklärt sich Heideggers Wirkung aus der Befriedigung quasireligiöser Bedürfnisse am Ende aller positiven, entmythologisierten Religionen. Gott ist tot, und den Willen zur Machtergreifung des Übermenschensohnes hat Heidegger seit dem Untergang auch nicht mehr. Er will weder mehr Väter töten noch als Sohn sein eigener Vater werden. Angeblich kommen wir für die Götter zu spät und für das Sein zu früh, aus dessen jungfräulichem Schoß neue Götter geboren werden könnten. Es sieht aus, als fühlte MH sich an der Schwelle zu neuen vaterlos mutterrechtlichen Gesellschaften ohne das „Grimme" der alttestamentarischen Patriarchate. Nach dem Mord an Gottvater geht die Urhorde in der Lesart von Freuds „Totem und Tabu" an den patriarchalischen Bruderclan über, in dem die Macht bis zur Unverantwortlichkeit des Einzelnen gestreut ist. SuZ plädierte dafür, aus der Zwangssolidarität und dem ohnmächtigen Konsens dessen, was „man" tut, auszubrechen, die „eifersüchtigen Verabredungen und redseligen Verbrüderungen"[18] hinter sich zu lassen und sich auf eigene Faust die Vorrechte des toten Vaters zu erobern, einzig als Einzelner, verschwiegen, angstbereit und entschlossen, inzestuös schuldig sein zu wollen, um am bewunderten Vater doch noch zu partizipieren. Das „Man" ist der Konsens der Bruderhorde nach dem Patrizid, eine einzige Abwehr von Schuld- und Vergeltungsangst. In der Weimarer Republik, dem vaterlosen Bruderclan, ruft MH auf, jeder möge sich berufen fühlen, den verwaisten Thron neu zu besetzen. Fortan verspricht Bruder Heidegger, nicht mehr im Alleingang gegen das zu verstoßen, was man schicklicherweise tut, gegen die eifersüchtige Zwangskoalition der sich gegenseitig kontrollierenden und homosexuell verbundenen Brüder. Heidegger wird nicht müde, die Beendigung des Konkurrenzkampfes der Geschwister um den Alleinbesitz von Frau Welt zu fordern, den struggle for wife. Gemeinsam sollen alle verzichten auf den Alleinvertretungsanspruch des getöteten Übervaters, auf die Bemächtigung jenes „Seyns", um dessenwillen der alttestamentarische Vatergott überhaupt beseitigt worden war. Fürchtet MH die Rache der rivalisierenden Brüder oder des toten Vatergotts? Jedenfalls kehrt er am Ende zu jenem „Man" zurück, aber nicht, ohne noch zu überbieten, was er zu Beginn seiner Karriere nicht genug verachten konnte. Der empfohlene Verzicht eines jeden, auf Kosten der Brüder sein eigener Vater zu werden, soll nicht leer ausgehen. „Der Verzicht nimmt nicht. Der Verzicht gibt", heißt es im „Feldweg". Verzicht auf Frau Welt findet sich durchaus honoriert mit der Freigabe von Mutter Natur, der inzestuöse „Überstieg" bescheidet sich mit „Abstieg" zu den Müttern. Einst war diesem Dasein aufgegeben zu sein, dann gibt es sich auf an das Sein. Das Kind, die reinfantilisierte Existenz, dankt ab zugunsten jenes Seyns, dem es sein Sein verdankt. MH fällt hinter das „Man", die Stimme des Über-Ich, zurück in das Andenken an noch frühere Interaktionsformen, die philosophische Rekonstruktion jener Sprache, in der Mutter und Kind miteinander dialogisch umgehen, noch bevor ein Dritter auftaucht und ihr Rendezvous stört.

Nachweise

[1]   Marina Neumann-Schönwetter: Psychosexuelle Entwicklung und Schizophrenie, edition suhrkamp Bd. 627, Frankfurt a.m. 1973, S. 162

[2]   Th. Adorno: Negative Dialektik, a.a.O., S. 134

[3]   M. Neumann-Schönwetter, a.a.O., S. 153
Der „Entwurf" von SuZ, einst ein vergleichsweise kühnes Projekt, wird zunehmend zu bloßer Projektion, als wollte das Sein mit dem verführten Dasein, was dieses doch eigentlich mit dem begehrten Sein will und das nicht nur vor sich selbst verbirgt, sondern zur Gänze aufs Sein schiebt und ihm unterstellt. Verachtete Dianoia verkommt zu persekuto-rischer Paranoia; Dasein fühlt sich vom Sein mit Verführung bedroht, seit der Führer tot ist.

M. Neumann-Schönwetter, a.a.O., S. 156 L. c.

S. 152 L. c. S. 162 L. c. S. 151

[8]   HOLZ 245

[8a]   HOLZ 226

[9]   HOLZ 216

[10]   HOLZ 218
Nach Erich Fromm ist destruktiver Machtwille eine Reaktionsbildung auf Trennungs-angst, nach Max Adler eine Kompensation von narzißtischer Kränkung durch Organmin-derwertigkeitsgefühl. Adlers Auffassung ist umstrittener.

[11]   HOLZ 219

[12]   HOLZ 219

[13]   HOLZ 228

[14]   HOLZ 238

[15]   HOLZ 239

[16]   HOLZ 242

[17]   HOLZ 242 f.
„Zwar hat es den Anschein, als sei das 'Meta', die Transzendenz ins Übersinnliche, zu-gunsten des Beharrens im Elementaren der Sinnlichkeit beseitigt, während doch nur die Seinsvergessenheit vollendet und das Übersinnliche als der Wille zur Macht losgelassen und betrieben wird." (VuA 79). Das sinnliche ES des Vaters ist eben nur das übersinnliche Überich des Sohnes geworden. Vor einem Vater, dem es gelang, Gott zu töten und sich an seine Stelle zu setzen, ist der Sohn noch ohnmächtiger geworden (als gegenüber einem Vater, mit dem zusammen beide nur schwache Kinder Gottes waren.) „Das Ganze des Seienden als solchen, das Meer, ist vom Menschen ausgetrunken. Denn der Mensch ist in die Ichheit des ego cogito aufgestanden. Mit diesem Aufstand wird alles Seiende zum Gegenstand. Das Seiende wird als das Objektive in die Immanenz der Subjektivität hinein getrunken." (HOLZ 241)

[18]   SuZ 299

Jenseits des Verlustprinzips:
Todestrieb zurück zur Mater-ie

Hinab zu den Müttern
mit
Trakl und Hölderlin

„Der Gesang dieser Sänger ist kein Werben und kein Gewer
be."   (HOLZ 291)

„Ihr Gesang feiert das Unversehrte der Kugel des Seins."
                                              (HOLZ 294)

„Dann ist die Ent-schlossenheit zum Geheimnis unterwegs
in die Irre als solche."   (WEG 93)

„Dieser ver-rückte Mensch ist über den bisherigen Menschen
hinausgerückt."   (HOLZ 246)

Heideggers Interpretationen klingen, als sei Hölderlin in Trakl wiederauferstan-
den. Immerhin sind beide auf ähnliche Weise zugrunde gegangen, und flugs
funktioniert MH diesen Grund um zu einem festen Grund und Boden, auf dem
wir heute stehen und wohnen sollen. Statt zu rühmen, daß allein die unvergleich-
liche Art ihres subjektiven Scheiterns ihnen tiefste Einsichten gestattete in das
Wesen des objektiven Unwesens, von dem sie zermalmt wurden, will Heidegger
uns ihr Zerbrechen am universalen gesellschaftlichen Unheil direkt als triumphalen
Sieg über die Macht des Bestehenden und den Ungeist ihrer Zeit verkaufen, ihr
furchtbares Ende als propagierbares Ziel, das aus „dürftiger Zeit" heraushelfen
soll. Auch daß Trakl unter dem Druck seiner psychischen Konstellation und der
Erlebnisse im I. Weltkrieg am Ende seine Zuflucht nahm zu tiefen suizidalen
Suchtregressionen, wird noch unter existentielle Eigentlichkeit und neues Seinsgeschick verbucht. Als sei das Positive schon, *daß* sie untergingen, und wohin sie
fielen, das gelobte Land selbst. In Wirklichkeit bezeugten sie durch ihren Sturz
und während ihres Sturzes nicht die Positivität dessen, wohin sie abstürzten, sondern die Negativität dessen, was sie und uns alle erschlägt. Das Positive sind
nicht die Endstationen ihrer traurigen Geschichte, sondern die Aufschlüsse, die
wir ihnen verdanken über die Negativität der Welt, die sie zerstörte. Ihr Weg
führte sie nicht aus der Hölle heraus, sondern ist himmlisch einzig durch seine
ästhetische Beweiskraft, daß die Hölle diesen Namen verdient und allein dieser
Name vielleicht index sui et veri ist. Sie wurden so an der Welt zuschanden, daß
sie als Hölle einmal mehr bewiesen ist, nicht als „heiles Geviert von Himmel und
Erde, Sterblichen und Göttern".

„Die Sprache im Gedicht. Eine Erörterung von Georg Trakls Gedicht". (UzS, S. 37 ff).

„Die Seele sucht die Erde erst, flieht sie nicht." (UzS 41) Die Seele des Kindes sucht Unterschlupf bei der nährenden und flieht die vaginale Mutter Erde, wie wir von Heideggers Hölderlinexegese her vermuten dürfen. Nur von der inzestuösen Kinderseele und der inzestuös begehrten Erde, dem „Acker des Seins", gilt die von Heidegger verworfene „geläufige Vorstellung": „Sie stellt uns die Erde als das Irdische im Sinne des Vergänglichen dar ... Die Seele gehört seit Platons Lehre zum Übersinnlichen ... Sie gehört nicht auf die Erde. Der Leib ist ein Gefängnis der Seele, wenn nicht gar Schlimmeres. So bleibt der Seele anscheinend keine andere Aussicht, als den Bereich des Sinnlichen ... möglichst bald zu verlassen." (UzS 39 f). Der Inzest ist im Unterschied zum Mutterinzest bei Hölderlin hier der Geschwisterinzest. Trakls Schwester wird zum „ontischen Modell" der ontologischen Mutter Erde.

„Trakls Dichtung singt den Gesang der Seele, die „ein Fremdes auf Erden", erst die Erde als die stillere Heimat des heimkehrenden Geschlechtes erwandert". (UzS 80) „Weil die Dichtungen dieses Dichters in das Lied des Abgeschiedenen versammelt sind, nennen wir den Ort die Abgeschiedenheit." (UzS 52). „In der Abgeschiedenheit durchmißt der Fremdling den Abschied vom bisherigen Geschlecht." Solche Entfremdeten sind „geschieden von Lieben, die für sie Andere sind." (UzS 49). Sie seien nur noch „die mondene Stimme der Schwester." Das „bisherige Geschlecht" ist die Generation der genitalbegabten tierischen Väter, vor dem der rebellische Geist des Sohnes gefügig und sanft wird: „Das Sanfte des Geistes ist in das Erjagen des Gottes gerufen, sein Scheues in das Stürmen des Himmels ... Der flammende Fortriß dieses Stürmens und Erjagens reißt „die steile Festung" nicht wieder, erlegt das Erjagte nicht, sondern läßt es in das Schauen der Anblicke des Himmels erstehen, deren reine Kühle den Gott verhüllt." (UzS 72). „Gottes Sprechen ist das Zusprechen, das dem Menschen ein stilleres Wesen zuweist und ihn durch solchen Zuspruch in die Entsprechung ruft, zu der er aus dem eigentlichen Untergang in die Frühe aufersteht. Das „Abendland" birgt den Aufgang der Frühe des „Einen Geschlechts"." (UzS 79) Mit dem Verbot, die Nächte mit der Mutter zu verbringen, ist fürs Kind noch nicht aller Tage Nacht, wenn das Kind sich mit dem Abschied vom inzestuösen Gebrauch seines Genitals und mit der Scheidung von der inzestuös begehrten Scheide der Mutter bescheidet : „Weil die Sprache dieses Gedichtes aus dem Unterwegs der Abgeschiedenheit spricht, darum spricht sie zugleich aus dem, was sie im Abschied verläßt und dem, wohin der Abschied sich bescheidet." (UzS 74) „Das Wort „Ein Geschlecht" nennt hier überhaupt keinen biologischen Tatbestand, weder die „Eingeschlechtlichkeit", noch die „Gleichgeschlechtlichkeit"." (UzS 78) „Das Wort bedeutet sowohl das Menschengeschlecht im Sinne der Menschheit, als auch die Geschlechter im Sinne der Stämme, Sippen und Familien, dies alles wiederum geprägt in das Zwiefache der Geschlechter." (UzS 50) Also kein Uni- und kein Homosex, aber auch kein genitaler Heterosex. Was aber dann? Man ahnt, daß es jetzt zu regredieren gilt in die onto-genetische „Frühe" vor dem Genitalprimat, als das „Geschlecht" noch gar nicht „geboren" war. Und wenn „Geschlecht" hier die *Generation* der nachkommenden *Kinder* und deren *Genital* meint, dann ist das „noch ungeborene Geschlecht" nicht nur die Prägenitalität ihrer Partialtriebe, sondern ihr pränataler Intrauterinismus selbst. Der Abschied ist „ein Scheiden vom längst geborenen Geschlecht". (UzS 71) Der Uterus wird zur Grabkammer für das „wilde Geschlecht" des Kindes, das nur prägenital überlebt. „Der Gestorbene lebt in seinem Grab. Er lebt in seiner Kammer so still und versonnen, daß er mit seinen Schlangen spielt. Sie vermögen nichts gegen ihn. Sie sind nicht erwürgt, aber ihr Böses ist verwandelt." (UzS 53). Die eigene böse Penisschlange muß nicht abgeschnitten werden und wird dem Kind nicht durch die väterliche Kastrationsdrohung hindurch gefährlich, wenn es präschizoidal sich mit dem intra-uterinen Aufenthaltsort bescheidet und nicht die Scheide als solche begehrt. Es wird aber auch von Mutter Schlange nicht gebissen, solange es nicht sich von ihr trennen und sie damit um ihren Penisersatz bringen will. Das Kind läßt sich im Uterus begraben, unheilbar verstrickt in präpsychotischer Mutter-Kind-Symbiose: „Der Gestorbene ist der Wahnsinnige. Meint dies einen Geisteskranken? Nein ... Aber er bleibt dabei ohne den Sinn der Anderen ... Der Abgeschiedene ist der Wahnsinnige, weil er anderswohin unterwegs ist. Von dorther darf sein Wahnsinn ein „sanfter" heißen, denn er sinnt Stillerem nach." (UzS 53) Die Stillen im Abendlande sinnen nicht inzestuöser Sinnlichkeit nach, sondern wollen noch gestillt werden. „Die hier genannte Umnachtung ist nicht, so wenig wie der Wahnsinn ein Irrsinn, bloße Verfinsterung des Geistes." (UzS 71). Von hitzigen Inzestphantasien geht es zurück „in die Kühle der stilleren Kindheit". Sein Genital ist vom Vater verflucht. „Womit ist dieses Geschlecht geschlagen, d.h. verflucht ... Der Fluch des verwesenden Geschlechtes besteht darin, daß dieses alte Geschlecht in die Zwietracht der Geschlechter auseinandergeschlagen ist. Aus ihr trachtet jedes der Geschlechter in den losgelassenen Aufruhr der je vereinzelten und bloßen Wildheit des Wildes. Nicht das Zwiefache als solches, sondern die Zwietracht ist der Fluch." (UzS 50) Heidegger spielt hier listig mit der Zweideutigkeit von „Geschlecht", die er selbst anführt. „Geschlecht" ist dreideutig: Menschheit, Generation und Genital. Da aber das Menschengeschlecht, die Menschheit, nichts Dualistisches an sich hat, kann das „Zwiefache" und die „Zwietracht" sich hier nur beziehen auf „Geschlecht" im Sinne von Genital und Generation. Und wenn wir nicht annehmen wollen, Heidegger habe hier den ewigen Geschlechterkrieg zwischen Mann und Frau angesprochen, dann bleibt nur, daß das „Zwiefache" der Geschlechter das Zwiefache der Geschlechtlichkeit und die „Zwietracht der Geschlechter" die Zwietracht der Generationen um das jeweils andere Geschlecht meint. Zwietracht besteht aber im ganzen Menschengeschlecht zwischen den Besitzern des gleichen Genitals verschiedener Generation um den Besitz des anderen Geschlechts. In der Zwietracht trachten eben Vater und Sohn beide danach, die Mutter trächtig zu machen. Diese Zwietracht der zwei Generationen des gleichen Genitals (Vater und Sohn bzw. Mutter und Tochter) um das Genital des anderen Geschlechts (der Mutter bzw. des Vaters) ist aber nach Freud der Kern des Ödipuskomplexes, der fürs ganze Menschengeschlecht immer und überall gelten soll. Wo zwei Geschlechter (Genitale) und zwei Geschlechter (Generationen) zusammen sind, also immer und überall, herrscht, wenigstens im Menschengeschlecht, jene Konstellation, die Freud als Ödipuskomplex beschrieben hat. Der Inzest zwischen den Generationen ist schlimm, das „Entflammte" und „Zügellose" zeugt von „entartetem Geschlecht", schlimmer aber der Geschwisterinzest. MH nennt den Inzestwunsch „den Geist des Bösen. Dessen Aufruhr steigt dort in seine äußerste Bösartigkeit, wo er gar aus der Zwietracht der Geschlechter noch ausbricht und in das geschwisterliche einbricht." (UzS 67) Wo also der Bruder in die Schwester die Mutter, die Schwester in den Bruder den Vater projiziert. Die Geschwisterliebe aber soll rein und einfältig, d.h. prägenital bleiben, ein Inzest ohne Inzest. „Aber zugleich verbirgt sich in der stilleren Einfalt der Kindheit die dorthin versammelte geschwisterliche Zwiefalt des Menschengeschlechts. In der Abgeschiedenheit ist der Geist des Bösen weder vernichtet und verneint noch losgelassen und bejaht. Das Böse ist verwandelt." (UzS 67) Und diese Wandlung des inzestuösen in den präödipalen Geist ist schizophrenogene Regression auf narzißtische Symbiotik, „Untergang in die aufbehaltene Frühe des ungeborenen Geschlechtes ... Heimkehr des ungeborenen Menschengeschlechtes in den ruhigen Anbeginn seines stilleren Wesens". (UzS 74) „Der Dichtende wird erst zum Dichter, insofern er jenem „Wahnsinnigen" folgt, der in der Frühe hinwegstarb und aus der Abgeschiedenheit durch den Wohllaut seiner Schritte den ihm folgenden Bruder ruft." (UzS 73) „Den rechten Schlag hat es (das „verfallene, verweste Geschlecht", das „alte Geschlecht" der Alten) nur mit jenem Geschlecht, dessen Zwiefaches aus der Zwietracht weg in die Sanftmut einer einfältigen Zwiefalt vorauswandert, d.h. ein „Fremdes" ist ..." (UzS 50) Wer ist nun der „Wahnsinnige", dem der dichtende Bruder folgen soll? „In der Gestalt des Knaben Elis beruht das Knabenhafte nicht in einem Gegensatz zum Mädchenhaften. Das Knabenhafte ist die Erscheinung der stilleren Kindheit. Diese birgt und spart in sich die sanfte Zwiefalt der Geschlechter, des Jünglings sowohl wie der 'goldenen Gestalt der Jünglingin'" (UzS 55). „Elis ist keineswegs eine Gestalt, mit der Trakl sich selber meint" (UzS 54). Also doch. Genauer: Elis ist Bruder und Schwester Trakl in einer Person. Ob Jüngling und „Jünglingin" allerdings wirklich so prägenital, ja pränatal-intrauterin miteinander verbunden sind bei Trakl, wie MH uns weismachen will, muß offen bleiben. „Die weißen Lider, die sein Schauen behüten, erglänzen im bräutlichen Schmuck, der die sanftere Zwiefalt des Geschlechtes verspricht." (UzS 55) „Bräutlich" klingt nicht gerade sehr nach „uralter Frühe", sondern nach Hochzeit. Lediglich reine, einfältige, stillere, sanftere „Zwiefalt der Geschlechter"`?

„Übersicht: Stierlin erörtert Hölderlins Lebensschicksal und einige seiner dichterischen Motive vor dem Hintergrund der neueren Schizophrenieforschung. Am lebensgeschichtlichen Ursprung der mit ästhetischer Produktivität gepaarten schizophrenen Störung steht häufig eine Mutter, in deren Reaktionen zarte Antwortbereitschaft, Unfähigkeit zur Einfühlung und versklavende Bindung sich mischen. Die Sehnsucht nach Wiedervereinigung mit der Mutter, die zugleich gefürchtet (weil mit dem Tod identifiziert) wird, ist häufig der Basiskonflikt von Schizophrenen ... Die Dichtung seiner (Hölderlins) überaus produktiven „Spät"-Phase (zwischen seinem Ausscheiden aus dem Hause Gontard und seiner Umnachtung) zeigen die unauflösliche Verschränkung selbstheilender und destruktiver Prozesse"[1]

Die „Kehre" als Rückkehr zur Mutter und Abkehr vom Vater ist „notwendig", weil sie allein die Not jener Kastrations-„Gefahr" paradox wenden kann, der Heidegger eigens einen Aufsatz gewidmet hatte.[2] Das „Sichversagen" und schließlich das Versagen des bewunderten Führers „verwindet", kompensiert er in den letzten Kriegsjahren durch Unterschlupf bei Hölderlin, dessen Dichtung als einzige Irrationalisierung einer solchen narzißtischen Regression begrüßt wird. Interpretieren wir Heideggers Hölderlin-Interpretationen, die als gewaltsame Fehldeutungen verschrien sind, durch Rückgriff auf Hölderlin selbst, durch einen von Heidegger empfohlenen „Vorgriff" auf unsere eigene gewalttätige „Vorhabe".[3]

1) Ist Heideggers hermeneutische Exegese des Gedichtes „*Heimkunft/An die Verwandten*" wirklich abermalige Mystifikation der künstlerischen Mythologisierung einer privaten Erfahrung, einer Fahrt Hölderlins in die Alpen und zurück über den Bodensee in die schwäbische Heimat? „Heimkunft ist die Rückkehr in die Nähe zum Ursprung."[4] „Suevien, die Mutter, wohnt nahe dem Heerde des Hausses. Der Herd hütet die stets gesparte Glut des Feuers, das, wenn es entflammt, die Lüfte und das Licht in das Heitere öffnet ... „Heerd des Hausses", d.h. der mütterlichen Erde, ist der Ursprung der Aufheiterung, deren Licht erst die Ströme über die Erde ergießt.[5] „Das ursprüngliche Wesen der Freude ist das Heimischwerden in der Nähe zum Ursprung."[6] Existenz trauert mit Hölderlin dem verlorenen Paradies nach und weiß, „daß selbst die Trauer nur aus „alten Freuden" entspringt."[7] Zitiert wird Hölderlins Epigramm „Sophokles", nach dem das Freudigste sich paradox gerade in der Trauer ausspreche.

„Jetzt wissen wir, warum der Dichter zu der Zeit, da er in die Heimat als den Ort der sparenden Nähe zum Ursprung heimkommt," die Trauerspiele des Sophokles „übersetzen mußte".[8] Allerdings. Zum Beispiel den „Oedipus Tyrannos". Die Trauerarbeit über das traurige Schicksal des Ödipus, über die ödipalen

Verzichte auf die Mutter, ist Freude über die Möglichkeit einer präödipalen „Nähe zum Ursprung". Diese Nähe vermeidet den Konflikt mit „Vater Äther" und läßt den „Hohen" über dem Alpengebirge thronen in einer Wolke, die das „gähnende Thal" „dekt" und für den Sohn verdeckt. „Die Wolke schwebt zwischen den Gipfeln der Alpen und deckt die Klüfte des Gebirges, in deren lichtlose Tiefe der aufheiternde Lichtstrahl hinabwirkt. Darum „feiert" dort, „unter den Felsen", das junge Chaos „liebenden Streit" und „feiert" „freudigschauernd"."[9] Soll er sich am alpinen mütterlichen Venusberg erfreuen, der „Erfreute: der Freudige", „die Hoheit (serenitas), in deren Strenge alles Hohe steht, und die Frohheit (hilaritas), in deren Spiel alles Freigelöste schwingt."[10]

Der Versuch, es ihm gleichzutun, „die Nähe zum Freudigsten, wird durch die Heimkehr gerade aufgegeben."[11] Dieser Verzicht ist ein „Opfer", das von der beschwichtigten Eifersucht des selbstsüchtigen Vaters gnädig honoriert wird: „Selbst „Traurige" erfreut „der Freudige" wieder, wenngleich „mit langsamer Hand"."[12] „Freudigkeit erblüht um den Abschied von der „Burg der Himmlischen"." Der Sohn, der „in der schicklichen Nähe zum Hohen verweilt" und davon abläßt, die „Treppen des Alpengebirgs" bis an „die Gipfel der Zeit" zu besteigen, trifft auf einen gönnerhaft versöhnten Vater: Er „gewährt ... jeglichem Ding den Wesensraum, in dem es seiner Art nach gehört, um dort, im Glanz des Heiteren, wie ein stilles Licht, genügsam mit dem eigenen Wesen, zu stehen."[13] Aber: „Der Sänger ist blind." Der Sohn, das kleine Licht, kastriert, darf unter den Rock zurück, Vater Äther greift nicht ein: „es schützet die Einfalt ihn." Es geschieht ihm nichts: „Das Heitere zwar erscheint. Der Gott aber bleibt fern."[14] Unbegreifliche Güte: „Ihn zu fassen, ist fast unsere Freude zu klein." Die Dankeslieder an „Gleichmut", „Sanftmut", „Edelmut", „Großmut", „Langmut", ja „Opfermut" des Vaters überschlagen sich. Der gezahlte Preis scheint schon vergessen. Da „ruht nun in dem Hafen das Schiff'. „Und umsonst nicht steht, wie ein Sohn, am wellenumrauschten Thor", an der „gastlichen Pforte" des mütterlichen Schoßes die „Existenz" Heideggers: „Das freundlich-Offene, das Erhellte, das Schimmernde, das Glänzende, das Leuchtende der Heimat begegnet in einem einzigen freundlichen Scheinen bei der Ankunft an der Pforte des Landes. Die ist „Reizend hinaus zu gehen in die vielversprechende Ferne, ...

Aber reizender (ist sie dem Dichter)
Heimzugehen, wo bekannt blühende Wege mir sind,
Dort zu besuchen das Land und die schönen Thale des Nekars,
Und die Wälder, das Grün heiliger Bäume, wo gern
Sich die Eiche gesellt mit stillen Birken und Buchen,
Und in Bergen ein Ort freundlich gefangen mich nimmt."[15]

Die präödipale Gefangenschaft im Uterus wird bezahlt mit Verzicht auf das, was im zitierten Gedicht von Heidegger weggelassen ist, mit Verzicht auf Identifikation mit dem „Vater Rhein":

„Dort, wo die Wunder sind, dort wo das göttliche Wild,
Hoch in die Ebnen herab der Rhein die verwegne Bahn bricht,
Und aus Felsen hervor ziehet das jauchzende Thal, Dort hinein,
durchs helle Gebirg, nach Komo zu wandern, Oder hinab, wie
der Tag wandelt, den offenen See;"

Heidegger bricht sein Zitat dort ab, wo das Kind sich freuen muß, überhaupt
noch nach Hause zurück zu dürfen:

„Dort empfangen sie mich. O Stimme der Stadt, der Mutter!"

2) Auch das erst 1910 bekanntgewordene Gedicht *„Wie wenn am Feiertage ...* "
(1800) feiert die Wiedergeburt der präödipalen Mutter für das nach dem väterlichen Donnerwetter genital resignierende Kind, den kleinen Heiligen, der vor dem
tabuierten mütterlichen Heiligtum zwangsweise nüchtern bleiben und den Vater
auch noch „preisen" und „rühmen" muß dafür, daß es nicht aus der Familie
verstoßen wird: „Das hymnische Wort ist jetzt „heiliggenöthiget"; und weil
„heilig" genötiget, auch „heilig-nüchtern"."[16] „Die Dichter selbst aber sind unter
Gottes Gewitter gestellt."[17] Wenn das Kind sich gegen die Mutter nicht die
Freiheiten des Vaters herausnimmt, wird es nicht aus dem Nest vertrieben. „Was
diesen Dichtern aufgegeben ist, das vermögen sie, wenn das Fassen und Reichen
ihrer Hände von „reinen Herzen" durchschwungen ist. „Herz" bedeutet ... die
Stille der Zugehörigkeit in die Umfängnis des Heiligen. „Rein" sagt für Hölderlin
stets so viel wie „ursprünglich", entschieden verbleibend in anfänglicher
Bestimmung. Dies eignet den Kindern ... Wenn die Dichter innebleiben in der
Allgegenwart der mächtig-schönen „Natur", dann ist auch jede Möglichkeit genommen, nur auf das Eigene zu pochen und sich in dem zu vermessen, was das
Gesetz ist. Ihre Hände sind „schuldlos". Ihre höchste Entschiedenheit, das dich-
tende Sagen, sieht dann aus wie das „unschuldigste aller Geschäfte"."[18]

Es sieht nur so aus. Die Sprache, das Feld des „unschuldigsten aller Geschäfte",
ist „der Güter Gefährlichstes". Gefährlich, weil gefährdend: „Die Sprache
schafft erst die offenbare Stätte der Seinsbedrohung und Beirrung und so die
Möglichkeit des Seinsverlustes, das heißt -- Gefahr."[19] Das Kind steht in der
ständigen Gefahr, sich zu versprechen und seine ursprünglichen kastrationswür-
digen Wünsche erneut zu verraten, statt die Eltern für die großmütige Erlaubnis
zu preisen, wenigstens präödipal im familialen Nest überleben zu dürfen. Nicht
immer macht Hölderlin aus der Not, ein Kind bleiben zu müssen, die Tugend des
Dichters. Er weiß, „daß zu bleiben in unschuldiger / Wahrheit ein Leiden ist."
Heidegger macht aus der Not wieder die Tugend: „Das Leiden ist das Festbleiben
im Anfang."[20] Dieses Leiden ist nichts gegen die Kastrationsgefahr und wird dem
Kind vergolten: „Des Vaters Stral, der reine versengt es nicht..." „... statt
„versengt es nicht" schrieb Hölderlin zuerst „tödtet nicht"."[21] Das göttliche
Gewitter trennt das Kind nicht von der Mutter, sondern treibt es im Gegenteil in
ihre „leichtumfangenden" Arme zurück: „Wenn jetzt der heilige Strahl den

Dichter trifft, wird er nicht hingerissen in die Glut des Strahls, sondern vollends zugekehrt dem Heiligen."[22] „Das Lied gibt dem Grund ihrer Zusammengehörigkeit das Zeugnis, be-zeugt das Heilige."[22] Will sagen, es bezeugt, daß das Kind hoch und heilig verspricht, mit der fortan Heiligen kein Kind mehr zeugen zu wollen. Vom Argument des „kühlenden Blitzes" überzeugt, legt es von seinem Zeugungs-verzicht poetisches Zeugnis ab, des guten väterlichen Zeugnisses gewiß. Sprache wird zur Heiligsprechung der Mutter, zur poetischen Begründung des nackten Vater-Neins.

„Das Heilige als das Un-nahbare wirft jeden unmittelbaren Zudrang des Mittel-baren aus seinem Vorhaben ins Vergebliche."[23] „Aber seine Entsetzlichkeit bleibt verborgen in der Milde des leichten Umfangens."[24] Ödipus, der seine „Eigentlichkeit" an der Eingangstür abgegeben hat, braucht nichts zu fürchten. Im Schutze der genitalen Selbstaufgabe öffnet sich ihm wieder Mutter „Natur", „hoch vom Äther bis zum Abgrund nieder." Abgrund" heißt das alles Ver-schließende, das von „der Mutter Erde" getragen wird."[25] Sie schließt den Men-schen nicht aus, sondern sich selbst über ihm, verschließt ihn sicher vor des Vaters Strahls, in offenkundig heimlicher Komplizenschaft. „Die mächtige, weil göttlich-schöne, weil wunderbar allgegenwärtige Natur umfängt die Dichter. Sie sind in das Umfangen einbezogen. Dieser Einbezug ist die Erziehung."[26] Offenbar keine durch Entziehung und Entwöhnung. Und ganz unschuldig und harmlos scheint das Ganze auch nicht zu sein: „Die allgegenwärtige Natur berückt und entrückt. Das Zumal der Berückung und Entrückung ist aber das Wesen des Schönen."[27] „Physis, phyein, bedeutet das Wachstum ... ist der Aufgang der Lichtung des Lichten und so der Herd und die Stätte des Lichtes."[28] Das scheint nicht nur das Licht der Erkenntnis zu sein: „Das Leuchten des „Lichtes" gehört dem Feuer, ist das Feuer. Dieses ist zumal die Helle und die Glut."[28]

Und diese Glut, erinnert sie nicht irgendwie schon an die „Glut des losgebunde-nen Blitzes", den der Vater seinem rivalisierenden Sohn androhte, auf daß er sich ins Präödipale verziehe? Und nun ist die Natur, die „Allerschaffende", „Allebendige", schon wieder die „Allerglühende"?[28]

Aber unterstellen wir dem Kind vorerst nichts „Unschickliches". Auf der Flucht vor des Vaters versengendem Strahl ist es auf die Ebene der unverdächtigen „einstigen Innigkeit" regrediert, in den chaotischen Zusammenbrach aller phallisch strukturierten Autonomie. Durch Opfer der petite différence stürzt es in eine „primary confusion" der präödipalen Mutter-Kind-Einheit zurück, in den ebenso bergenden wie absorbierenden Uterus: „Doch *Chaos* bedeutet zuerst das Gähnende, die klaffende Kluft, die zuvor sich öffnende Offene, worin alles eingeschlungen ist. Die Kluft versagt jeden Anhalt für ein Unterschiedenes und Gegründetes und deshalb scheint das Chaos das Unterschiedslose und somit das bloß Wirre zu sein."[29] „Das Chaos ist das Heilige selbst. Kein wirkliches geht dieser Aufklaffung vorher, sondern geht stets nur in sie ein."[29]

Die narzißtische Regression auf die Ursymbiose scheint aber nicht bis zur Einheit von Mutter und Kind zu gehen: „Von der „Natur" (physis) her gedacht, bleibt das Chaos jenes Aufklaffen, aus dem das Offene sich öffnet, damit es jedem Unterschiedenen seine umgrenzte Anwesung gewähre."[29] Die Regression löst nicht jede selbständige Kontur am Sohn auf, im Gegenteil öffnet die Mutter dem regredierenden Kind mit dem Uterus jene „Lichtung, in die herein überhaupt etwas erscheinen, in seinem Umriß sich stellen, in seinem „Aussehen" (eidos, idea) sich zeigen und so je als Dieses und Jenes anwesend sein kann."[28] Ob dieser umgrenzte Umriß des Kindes auch nach seiner präödipalen Regression dieser Beziehung zur Mutter den Charakter einer sekundär-narzißtischen Identifikation wieder nimmt, muß vorerst offenbleiben. Umgrenzter Umriß oder unterschiedslose Einheit?

3) Das Gedicht Andenken" (1803/04), ebenfalls „nach der Rückkehr in das Haus der Mutter"[30] geschrieben, kann uns nun durch Heideggers Optik nicht viel Neues mehr verraten. „Man bemerkt auch leicht, daß hier ein Gedenken an den Aufenthalt Hölderlins im „südlichen Frankreich" zum Wort kommt."[30] Kaum verwundert uns mehr die Warnung, den Inhalt der Gedichte und Briefe als Quellen „für die Lebensgeschichte Hölderlins zu mißbrauchen."[30] „Und ein Jahr später, nachdem Hölderlin als ein vom Wahnsinn Getroffener in das Haus der Mutter zurückgekehrt ist, schreibt er aus der Erinnerung an den Aufenthalt in Frankreich: „Das gewaltige Feuer des Himmels... hat mich ständig ergriffen und wie man Helden nachsagt, kann ich wohl sagen, daß mich Apollo geschlagen." Die übergroße Helle hat den Dichter in das Dunkel gestoßen. Bedarf es noch weiterer Zeugnisse für die höchste Gefährlichkeit seines „Geschäfftes"? Das eigenste Schicksal des Dichters sagt alles".[31] „Es muß beizeiten weg, durch wen der Geist geredet."[31] Was redet wer, cum grano salis?

Man muß ins feindliche Leben hinaus, aber nur, um mit abgelaufenen Hörnern ins warme Nest zurückzukehren. Der Mensch verläßt die Eltern, um wie sie zu werden, und kehrt auf halbem Wege um. Das Gedicht klingt wie eine einzige Selbstrechtfertigung dessen, der die Ausfahrt ins rauhe Leben abkürzt, statt wie die anderen „Schiffer" sich die Identifikation mit den sagenhaften Ureltern weit draußen überm Meer in Indien zu er-fahren, und es nur bis zum versengenden Feuer Südfrankreichs bringt im Glauben, immerhin das Land der griechischen Götter mit der Seele gesucht zu haben. Der Dichter, der sich durch den unschicklichen Inzesttraum nicht besudelt, ist das Kind, das als „das Reinentsprungene im Ursprung bleibt".[32] Aber erst einmal muß und will es aus der Treibhausatmosphäre des Nestes heraus: „Der Ursprung hat dieses aus sich entlassen ... An das Heimische gekehrt und in ihm die Heimat wollend, wird der Geist am Beginn von der Heimat verstoßen und in ein immer vergeblicheres Suchen hineingestoßen. So verzehrt der Geist durch den eigenen Willen, unmittelbar im Eigenen zu Haus zu sein, alsbald seine Wesenskräfte. Die Heimat, die verschlossene selbst, ist es, die an ihm zehrt. Sie bedroht den dichtenden Geist mit der Auszehrung."[33] „Was der Ursprung des Heimischen in seiner Wahrheit ist, läßt sich im Beginn des jugendlichen Aufwachsens *zu Hauß* gerade nicht erfahren."[333] Aber die „Ausfahrt über die See in die Fremde" geht nicht wirklich ins Ausland, sondern nur in die schon abhängigen Kolonien, und die Tochter ist gerade gut genug, an die Schwiegermutter denken zu lassen: „Die Kolonie ist das auf das Mutterland zurückweisende Tochterland. Indem der Geist Land solchen Wesens liebt, liebt er mittelbar und verborgen doch nur die Mutter. Das ist die heimatliche Erde, die ... jedoch schwer zu gewinnen, die Verschlossene."[33] Verschlossen weil inzesttabuiert.

An dieser Stelle wird deutlich, daß der Denker das Element der heimatlichen Erde gemeint glaubt, wo beim Dichter von der Mutter die Rede ist. Natürlich ist umgekehrt (gegen *C. G. Jung*) der Archetyp Erde und Natur ein mystifizierendes Symbol für die Mutter. Angetreten wird eine „Wanderung, die von ihrem Beginn an schon Heimkehr ist."[34] „Die Meerfahrt wird durchwaltet von einem Andenken, das an die verlassene Heimat zurück- und an die zu gewinnende vorausdenkt."[35] „Das *tapfer Vergessen* ist der wissende Mut zum Erfahren des Fremden um der künftigen Aneignung des Eigenen willen."[36] „Die auf der Meerfahrt gewährte Zuwendung zum Fremden erweckt im Anblick desselben erst das Denken an das Eigene."[35] Warum? Der Vater draußen wird nicht als mögliches Identifikationsobjekt, sondern einzig als abschreckendes „Feuer vom Himmel" erfahren, welches das Kind in die Arme der Mutter zurücktreibt: „In die Rückkehr zu der sich öffnenden Heimat geborgen, erkennt der Dichter, daß er ohne die Nähe zu seinem Ursprung dort in der Fremde *fast verbrannt* wäre."[37] Der Dichter, der „jetzt in der Fremde unter dem Feuer des Himmels verschmachtet,"[36] nämlich fern aller mütterlichen Fürsorge, bricht seine Lebensreise in Südfrankreich ab und läßt die „Gefährten" weiterziehen in die Adoleszenz, zur „Urheimat der Eltern"[38] nach Griechenland, ja Indien im äußersten Osten. Die „Freunde" durchstehen die Durststrecke der Latenzperiode. Keine Aussicht auf inzestuöse Wiedervereinigung mit der Mutter ohne konfliktuöse Identifikation mit dem Vater, aber Identifikation auch nur um dieser Wiedervereinigung willen. Auch „die Schiffer sind auf der Fahrt zum Ursprung ihres eigenen Wesens. Deshalb können sie nie Abenteurer werden."[39] Die Söhne entfernen sich von ihrer Infantilität nur, um in Erfahrung zu bringen, woher Väter kommen, woraus sie gemacht sind, was sie ausmacht. „Das Fernste der Ferne ist das *Anfängliche* der Herkunft der *Eltern.*"[^] Die Gefährten schieben die prompte ödipale Befriedigung auf: „Die Meerfahrt der Schiffer ist edel und nüchtern."[39] Heideggers Billigung finden Hölderlins „Schiffer" aber auch nur, weil ihre Ausfahrt kein Mittel zum Selbstzweck ist. Wer zur „Urheimat der Eltern" nur aufbricht und sein eigener Vater nur wird, um die eigene Mutter später dann doch nicht zu freien, sondern treulos exogam aus dem Inzest herausheiratet und die „braunen Frauen daselbst"

„rauschhaft durchkostet"[39], wird von Heidegger der „letzten Verwirrung"[39] geziehen. Wenn schon „festlose Zeit" der Latenz, dann um einer inzestuösen Rückkehr willen; besser aber ist die prä-ödipale Regression. „Die scheu umschriebene Antwort lautet: Die einen sind noch auf der Meerfahrt begriffen. Wir kennen sie nicht. Der Andere ist schon heimgekommen. Er beginnt jetzt *zu Hauß* den eigentlichen Gang an die Quelle. Hier ist er der erste Lernende und deshalb noch ohne Gefährten. Das Wort aus der Titanenhymne (IV 208) weist jetzt die nächste Zukunft: Ich aber bin allein. Dies Wort ist weit entfernt von einer trostlosen Feststellung der leeren Verlassenheit."[40] Allerdings. Das Kind ist endlich allein — mit der Mutter.

„Darum läßt der heimgekehrte Dichter durch den Nordost das Feuer im fremden Lande grüßen. Im Gruß grüßt aber das Gegrüßte den Zurückbleibenden wieder."[41] Obwohl niemand und nichts in Hölderlins Gedicht an den Dichter wiedergrüßen läßt, geht Heidegger noch weiter: „Nicht er, der Dichter, denkt sich *das Gegrüßte* zu, sondern das Gegrüßte denket sich ihm, dem Grüßenden, zu."[42] Ortega y Gasset hat daran erinnert, daß ursprünglich jeder Gruß beschwichtigend und rechtzeitig dem anderen zu verstehen geben und signalisieren will, daß der Grüßende unbewaffnet und ohne aggressive Absichten ist. Und ein Sohn bedeutet seinem Vater im Gruß nur deshalb diese wehrlose Friedlichkeit, um jener väterlichen Aggressivität zuvorzukommen, die vielleicht einer eventuellen rivalisierenden Aggressivität des Sohnes zuvorkommen zu müssen meint etc. Der unreife Sohn läßt den Vater grüßen, und der Vater grüßt versöhnt zurück. „Wenn die Dichter reif (?) geworden sind, dann erst können sie gebraucht werden von den Göttern, die sie *brauchen*."*[3] „Der Gruß will nichts für sich und empfängt dadurch gerade alles, was dem Grüßenden zur Einkehr in sein eigenes Wesen verhilft. Das Grüßenlassen ist die zurückbleibende Rückkehr ins Eigene."[44] „Nur so glückt der Verzicht auf die falsche Freiheit", die sich das Kind gegen seine Eltern herausnehmen könnte. „Den freien Gebrauch des eigenen Vermögens lernen heißt, sich immer ausschließlicher fügen in das Offensein für das Zugewiesene, ..."[45] Das Kind hat seine Lektion gelernt: „Das wesentliche Wünschen unterscheidet sich vom bloßen Begehren, das sein Begehrtes je nur für sich und im Begehren auch nur sich will. Solches Begehren weicht dem Schicklichen aus."[46] „Dagegen will das echte Wünschen ... das Schickliche: ... *Nicht Mächtiges* und nicht Großartiges und im Eindruck Wirksames, auch nicht solches, was der Gewalt bedarf und durch Herrschaft sich erst Geltung sichert."[47] Das ist das „Gehörige, darauf die Erdensöhne im voraus hören müssen, wenn sie wohnen wollen auf dieser Erde," [47] wenn sie nicht aus dem warmen Nest geworfen werden wollen: „Das zum Leben Gehörige", kein „bloßes Zubehör", im Dienste der Selbsterhaltung des Kindes, das nicht aus dem warmen Nest geworfen werden will. „Das Dichterische ist das Endliche, was sich in die Grenzen des Schicklichen fügt,... das Bündige, das Unangebundenes bindet ... das Maßvolle. Überallhin geht das Dichterische auf das Nicht-Verlassen der Grenze, der Ruhe, des Bandes, des Maßes."[48] Dieses 'Schickliche' Hölderlins war der Kondensationskern für das „Seinsgeschick", dem Paradigma der eigentlichen (Lebens-)Geschichte, ambivalent schillernd zwischen Gewähren und Versagen, zwischen Schenkung und Schicksal. Das „Geschickliche", die menschliche „Entsprechung" zum „Seinsgeschick", ist dann nicht die Identifikation mit dem Vater, sondern die „geschickte" sekundärnarzißtische Identifikation mit der präödipalen Mutter. Die respektierte Grenze zum Vater ist die Grenze der schützenden Familienbande; wenn das Kind die Gattin des Vaters in Ruhe läßt mit seinem Unschicklichen, wird es unterm Rock der Mutter in Ruhe gelassen.

Die Halbstarken, nicht mehr Kinder und noch nicht ihre eigenen Väter, die „Ströme", nennt Hölderlin Halbgötter, in ständiger Kastrationsangst vor der eigenen ödipalen Hybris: „Allzu leicht könnte der Halbgott, über die Kindheit hinausgerückt, das *Ungleiche* zu den Göttern *nicht dulden* wollen ... und so zugleich am Maß des Menschenwesens sich vermessen."[49]
Die unzeitige Gier nach Vereinigung mit der Mutter wäre Entzweiung mit dem Vater; wie umgekehrt die Identifikation mit dem Vater nur die Trennung von der Mutter besiegelt: „Durch die entzweiende Gier in Eines wird aber das Zwischen, das der Halbgott einhalten soll, verstört ... Dieser Ungleiche zu sein, nach dem Himmel und nach der Erde hin, fordert das ihm zugeschickte Wesen. Es zu wahren ist das Schickliche ..."[49] Das erinnert eher an Th. Lidz u. a., die den postödipalen Sohn in der Latenzphase nicht aus Angst vor und Liebe zu dem Vater auf einen Inzest verzichten, sondern ihn in der Latenzphase einen relativ konfliktfreien Spielraum zwischen den Eltern und zwischen seiner Kindheit und Reife gewinnen sehen. In Heideggers Hölderlindeutung läuft aber die Versöhnung zwischen Inzesttraum und Inzesttabu auf einen faulen (präödipalen) Kompromiß hinaus. „Die Versöhnung der Härte und Starre des Winters mit der Gelöstheit und Kraft des Sommers"[50] ist Versöhnung des Vaters mit dem genital resignierenden Sohn, *„das Brautfest der Menschen und Götter",*[50] Aber dieses Versöhnungsfest ist vom Vater erzwungen: „Das Fest stimmt bei seiner Notwendigkeit in eine verborgene Not."[51] Es läßt das Kind „an das gewesene Fest denken",[52] als es noch mit der Mutter allein war. „Weil aber das Fest das Brautfest ist, gedenkt der Dichter aus dem Denken an das Fest der Frauen."[52] *„Die Frauen* — Dieser Name hat hier noch den frühen Klang, der die Herrin und Hüterin meint. Jetzt aber wird er in dem einzigen Bezug auf die Wesensgeburt des Dichters genannt."[52] Wir meinen, Adorno habe Heidegger nicht ganz zurecht vorgeworfen, aus diesen „braunen Frauen daselbst", die Hölderlin in Südfrankreich sah, ein eindeutig nichtanalsadistisch Erotisches zugunsten mütterlicher Dominanz weginterpretiert zu haben. Die „braunen Frauen" in der Fremde erotisch erfahren, heißt hier ja gerade, sie als tabu erfahren, als gefährliche ödipale Versuchung, und in ihnen der erotisch besetzten Mutter begegnen heißt, sie im Schutz der regressiven

Degenitalisierung erleben, in jener „unvergleichlichen Reinheit Hölderlins", vor deren Nachfolge der ehemalige Psychiater Karl Jaspers warnte als einem Mißverständnis. Die braunen Frauen daselbst: „Das erinnert an das südliche Land, wo das Element des *himmlischen Feuers* durch seine Glut die ihn Ausgesetzten *fast* zu *verbrennen* droht."[53]

Aber diese Damen sind offenbar nicht fürs Feuer, solange sie für ihre Söhne unerreichbar und exotisch bleiben; durch die Glut des Gatten nicht nur nicht verbrannt, sondern überhaupt erst schön. Die femme introuvable par excellence für den Sohn aber ist ja die Mutter, als mütterlich nächste die ödipal fernste. Diese größte Ferne des Allernächsten ist ein unverwüstliches Motiv bei Heidegger, in aller emphatischen Sentimentalität immer wieder vorgetragen. Die 'braunen Frauen' lassen an die Mutter denken, und grüßend läßt das Kind allen Ehrgeiz gegens väterliche Monopol fahren, die volle Kapitulation wird mit präödipaler Befriedigung honoriert: „So ist hier das Grüßen der braunen Frauen ein erfülltes Andenken."[53] Gedankt wird den Frauen aber vor allem dafür, daß ihr phallischer Ehrgeiz das regredierende Kind nicht aus dem Nest ins Leben zurückweist und daß sie sich dem Sohn nicht verführerisch, sondern als Mütter öffnen: „Sie nehmen diesem Ereignis die Furchtbarkeit, deren Schrecken zum Maßlosen verführt, ..."[53] Der Verzicht des Kindes auf die Frau in der Mutter korrespondiert dem Verzicht der Mutter darauf, ihren Penisneid kompensieren zu wollen durch einen starken Sohn, der als phallische Waffe gegen den Gatten einzusetzen ist und Genugtuung verschafft für die narzißtische Kränkung, die darin liegt, sich als kastriert zu entdecken. Kurz: „Der zurückbleibende Dichter gehört nicht mehr zu den ausfahrenden Schiffern."[54] Der Preis ist hoch, höher aber der Krankheitsgewinn: *Einwiegende Lüfte* können nicht die Raserei der wilden Entrückung bringen. Und dennoch — das Einwiegen verwahrt in der Wiege. Sie gehört zur Geburt."[55] Später werden wir sehen, daß die bergende Öffnung des Mutterschoßes als eine Waldlichtung gedacht wird, die „vor dem allzu scharfen Licht und dem reißenden Sturm behütet ..." — „Der Ulmenwald schützt"[56]. Hölderlin nennt „die *säuselnde Ulme,* in deren Schatten der Schutz gewährt ist vor dem Übermaß des Feuers."[56]

Durch „... dieses Gekochtwerden im Fremden, wobei es fast verbrennen könnte"[57], ist das Kind aber nur halbgar geworden. Ihm wurden einmal die Marterwerkzeuge der Inquisition gezeigt, es schwor ab, aber die Rückfallgefahr bleibt ungebannt. Der Widerstand gegen die Rückkehr der verdrängten ödipalen Träume muß ständig mit Energie besetzt bleiben; die Angst vor sich selbst, die kastrationsgefährdete Versuchung, aus dem Schutze erklärter oral-infantiler Regressivität zu ödipalen Ansprüchen aufzusteigen, bleibt doch permanent: „Das angekommene Zurückbleiben muß als Rückkehr stets zurückdenken und *an* das himmlische Feuer *denken.'*[6]*

„Wollte freilich der Dichter bei seinem Gang an die Quelle nur auf das selbstische Können rechnen, dann *gieng er irr.* Aber er geht nicht irr; denn er kennt jetzt ... *der Lüfte geschärfter Spiel.* Sein Hören ist klarer. Sein Sagen ist strenger ... Er beginnt nur, den freien Gebrauch des Eigenen zu lernen. Darum muß das Fremde nahe bleiben."[59]

Gebranntes Kind scheut das Feuer, also in der Rückkehr zur Mutter, in der „Nähe zum Ursprung" auch die ständige Gefahr einer Rückkehr der abgeschworenen inzestuösen Triebwünsche : Gern zitiert Heidegger aus der „Hymne 'Die Wanderung', die mit dem Preisen der heimatlichen Erde anhebt": „Schwer verläßt / was nahe dem Ursprung wohnet, den Ort." Er interpretiert: „Die Schwere des schwer Verlassens entstammt der Scheu des Ganges an die Quelle, denn die Scheu vor dem Gescheuten ist in diesem schon befestigt. Dann muß aber die Quelle das Feste sein."[59] „Das An-denken ist ein Festmachen, das an ein Festes hindenkt, woran die Denkenden sich halten, um sich in ihrem eigenen Wesen festhalten zu können."[60] Will sagen, das Kind darf sich an der Mutter nur festhalten, wenn es angestrengt an seiner reinen Infantilität festhält. Dann darf es bleiben. „Was bleibet aber, stiften die Dichter", nicht stiften gehende Stifte.

„Das Bleibende ist das Unveränderliche."[61] Was ist der Fixpunkt dieser oknophilen Anklammerung? „Daher bleibt erst das, was nicht weggeht, ..."[61] Was bleibet aber, ist das Kind bei der Mutter. Gern deutet Heidegger das Hölderlinwort: „Ein Zeichen sind wir, deutungslos ..." Wohin deutet der kindliche Zeigefinger? „Dadurch wird das Zeigen im Festen des Ursprungs festgesteckt. Dies heißt: gestiftet. Demnach ist das Stiften das dem Ursprung sich nähernde Bleiben, das bleibt, weil es als der scheue Gang zur Quelle den Ort der Nähe nur schwer verlassen kann."[62] „Wenn aber die *lebendigen Verhältnisse* zuvor nie zum Leben gekommen und entsprungen sind, d.h. wenn sie nicht im Ursprung festgestiftet bleiben ..., dann hat alle Zucht, sie mag so streng sein, wie sie will, nichts Festes, was sie *festhalten* könnte. Es bleibt ihr ohne das Bleibende des Bleibens nahe dem Ursprung nur das Nichts der Leere übrig."[63] Ein Stift ist sowohl ein Lehrling als auch ein länglicher Gegenstand. Der kleine Stift, ewiger Lehrling des Meisters, verzagt vor der Gesellenprüfung des Ödipuskomplexes und bleibt im mütterlichen Ur-sprung stecken. Oder steckt er seinen Stift in den Ur-sprung? Stift mit oder ohne Stift, das ist hier die Frage. *Hat* das Kind einen inzestuösen Phallus oder *ist* es für die Mutter der Phallus, den es nicht *hat,* noch nicht oder nicht mehr hat? Die Ablösung und Selbständigkeit des Sohnes wird von der Mutter als anale Kastration erlebt, als Verlust ihres Penissurrogats, traumatische Wiederholung der Urerfahrung, sich als kastriert zu entdecken, und sie verliert diesen Ersatzpenis in genau dem Augenblick, da ihm selbst ein eigener inzestuöser Penis wächst, dessen Kastrabilität die Trennung des Kindes von der Mutter erzwingt unterm väterlichen Blick. Die Mutter, die ihren Penis behalten will, kann kein Interesse daran entwickeln, daß ihr Kind selbst einen kastrablen

Penis entwickelt, dessen Bedrohtheit das Kind zwingt, sie zu kastrieren, indem es sich von ihr löst. Die Mutter, von Kastration bedroht durch den kastrationsbedrohten Penis ihres Sohnes, kastriert ihren Penisersatz, um selbst nicht kastriert zu werden, und willigt ein, daß das Kind sich selbst kastriert, um als jener Penis, den es dann nicht mehr hat, bei ihr bleiben zu können. Entweder Mutter oder Sohn — einer von beiden muß ihn opfern, nur einer darf ihn behalten. Die Rechnung ist einfach: Die Mutter kann ihren Phallus behalten und das Kind darf bei ihr bleiben, aber nur als Phallus ohne Phallus. Will es sich von seinem Phallus nicht trennen, hat es sich von der Mutter zu trennen, die das Kind „braucht" als phallische Waffe gegen den Vater, als Kompensat ihres Penisneides, als späte Genugtuung ihrer narzißtischen Urkränkung.

Glauben wir Heidegger, daß bei Hölderlin das Kind für die Mutter der analsadistisch retendierte Penis ist, den es nicht hat und weil es ihn noch nicht oder nicht mehr hat. Oder sollte der Sohn doch insgeheim schon (wieder) den Penis haben, der er angeblich für die Mutter noch ist?

4. 1951 interpretiert Heidegger das späte Hölderlingedicht *„In lieblicher Bläue blühet mit dem metallenen Dache der Kirchturm"* (Stuttg. Ausgabe 2,1; S. 372 ff). Freuds „Urhorde" und brutwarme Landesfamilie ist zerfallen, nach dem vielberedeten Verlust der Mitte bleibt der unbehauste Mensch übrig. Wohin mit ihm? Die Heimatlosigkeit und geistige Wohnungsnot der Nachkriegszeit will Heidegger beseitigen. Die Hölderlindeutung zentriert sich um den Vers: „Voll Verdienst, doch dichterisch, wohnet / Der Mensch auf dieser Erde." Das Gedicht wird interpretiert als eine einzige Warnung vor falscher Wohnkultur. Wir sollen auf Erden schöner wohnen, aber nicht der Mutter Erde wieder beiwohnen wollen. Vor phallischem Verdienst, inzestuöser Potenz und genitaler Vermessenheit wird das Menschenskind gewarnt. Lassen wir uns Entwurzelten also von Hölderlin die Maße für das Haus des Seins geben. Der Mensch kann und darf „auf der Erde" wohnen, wenn er „unter dem Himmel" sich an und mit der Gottheit mißt. „Der Mensch hat sich als Mensch immer schon an etwas und mit etwas Himmlischem gemessen."[64] „Weil das Dichten jenes geheimnisvolle Maß nimmt, nämlich am Angesicht des Himmels, deshalb spricht es in 'Bildern'."[65] Sollen wir auf Erden also wohnen, ihr beiwohnen nach dem Vorbild des himmlischen Vaters? „Der Mensch, der heißet ein Bild der Gottheit", zitiert Heidegger. Also doch Identifikation mit dem Vater, Ebenbildlichkeit, Abarbeiten an der Autorität? Das Maß ist „in keinem Fall ein handgreiflicher Stecken und Stab"[66] des Vaters im Himmel. Dichtung ist „Maß-Nahme": „... wir müssen auf die Art dieses Nehmens achten, das nicht in einem Zugriff, überhaupt nicht in einem Greifen beruht, sondern in einem Kommen-lassen des Zu-gemessenen."[67] Wenn das Kind sein Wesen zwischen Himmel und Erde, die Größe seines Penis zwischen Vater und Mutter „vermißt", dann dadurch, daß es sich gerade nicht vermessen am Stecken und Stab des Vaters vermißt und vergreift, sondern jenen Abstand von der

Mutter und zum Vater „ermißt" und einhält, den Heidegger *Dimension* nennt: „Das Wesen der Dimension ist die gelichtete und so durchmeßbare Zumessung des Zwischen: des Hinauf zum Himmel als des Hinab zur Erde."[64] Heidegger lobt „Freundlichkeit" als „Hölderlins herrliche Übersetzung für das griechische Wort *charis*"[68], übersetzt aber selbst mit „Huld", jener „Gunst", die der Vater dem Sohn an der Mutter huldvoll gönnt, und wenn er nicht mehr will als diese pure Freundlichkeit, die „Reine", „am Herzen" der Mutter, „misset / Nicht unglücklich der Mensch sich / Mit der Gottheit ..." Wie soll man aber *nicht* bei den Eltern wohnen? „Hölderlin sagt im selben Gedicht, das dem Maß für alles Messen nachsinnt (Vers 75/76): „Der König Ödipus hat ein Auge zu viel vielleicht." So könnte es sein, daß unser undichterisches Wohnen, sein Unvermögen, das Maß zu nehmen, aus einem seltsamen Übermaß eines rasenden Messens und Rechnens käme."[69] Nicht wohnen sollen wir wie Ödipus, der seiner Mutter beiwohnte und seinen Vater erschlug. Anders als Ödipus sollen wir offenbar wenigstens kein Auge dafür haben, wo wir uns da häuslich niederlassen. Das „seltsame(n) Übermaß eines rasenden Messens und Rechnens" soll wohl nicht nur die inzestuöse Technik seines genitalen Gestells, sondern vor allem die analytische Technik diskreditieren, mit der Ödipus seine Art des Wohnens beim Sein reflektiert hat. Wir stutzen und erinnern uns. 1935 war das dritte Auge des Ödipus in seiner psychoanalytischen „Leidenschaft der Seinsenthüllung, d. h. des Kampfes um das Sein selbst" ganz anders beschrieben worden: „Dieses Auge zu viel ist die Grundbedingung alles großen Fragens und Wissens und auch sein einziger metaphysischer Grund. Das Wissen und die Wissenschaft der Griechen ist diese Leidenschaft."[70] Und plötzlich soll es gar nicht mehr so gut sein, dieses dritte, geistige Auge zu haben, das gut sieht, worauf da die leiblichen Augen sinnlich hinauswollen? Hätte Ödipus lieber nicht erkennen sollen, wen er da *erkannt* hat? Hätte er nun lieber dieses Auge nicht auf seine Mutter werfen sollen *oder* lieber nicht darauf, daß es seine Mutter war, auf die er es warf? Wird in dieser Interpretation 1951 der inzestuöse Wunsch selbst oder der psychoanalytische Blick auf diesen Wunsch oder gar der Blick des Überichs darauf als rasendes Übermaß diffamiert? Man sollte meinen, der Inzestwunsch selbst könne nicht gemeint sein, da er in den zwei dafür geblendeten leiblichen Augen lag. Die Selbstblendung des Ödipus ist von Freud ja als Selbstkastration gedeutet worden, als Selbstbestrafung für den Inzestwunsch durch das Über-Ich.

Ist das dritte Auge also der Blick des Analytikers Ödipus auf den Inzestwunsch der leiblichen Augen des Ödipus, oder ist dieses dritte Auge ein Kryptophallus und die Kastration nur vorgetäuscht? Ist Ödipus geblendet, weil er sieht, oder sieht er, obwohl und gerade, weil er blind ist? Kastrierte sich Ödipus, weil er Jokaste beigewohnt hatte, oder wurde er Seher, weil er sich kastrierte, also um den Preis von Impotenz? Blind und doch Seher, kastriert und doch potent im dritten Auge? Der König Ödipus hat einen Penis zu viel vielleicht? Ist die Selbstkastration, ihre Vorwegnahme durch präödipale Regression — vielleicht nur vorgetäuscht? Wurde nur ein potemkinscher Pseudophallus geopfert, ein genitaler Türke, um das Überich hinters Licht zu fuhren? Was wird 1935 gelobt und 1951 verdammt: Das Auge des Über-Ichs oder das Auge des Analytikers Ödipus oder die inzestuöse Genitalität selbst oder gar diese kryptophallische Prätention unter der präödipalen Maske? Wir haben diese logischen Möglichkeiten hier nur deshalb noch einmal aufgezählt, um vor ihrem Hintergrund dem Leser die Prüfung zu erleichtern, ob er unserer Deutung der Ödipusdeutung Heideggers zustimmen kann.

Nachweise

1   Helm Stierlin : „Friedrich Hölderlin", Ann Arbor 1972, S. 192 f.)
2   TuK Vorbemerkung
3   SuZ 130
4   HOLD 23
5   HOLD 22 f.
6   HOLD 24
7   HOLD 18
8   25
9   HOLD 17
10 HOLD 18
11 HOLD 20
12 HOLD 18
13 HOLD 18
14 HOLD 27

15 HÖLD 14 f.
16 HÖLD 74
17 HÖLD 70
18 HÖLD 69
19 HÖLD 34
20 HÖLD 72
21 HÖLD 71
22 HÖLD 67
23 HÖLD 61
24 HÖLD 62
25 HÖLD 59
26 HÖLD 53
27 HÖLD 52
28 HÖLD 55
29 HÖLD 61
30 HÖLD 78
31 HÖLD 41
32 HÖLD 143
33 HÖLD 88
33a „Darum kann z.B. der Kirchturm nach der einmal vor sich gegangenen Verdrängung wohl einen Phallus, nie aber der Phallus einen Kirchturm 'symbolisieren'." Ferenczi, Sandor: „Bausteine zur Psychoanalyse", Leipzig 1927, Nachdruck, Bern und Stuttgart 1964, Bd. I, S. 247 f. u. S. 102
34 HÖLD 129
35 HÖLD 134
36 HÖLD 89
37 HÖLD 90
38 HÖLD 132
39 HÖLD 129
40 HÖLD 130
41 HÖLD 110
42 HÖLD 94
43 HÖLD 109
44 HÖLD 92
45 HÖLD 112
46 HÖLD 117
47 HÖLD 118
48 HÖLD 120
49 HÖLD 99
50 HÖLD 103
51 HÖLD 98
52 HÖLD 101

53	HOLD 102
54	HOLD 104
55	HOLD 105
56	HOLD 95
57	HOLD 109
58	HOLD 130
59	HOLD 137
60	HOLD 135
61	HOLD 136
62	HOLD 139
63	HOLD 141
64	VuA 195
65	VuA 200 f.
66	VuA 198
67	VuA 199
68	VuA 204
69	VuA 203
70	META 81

Vom Licht zur Lichtung

Sonne, Lichtstrahl, „Urbild aller Vorbilder" -- der Vater und was ihn zum Vater macht: sein Ge-stell. „Kein Aussehen ohne Licht — dies erkannte schon Platon. Aber es gibt kein Licht und keine Helle ohne die Lichtung."[1] „Der Lichtstrahl schafft nicht erst die Lichtung, die Offenheit, er durchmißt sie nur. Solche Offenheit allein gewährt überhaupt einem Geben und Hinnehmen ... erst das Freie, worin sie sich aufhalten können und sich bewegen müssen. Alles Denken der Philosophie, das ausdrücklich oder nicht ausdrücklich dem Ruf „zur Sache selbst" folgt, ist auf seinem Gang, mit seiner Methode, schon in das Freie der Lichtung eingelassen. Von der Lichtung jedoch weiß die Philosophie nichts. Die Philosophie spricht zwar vom Licht der Vernunft, aber achtet nicht auf die Lichtung des Seins. Das lumen naturale, das Licht der Vernunft, erhellt nur das Offene. Es betrifft zwar die Lichtung, bildet sie jedoch so wenig, daß es vielmehr ihrer bedarf, um das in der Lichtung Anwesende bescheinen zu können."[2] Wenn das Licht der Vernunft ein Seiendes in der Lichtung bescheint, dann der Vater nicht nur sein eigenes Ge-stell, sondern das des Sohnes, der vor ihm sein Gestell oder sich selbst in der mütterlichen Lichtung bergen und verbergen will, weil für ihn „der ekstatische Aufenthalt des Menschen in der Offenheit"[3] ja verboten ist. Die „Menschen sind nicht nur von einem Licht, und sei dies auch ein übersinnliches, belichtet, so daß sie sich vor ihm nie in das Finstere verstecken können".[4] Sie sind durchschaut, „in ihrem Wesen gelichtet".[4] „Das Lichte im Sinne des Freien und Offenen hat weder sprachlich noch in der Sache etwas mit dem Adjektivum 'licht' gemeinsam, das 'hell' bedeutet. Dies bleibt für die Verschiedenheit von Lichtung und Licht zu beachten."[5] Dieser Unterschied ist nichts anderes als die genitale „petite différence". „Gleichwohl besteht die Möglichkeit eines sachlichen Zusammenhangs zwischen beiden."[5] Allerdings, denn nun kommt es zur gemeinsamen Sache selbst: „Das Licht kann nämlich in die Lichtung, in ihr Offenes, einfallen und in ihr die Helle mit dem Dunkel spielen lassen."[5] Dabei geht, wenn der „Drang" und „Hang" die beiden zusammentreibt, die Vagina nicht erst auf wie eine Wunde unter dem „Einblitz" und „Einblick" des auf- und einstrahlenden väterlichen Strahls, sondern sie muß schon lockend aufgegangen sein, um den *Baum der Erkenntnis* zum „Gerade-in-sich-dastehen" zu bewegen, zum „Aufgang" und „Aufleuchten". „Aber niemals schafft das Licht erst die Lichtung, sondern jenes, das Licht, setzt diese, die Lichtung, voraus."[5] Erst recht kann das Kind sich diese Öffnung von Uterus oder Vagina nicht erzwingen, er-schaffen, er-zeugen, von der es gezeugt ist. „Überall wo ein Anwesendes anderem Anwesenden entgegen kommt... da waltet schon Offenheit, ist freie Gegend im Spiel."[5] Ist die offene mütterliche Ama-zone im Liebesspiel. Was ist Wahrheit? „Die Aletheia, die Unverborgenheit müssen wir als die Lichtung denken ..."[7] Dieses Ur-„Vertrauenkönnen auf Unverborgenes"[1] sei ursprünglicher als bloße

„Richtigkeit und Verläßlichkeit"[3] aller Aussagen über das „Aussehen" der Eltern. Wahrheit ist eigentlich die Offenheit des Mutterschoßes, der das heimkehrende Kind „verwahrt", nicht „verwahrlosen" läßt in der extrauterinen Fremde.

Die Mutter versteckt das regredierende Kind vor dem Vater und verbirgt ihm, daß sie es verbirgt in ihrer „Lichtung des sich verbergenden Bergens."[8] Dort ist es geborgen vor dem nachstellenden Gestell und seinem Realitätsprinzip, vor dem Licht der Vernunft. Dort also, in der bergenden „gutgerundete(n) Unverborgenheit selbst, gedacht als die Lichtung"[9], sind Mutter und Kind ungestört beisammen: „Das ruhige Herz der Lichtung ist der Ort der Stille, aus dem her es dergleichen wie die Möglichkeit des Zusammengehörens von Sein und Denken, d.h. Anwesenheit und Vernehmen erst gibt. In dieser Verbundenheit gründet der mögliche Anspruch auf eine Verbindlichkeit des Denkens."[10] „Das deutsche Wort 'Lichtung' ist sprachgeschichtlich eine Lehnübersetzung des französischen Clairiere. Es ist gebildet nach den älteren Wörtern 'Waldung' und 'Feldung'. Die Waldlichtung ist erfahren im Unterschied zum dichten Wald, in der älteren Sprache 'Dickung' genannt. Das Substantivum 'Lichtung' geht auf das Verbum 'lichten' zurück. Das Adjektivum 'licht' ist dasselbe Wort wie 'leicht'. Etwas lichten bedeutet: etwas leicht, etwas frei und offen machen, z.B. den Wald an einer Stelle frei machen von Bäumen."[5] So macht z.B. die Mutter ihren Wald frei vom Baum des Vaters für das regredierende Kind, oder der eifersüchtige Vater befreit ihren Wald vom Peniskind bzw. Kinderpenis. Überhaupt ist das „Freie der Lichtung" nicht mehr die phallische Freiheit, die der Vater sich gegen Mutter und Kind herausnimmt, sondern Freiheit der für Seiendes „durchmessbaren Lichtung"[10], Freiheit von Seiendem, *vom* väterlichen Gestell, *für* Seiendes, für Kinderpenis bzw. Peniskind, oder Freiheit der Lichtung vom Kind fürs väterliche Gestell. Diese „Auseinandersetzung (Lichtung)"[11] zwischen Vater und Sohn im und ums „Auseinander" der mütterlichen Lichtung, also darum, wer sich mit der Mutter ineinandersetzen darf, sei Heraklits *polemos*, der Urkrieg der Geschlechter und Generationen ums Geschlecht aus „Totem und Tabu".

Der „Platzhalter des Nichts" ist der Stammhalter des Platzhirsches auf der vaginalen (und nicht nur sozialuterinen) Waldlichtung der Mutter.

„Das Substantivum 'Lichtung' geht auf das Verbum 'lichten' zurück. Das Adjektivum 'licht' ist dasselbe Wort wie 'leicht'. Etwas lichten bedeutet: etwas leicht, etwas frei und offen machen, z.B. den Wald an einer Stelle frei machen von Bäumen. Das so entstehende Freie ist die Lichtung." (SdD 72). Das Adjektiv frei gehört zur indogerman. Wurzel *prai- = schützen, schonen; gern haben, lieben. Aus dieser Wurzel haben die Germanen 'frei' als Begriff der Rechtsordnung entwickelt : „zu den Lieben gehörig" und daher „geschützt" sind die eigenen Sippen- und Stammesgenossen, die Freunde; sie allein stehen 'frei', d. h. „vollberechtigt" in der Gemeinschaft, im Gegensatz zu den eher fremdbürtigen Unfreien (Unterworfenen, Kriegsgefangenen). Die Bedeutung von 'ungebunden, unbelastet, unbeengt, unabhängig' ist eine historisch spätere. 'Freien' (heiraten, um eine Braut werben) kommt entweder von altsächsisch friehon, gotisch frijon, altenglisch friogan, altisländisch frja „lieben" oder ist von altsächsisch fri „Frau, Weib" abgeleitet. Freien, freimachen, bedeutet dann also : zum Freund machen, zum Geliebten, zum Verwandten, einen Platz (Lichtung) im eigenen Verband einräumen. 'Lichten' heißt leicht, frei und offen machen. Ein Anker wird gelichtet, das Lebensschiff „geleichtert", d. h. entfrachtet und damit wieder flott gemacht. „Lichten" heißt dann soviel wie erleichtern, entlasten von dem, was Heidegger in SuZ die stimmungsmäßig erschlossene „Last das Daseins" genannt hat, seine pure „Faktizität". Der Sinn des Daseins wäre dann so etwas wie sein existentialistischer Leichtsinn contra landesüblicher Schwerfälligkeit, dieses „Heitere, Aufgeräumte" contra verschlossene Düsterkeit, Übermut contra Schwermut. Im „Er-eignis", dem freudigen Ereignis der Geburt, wird das gravide Sein eines neuen Daseins entbunden, das gleichwohl mit dem Sein verbunden bleibt, lichtet sich das Sein, d.h. befreit sich vom Seienden, erleichtert sich um das Seiende in traumatischer Geburtsangst (siehe *Otto Rank*).

In der Trennungsangst wird das Dasein „an es selbst überlassen" und „entlassen" und offenbar von allen guten Geistern „verlassen". Ob nun wie in der Depression das Ich nicht dem im Ichideal internalisierten Idealobjekt genügt und daran verzweifelt oder ob wie in der Melancholie der Verlust des primären Liebesobjekts nicht trauernd „verwunden" wird, in beiden Fällen regrediert das schwache Ich auf die Stufe primärnarzißtischer Symbiose mit dem Urobjekt. In der Depression dekompensiert das Ich die ihm von der Unerreichbarkeit des überspannten Ichideals= Idealobjekts zugefügte narzißtische Kränkung durch suizidale Regression auf die Mutter-Kind-Union, in der Melancholie re-introjiziert das Ich bekanntlich das verlorene Bezugsobjekt und vereinigt sich mit ihm in derselben Dualsymbiose. Vom treulosen Objekt verlassen worden zu sein, wird als Strafe für Aggressionen erlebt, die das Ich zuvor gegen sein Objekt gerichtet haben muß, und da es sein Objekt im Haß nicht zerstören darf, weil es von ihm abhängig ist, richtet es die Aggression, die dem Objekt gilt, gegen sich selbst und sucht dieses Objekt in sich selbst zu treffen, in einem Selbst also, in dessen Mitte das Ich sein abhanden gekommenes Objekt wiedererrichtet hat. Das Dasein empfindet sein Da als „Last", wo es sich nicht abfinden kann mit dem Verlust seines Bezugsobjekts (Melancholie) oder mit der Unrealisierbarkeit des im Ich-Ideal inkarnierten idealisierten Liebesobjekts (Depression). Da „erleichtert" nur die als Progression ausgegebene Regression auf die Ebene primärnarzißtischer Re-identifizierung mit dem verlorengegangenen Urobjekt. Der angstgetrieben kontradepressive *Entwurf* in SuZ war ja eine Re-projektion und Re-externalisierung der melancholisch introjizierten (weil tabuierten) Mutterimago (auf eine künftige Wiedervereinigung mit ihr hin). In SuZ lichtete sich das Dasein noch selbst, später lichtet sich das *(nichtdaseinsmäßige)* Seyn im Dasein, die introjizierte Mutter im Da des Kindes, indem sie ihm den bergenden Schoß öffnet für die Resymbiotisierung.

'Lichten' heißt nicht primär hell, sondern leicht machen. Der Uterus wird wieder leicht, wenn die gravide Mutter ihr Kind geboren, d. h. ihren Penis in die Welt hinausgesetzt hat und das Licht der Welt erblicken läßt und gleichzeitig in ihren Armen „birgt".

Nun möchten wir auf einen entscheidenden etymologischen Bezug aufmerksam machen, den Heidegger unterschlägt, obwohl er sich aufdrängt, wofern man überhaupt mit der Etymologie von Licht und Lichtung und leicht arbeitet, und das nicht nur beiläufig, sondern als Grundlage für die Philosophie der Lichtung. Die Menschen sind „Gelichter" (primär nicht als 'Gesindel' pejorativ zu verstehen), wenn sie Geschwister sind, d. h. „die zur selben Gebärmutter Gehörigen". Mittelhochdeutsch *gelihter* ist von althochdeutsch *lehtar* (Gebärmutter) abgeleitet. Dem ahdt. *lehtar* entspricht das griechische *lektron* (= Lager). Das griechische *lexos* (= Ruhelager) führt Heidegger selbst an, als er Heraklits Fragment 50 auf den Logos hin interpretiert (VuA 207 ff.). *Legein* übersetzt er mit sammeln und zusammenlegen; *logos* ist das „beisammen-vorliegen-Lassen" (VuA 211). „Das beisammen-vor-Liegende ist in die Unverborgenheit ein-, in sie weg-, in sie hingelegt, in sie hinter-legt, d.h. in sie geborgen." (VuA 211). Diese Unverborgenheit, griech. Aletheia, bestimmt Heidegger aber gerade als Wahrheit des Seins, als dessen Lichtung. Der Logos läßt also beisammenliegen auf dem Ruhelager, und dieses Ruhelager ist eine Waldlichtung, ist lexos und lektron und lehtar. „Medial gebraucht, meint *legesthai*: sich niederlegen in die Sammlung der Ruhe; *lexos* ist das Ruhelager ..." (VuA 208). Diese Ruhe wird von Heidegger aber an unzähligen Stellen beschrieben als höchste Bewegung, nicht als Stillstand. Beispiel: „Die Ruhe hat ihr Wesen darin, daß sie stillt. Als das Stillen der Stille ist die Ruhe, streng gedacht, stets bewegter denn alle Bewegung und immer regsamer als jede Regung." (UzS 29). Kurz : Die Ruhe auf diesem Lager ist kein Schlaf, sondern ein Beischlaf, ein Koit allerdings mit prägenitalen infantilen Zügen, da er befriedigt, wie die Mutter den Säugling stillt, nur oral. Die Prägenitalität der logischen Beziehung, die hier bedacht wird, erhellt auch daraus, daß das Lager, auf dem Mensch und Sein hier beieinander liegen, keine Vagina ist, sondern *lehtar*, ein Uterus. Sein und Dasein, die hier vom Logos zusammengetrieben sich finden, um ein Herz und eine Seele und ein Fleisch zu werden, sind 'Gelichter', d.h. Verwandte, vom selben Uterus Kommende. Alle Menschen sind Geschwister und Brüder, weil sie zur selben Gebärmutter Erde gehören. Hier, bei der Etymologie des philosophischen Uterus, griech. *hystera*, finden sich die Kategorien des „Selben" und der „Zu(sammen)gehörigkeit" wieder, die bei MH eine so eminent große Rolle spielen, etwa in der Schrift „Identität und Differenz". Logos ist bei MH die „Versammlung" der zur selben Gebärmutter Gehörigen — in dieser Gebärmutter, auf ihr. Das macht den Logos zum Synonym für Inzest, allerdings einem nur oral getönten, einem Stelldichein aller Menschen nicht in der Scheide, sondern in der „Lehtar" der Mutter Erde und Mutter Natur. Und wenn nach Parmenides Sein und Mensch *das Selbe* sein, also Logos und Physis eins werden sollen, und Physis von MH mit „Aufgang" und „Lichtung" und „Öffnung" übersetzt wird, dann schließt sich hier unsere Beweiskette: Lichtung = Physis = Logos = Öffnung = Aufgang = lehtar = bergende Gebärmutter.

1) Logos, legein, „lesende Lege" hängt über der Wurzel *legh — (sich legen, liegen) etymologisch eng zusammen mit ahdt. lehtar (Gebärmutter). Wenn wir diesen Zusammenhang aufdecken und festhalten, steigen wir nicht tiefer in die Etymologie, als Heidegger selbst es zu tun pflegt. Wir holen so etwas nicht von weiter her als der Meister selbst.

2) Dieser Logos hinter aller Logik („Versammlung in der Unverborgenheit") wird von MH nun mit der Physis in eins gesetzt, wenn anders es richtig ist, mit Parmenides die „Selbigkeit" von Denken und Sein, von Mensch und Natur, von Vernehmen und sich gebendem Seyn festzuschreiben.

3) Diese Physis, die nach Parmenides mit dem Logos identisch ist, wird nun von Heidegger eingedeutscht zu „Aufgang", „Öffnung" und „Lichtung".

Die „Seinslichtung" ist die Öffnung und der Innenraum der Gebärmutter: Q. e. d.

'Lichten' kommt von 'leicht'. 'Leicht' ist etymologisch zurückführbar auf die idg. Wurzel *le(n)guh (leicht in Bewegung und Gewicht). Die gleiche Wurzel steckt in 'gelingen' (= glücken, gedeihen, leicht oder schnell von statten gehen). Sich leicht und schnell (hin und her) bewegen ist vulgo ficken, unbeständig sein. Sein qua Bestand und Beständigkeit soll bei MH aber ja samt technologischem „Ge-stell" überwunden werden. 'Gelingen' hängt zusammen mit „gelangen": an einem Ort ankommen (UzS 197 f). Den Zielort dieser für MH so wichtigen „Ankunft" seiner logischen Denkwege bestimmten wir als Sammelort der Gebärmutter des Seins. An dieser Stelle, diesem Platz, diesem Ort (etymologisch: Schwertspitze, Ende, Entladung) ist der weibliche Wald (ursprüngl. unbebautes Land) von väterlichen Baumstämmen frei gemacht. Die Mutter wird zum 'leichten' Mädchen, wo sie dem Gatten untreu und für den phantasierenden Sohn zu haben ist, für den sie sich vom väterlichen Gestell frei nimmt und macht. In „Der Familienroman der Neurotiker" spricht Freud von der kindlichen Neigung, „sich erotische Situationen und Beziehungen auszumalen, wozu als Triebkraft die Lust tritt, die Mutter, die Gegenstand der höchsten sexuellen Neugierde ist, in die Situation von geheimer Untreue und geheimen Liebesverhältnissen zu bringen." (Freud, Ges. Werke Bd. VII, S. 227-231). Und wenn Marthe Robert in „Roman des origines et origines du roman" (Paris 1972) diese Neigung zum Familienroman zur Grundlage einer Romantheorie macht, dann wollen wir analog die Neigung zum Philosophieren uns entstanden denken aus der von Heidegger so verteufelten „Neugier" auf die Familienphilosophie, die der Erwachsene zu rekonstruieren sucht. Dieses Denken nennt Heidegger später nur noch „Erörterung" des Gevierts, und wir zeichneten Heideggers Phantasien darüber nach, wie die Mutter dem Dasein den Zugang zu ihrer Lichtung „erleichtert", wie das Sein mit dem Dasein fremdgeht, dem Dasein des Ödipus.

Heideggers „Kehre" zur Philosophie einer depaternalisierten Gebärmutterimago der 'Lichtung' konvergiert mit dem von A. Mitscherlich diagnostizierten Trend zu einer „vaterlosen Gesellschaft", deren anonymer Institutionalität, einem reexternalisierten Über-Ich, das schwache Ich resistenzlos anheimfällt, destruktiv und autoritätshörig zugleich. Die Beziehung des Adoleszenten zur Sozialumwelt ist nicht länger vermittelt durch Teilidentifikation mit einem Vater, an dem der Sohn zuvor sich abgearbeitet hätte. Unter den rebellierenden Studenten Ende der Sechzigerjahre gab es einen signifikant hohen Anteil an solchen, die aus Familien mit dominanter Mutter und beziehungsunwilligem bzw. schwachem/gefallenem Vater kamen. *Gérard Mendel* hat in „La Révolte contre le Père. Une introduction à la Sociopsychanalyse" (Paris 1968, dt. Frankfurt a.M. 1972) gezeigt, daß die Heranwachsenden heutzutage deshalb so auffällig zurückschrecken vor einer Identifizierung mit ihren Vätern, mit der Technik zumal als einem Instrument aggressiver Naturbeherrschung, weil der Geist, der moderne naturbeherrschende Wille, zur zweiten Natur, also einer Mutterimago, zu werden droht. Die patriformen Ideen der Freiheit, Gerechtigkeit, Vernunft usw. verschmelzen mit den in der übermächtigen Technologik wiederauferstehenden archaischen Mutterimagines eines repressiven Sozialuterus zu destruktiver verwirrender Ambivalenz. Die Mittel werden zu Hindernissen der Naturbeherrschung, ja fetischisierte Selbstzwecke, und kontaminieren mit dem, wovon sie befreien sollen. Die Vaterimago verspricht nach dem Tod Gottes und der Depotenzierung des Familienvaters und selbständigen Mittelständlers zu einem kleinen Angestellten seinem Sohn keinen Schutz mehr vor der gleichzeitig verführerischen und paranoisch verfolgenden diffusen Omnipotenz der Institutionen und Hierarchien des „sozialen Uterus" der Massen, sondern verschmilzt endlich damit. Die in der globalen administrativen Technisierung drohende Re*mater*ialisierung der Naturbewältigung treibe den Jugendlichen in Regression auf die Ebenen primärnarzißtischer Symbiosen mit allgütigen Mutterimagines eines befriedeten Daseins am Busen der Natur zurück. Dem Heideggerschüler Herbert Marcuse warf Mendel dann in „La crise de générations" (Paris 1969, dt. Frankfurt a.M. 1972) vor, dem Prometheusmotiv zu entfliehen in die schwulen Mythen des schizoidalen Narziß und Orpheus und eines nur infantilen Löwen-Lämmer-Friedens unterhalb des unterschätzten ödipalen Konflikts. Die von Marcuse propagierte Revolution sei die „Große Verweigerung" und Scheu vor einer Vaterimago, der im Kapitalismus nicht mehr zugetraut wird, vor der in der lückenlosen Zwangsverwaltung der Gesellschaft phantasierten phallischen Mutter bewahren zu können. Da wird der imperialistische Kapitalist nicht länger gefürchtet und bewundert als neuzeitlicher Archetyp des Vaters, sondern als Imago der ausbeutenden, frustrierenden, delegierenden, penisneidisch besitzergreifenden, analsadistisch kastrierenden Mutter, vor der die Identifizierung mit den Vaterimagines keinen rationalen Schutz mehr verheißt, weil sein Bild mit dem ihren desublimierend verschmilzt. Wir sahen ja, daß Heidegger in seiner Metaphysikvorlesung von 1935, der unser Ödipuszitat entstammt, die archaische Omnipotenzimago der übermächtigen Urmutter im Sein durchaus bemerkte und davor zurückschreckte in die „Kehre", zurück zur allgütigen, bergenden Leibes-Höhle und Seinskugel unterhalb aller aggressiven Gestelle und ödipalen Ackerbestellungen, weg von Werk-Zeug und Naturaneignung zur Selbst-„Übereignung" an dieses Sein in der Hoffnung, seine Gunst zu erschmeicheln und seinen Unmut zu beschwichtigen wie der Primitive den Donner durch magisch-rituelle Mimesis. Heideggers Feldwege sind jene Holzwege, vor denen sie bewahren wollen. Und H. Marcuse steht und fällt mit Heidegger, der in Marcuse zu sich selbst kommt. Wer MH treffen will, hat Marcuse mit in Frage gestellt. Es gibt kein to eat the cake and to have it.

Phänomenologie des Natürlichen

Husserl klagte im Alter, sein Schüler Heidegger habe ihm seine ganze schöne Phänomenologie verdorben, diese Methode, durch reine Wesensschau und originär gebende Anschauung zur „Sache selbst" zu kommen. „Der Ausdruck Phänomenologie läßt sich griechisch formulieren: *legein to phainomena. legein* besagt aber *apophainesthai.* Phänomenologie sagt dann: *apophainesthai ta phainomena*: Das was sich zeigt, so wie es sich von ihm selbst her zeigt, von ihm selbst her sehen lassen."[1] Was macht nun dieses schlichte Sehenlassen (Logik) des „Sich-an-ihm-selbst-Zeigenden" offenbar? „... *phainesthai* selbst ist eine mediale Bildung von *phaino*, an den Tag bringen, in die Helle stellen; *phaino* gehört zum Stamm *pha-* wie *phos*, das Licht, die Helle, d.h. das, worin etwas offenbar, an ihm selbst sichtbar werden kann."[2]

Obwohl die etymologische Verwandtschaft des „Phänomens" mit dem vatersymbolischen Licht genannt ist, verschweigt Heidegger das dazugehörige griech. *phalos*, dt. (leuchtend, glänzend), das direkt auf *phallos* verweisen würde, den phallischen Pfahl. Die idg. Wurzel all dieser Ableitungen ist: *bhale* = strotzen, schwellen. Daß das „Phänomen" mit dem gewaltigen Phallos selbst noch ursprünglicher als mit dessen Leuchten zusammenhängt, mit seiner Glans eher als mit seinem Glanz, gesteht Heidegger selbst: „Das ursprünglich aufgehende Sichaufrichten der Gewalten des Waltenden, das *phainesthai*, als Erscheinen im großen Sinne der Epiphanie einer Welt, wird jetzt zur herzeigbaren Sichtbarkeit vorhandener Dinge."[4] Dieses Sichaufrichten ist im Zusammenhang zu sehen mit der Tendenz des menschlichen Daseins zum Sichausrichten und Sichnähern in SuZ, § 23. Phänomenologie wäre dann Ausrichtung des Sehens auf das, was da gewaltig aufgeht und sich aufrichtet und seinerseits ausrichtet auf die erogene „offene Gegend" des Seins. Was das ek-sistente Dasein da an ihm selbst, von ihm selbst her, von sich aus, unaufgefordert und nicht herausgefordert zeigt, ist das phänomenale phallische Phänomen. Die erigierende Existenz exhibitioniert sich sehr sinnfällig: „Und was ist dies? Alles, was am Himmel und somit unter dem Himmel und somit auf der Erde glänzt und blüht, tönt und duftet, steigt und kommt, aber auch geht und fällt, aber auch klagt und schweigt, aber auch erbleicht und dunkelt."[5] Und Phänomenologie soll das Phänomen als „Sein-bei dem Besorgten" zeigen, „Zeug" beim Zeugen, nicht „als nur noch vorhanden begaffen".

Für den späten Heidegger ist nicht mehr das phallische „(Phänomen: das Offenbare)"[6] das Urphänomen, sondern die Öffnung der Vulva. Die „Lichtung" wird sogar „Ursache" für das phallische „Sichaufrichten" genannt: „Was das Wort in dem jetzt gedachten Zusammenhang nennt, das freie Offene, ist, um ein Wort Goethes zu gebrauchen: ein „Urphänomen". Wir müßten sagen: eine Ursache. Goethe vermerkt (Maximen und Reflexionen, n. 993): „Man suche nur nichts hinter den Phänomenen: sie selbst sind die Lehre." Dies will heißen: Das Phänomen selbst, im vorliegenden Fall die Lichtung, stellt uns vor die Aufgabe, aus ihm, es befragend, zu lernen, d.h. uns etwas sagen zu lassen".[7] Vom Muttermund selbst haben wir uns sagen lassen, daß Heidegger offenbar dessen Öffnung ontologische Wald-„Lichtung" nennt.

In diesem geschichtlichen „Wandel der Unverborgenheit" des Seins dient die Physis als Scharnier zwischen dem ontisch-phallischen Phänomen und dem Ur-phänomen der ontologischen Lichtung. *Physis* übersetzt Heidegger mit „Aufgang". Zweideutig polarisiert das Natürliche sich ins „aufgehende Sichaufrichten" des wachsenden Phallus und in die aufgehende weibliche Genitalöffnung, und Physis ist dann die Einheit dieser Zweideutigkeit im Wachsen, Geboren- und Geborgenwerden des Kindes : „Physis, phyein bedeutet das Wachstum ... *physis* ist das Hervorgehen und Aufgehen, das Sichöffnen, das aufgehend zugleich zurückgeht in den Hervorgang und so in dem sich verschließt, was je einem Anwesenden die Anwesung gibt. *Physis* als Grundwort gedacht, bedeutet das Aufgehen in das Offene, das Lichten jener Lichtung, in die herein überhaupt etwas erscheinen, in seinem Umriß sich stellen, in seinem „Aussehen" (*eidos, idea*) sich zeigen und so je als Dieses und Jenes anwesend sein kann. *Physis* ist das aufgehende In-sich-zurück-gehen und nennt die Anwesung dessen, was im so wesenden Aufgang als dem Offenen verweilt."[9] Dieses Hervorgehen des Kindes aus dem aufgehenden Mutterleib, dieses verweilende Aufgehen des Kindes im aufgehenden Uterus, dieses Aufgehen des Penis in der aufgehenden Vagina ist Heideggers Begriff von Natur, die „'leicht umfangend' alles in ihrer Offenheit und Lichtung einbehält".[10] Dieses Ineinanderaufgehen von weiblicher Lichtung und männlichem Licht und Feuer, das in der Lichtung glüht, das Kommen und Gehen der Geschlechter, Öffnen und Schließen des Geschlechts, das Kind entsteht, die Frau vergeht, der Geist der Gattung, die schiere Reproduktion des Lebens als ihr eigener Sinn: „Indem die Blüte „aufgeht" (*phyei*), fallen die Knospenblätter ab; die Frucht kommt zum Vorschein, während die Blüte verschwindet ... als Frucht geht das Gewächs in seinen Samen zurück, der seinem Wesen nach nichts anderes ist als Aufgehen in das Aussehen ..."[11] „Sein ist das sich verbergende Entbergen — *physis* im anfänglichen Sinne."

Vom phänomenalen Phallos zur Lichtung, von der Phänomenologie zur Physiologie der Geschlechter, von der Logik zum *logos*, vom „Sichzeigen" dessen, was sich „sehenlassen" kann, zum „Zusammenlegen" der Physiologien: „Was *logos*, ist, entnehmen wir dem *legein* ... Darin waltet das Zusammenbringen ... Medial gebraucht, meint *legesthai* : sich niederlegen in die Sammlung der Ruhe; *lexos* ist das Ruhelager; *loxos* ist der Hinterhalt, wo etwas hinterlegt und angelegt ist ... Legen heißt, zum Liegen bringen. Legen ist dabei zugleich: eines zum anderen —, ist zusammenlegen."[12]

„Das Legen bringt zum Liegen, indem es beisammen-vor-liegen läßt ... Dem
'legen' ist als dem beisammen-vorliegen-Lassen daran gelegen, das Niederge-
legte als das Vorliegende zu behalten ... Weil dem *legein* als dem beisammen-
vor-liegen-Lassen einzig an der Geborgenheit des Vorliegenden in der
Unverborgenheit (der Lichtung) liegt, deshalb wird das zu solchem Legen
gehörende Lesen im vorhinein vom Verwahren her bestimmt."[13]
Die uterin umfangenden Arme der Mutter werden zur Kinderpenis-Peniskinder-
Verwahranstalt : der Aufbewahrungsort, der das Kind vor sich selbst und dem
Vater bewahrt, der es prägenital gewähren läßt, sofern es sich nicht genital zu
bewähren vermißt.

Dem ödipal zudringlichen Kind hat die Mutter sich zu verbergen und zu verschließen; dem schizophrenogen kollabierenden Ich, das sich vor dem strafenden
Vater in Sicherheit bringen muß, gönnen die Mutterimagines archaischen Unterschlupf:
„Das Aufgehen (aus dem Sichverbergen) dem Sichverbergen schenkt's die
Gunst."[14]
Logos, legein: „Dies besagt: sammeln, eines zum anderen legen. Hierbei kann es
geschehen, daß das eine so zum anderen gelegt wird, daß eines nach dem anderen sich richtet." (SvG 178)

Die berüchtigte Freiburger Vorlesung „Einführung in die Metaphysik" vom SS
1935 darf als Nahtstelle verstanden werden zwischen dem Heidegger vor und
dem nach der „Kehre" vom männlichen Phänomen zur weiblichen Physis, vom
Licht des phallischen Entwurfs (Ejakulation) zur reinen Lichtung der uterinen
Matrix. Hier ist Dasein bereits „dezentriert"; der Mittelpunkt seines Lebens ist
ein Sein, das nicht mehr wie noch in SuZ sein eigenstes ist, sondern dieses Dasein ist umgekehrt nur noch „da-Sein" des „Seyns"; seine „Eigentlichkeit" ist
Eigentum eines Seins, das nicht sein eigenes, sondern Sein eines anderen Daseins
ist, des Daseins eines anderen, des Ur-anderen, eben der Mutter. Und das Dasein
des Sohnes ist „da", wo dieses Seyn gelichtet ist, offensteht, frei, d.h. nicht vom
väterlichen „Ge-stell" besetzt ist. Mein Sein ist nach MH das Sein des
„jemeinigen Daseins" nur noch in dem Nebensinn, in dem ich mein Sein an und
von dieser Mutter habe und diese Mutter meine Mutter ist, die jemeinige Mutter
aber nur, indem ich ihr Sohn bin, ihr Sohn aber als ihr unveräußerlicher Besitz-
stand, der nicht von ihr läßt und loskommt. *Physis*, römisch: *natura* = Er-zeugen,
Ursprung, Herkunft, Auf-gehen, Wachstum, Reife, Geburt, Gebärende und Ge-
borenes. „*Physis* ist das Entstehen, aus dem Verborgenen aus sich heraus- und
dieses so erst in den Stand bringen."[15] Wir zitieren ausführlicher aus dieser
Vorlesung, weil sie uns irrewerden lassen könnte an unserem Versuch, aus der
„Physis", wie sie nach MH angeblich bei den Griechen gemeint war, die Physio-
gnomie des mütterlichen Schoßes herauszulesen: Nicht nur das ontische

„Phänomen", sondern auch diese „Physis" trägt auffallend viele phallische Züge, und das nicht nur, weil die mütterliche Physiologie die „Kunst" fertigbringt, aus dem Phallus ihres Gatten, dem Erben ihrer Kotsäule, also aus Scheiße jenes Kind zu formen, jenes Werk in die Welt zu setzen, das sie im freudigen „Ereignis" gebiert und „austrägt".

„PHYSIS meint das aufgehende Sichaufrichten, das in sich verweilende Sichentfalten."[16] Das ist eher ein Drang nach oben als nach draußen, klingt eher nach Erektion als nach Entbindung und unphilosophischer Maieutik. „Die Wortstämme *phy-* und *pha-* nennen dasselbe. *Phyein*, das in sich ruhende Aufgehen ist *phainesthai*, Aufleuchten, Sichzeigen, Erscheinen."[17] „Was sagt nun das Wort *physis*? Es sagt das von sich aus Aufgehende (z.B. das Aufgehen einer Rose), das sich öffnende Entfalten, das in solcher Entfaltung in die Erscheinung-Treten und in ihr sich Halten und Verbleiben, kurz, das aufgehend-verweilende Walten ... Die *physis* als Aufgehen kann überall, z.B. an den Vorgängen des Himmels (Aufgang der Sonne), am Wogen des Meeres, am Wachstum der Pflanzen, am Hervorgehen von Tier und Mensch aus dem Schooß, erfahren werden."[18] Physis als aufgehende Rose, da könnte noch die vaginale Blüte mitgemeint sein: „Ihr Blühen ist einfaches aus-sich-Aufgehen".[19] Und: „Die Sprache ist die Blume des Mundes. In ihr erblüht die Erde der Blüte des Himmels entgegen."[20] Aber es ist einmal auch die Rede von der „Rose, insofern diese in sich selber steht, einfach Rose ist."[19] „'Sein' besagt für die Griechen: die *Ständigkeit* in dem Doppelsinn:
1. das In-sich-stehen als Ent-stehend (*physis*),
2. als solches aber „ständig", d.h. bleibend, Verweilen (*ousia*)."[21]
So ent-steht das Kind aus der Mutter, steht bei der Geburt aus ihrem Genital heraus als ihr Phallus und bleibt ständig in ihrer Obhut, sofern sie nicht kastriert werden will. Aber die weibliche Physis kommt noch phallischer daher in der Bedeutung „... des Seins im Sinne des Gerade-in-sich-aufrecht-dastehens."[22] Das mag das schon geborene Kind sein, das den aufrechten Gang lernt als potenter Penis der Mutter. Aber wahrscheinlich ist es doch noch erst der in der mütterlichen Scheide verborgene und „verwahrte" Penis des Vaters, den sie ihm nach der kindlichen Sexualtheorie in der Urszene geraubt hat, um eben daraus ihr Kind, ihren eigenen Phallus, zu machen. Das freudige „Er-eignis" ist ja die von der Mutter bewerkstelligte Meta-Morphose und „Kehre" des väterlichen Penis in das Kind, den mütterlichen Penis. In dieser Vorlesung scheint das ungeborene Kind noch der Penis des Vaters in der Scheide zu sein, jenes gefährliche „Ge-Stell", auf den der inzestuöse Penis des schon geborenen Sohnes trifft bei dem kastrationsbedrohten Versuch, die Lichtung des Seins zu betreten und sich in der Gunst der Mutter zu sonnen. Sein ist hier „ständige Anwesenheit" des Vaters in der „anwesenlassenden" Lichtung. Nun wird klar, warum Heidegger bald diese „Beständigkeit" nicht mehr als originalgriechische Seinsauslegung gelten lassen wird. In dem Augenblick, wo das Dasein des Sohnes daran verzweifelt, den Ständer des Übervaters aus dem Schoß der (ganz hingabebereiten) Gesellschaft zu

vertreiben und sein eigener Vater zu werden, will und kann MH nicht mehr glauben, Sein bedeute griechisch „ständige Anwesenheit", Aufrechtstehen, Sichaufrichten und eine „sichere Habe" der Mutter. Und solange die Lichtung fürs Kind noch besetzt ist vom Ständer des obersten Gesetzgebers, sind Physis und planetarische Technik noch untrennbar eins, Mutter und Vater *ein* Fleisch und das Kind abseits, draußen gehalten, unzuhause. Wissen und „Erkennen" der Mater-ie sind noch Privilegien der aggressiven Liebestechnik des väterlichen „Ge-Stells", das sich ungehindert exhibitionieren kann. „*Techne* ist die Gewalttätigkeit des Wissens."[23] Der ständige Bindestrich macht aus der Gewalttätigkeit auch nichts Höheres als kruden Terror; was hier waltet, ist der genitale Knüppel der Autorität, das Sein als Amalgam aus Realitätsprinzip und Überich, die blanke „Macht des Bestehenden".

„So kennzeichnet denn die Techne das *deinon*, das Gewalttätige, in seinem entscheidenden Grundzug; denn die Gewalttätigkeit ist das Gewalt-brauchen gegen das Überwältigende: das wissende Erkämpfen des vordem verschlossenen Seins in das Erscheinende als das Seiende."[24] Das überwältigend schöne Sein der Mutter wird vom gewalttätigen Vater gezwungen, vor ihm als ein bloß Seiendes zu erscheinen, also dadurch seinen Narzißmus zu befriedigen, daß sie *sein* Phallus *ist*. Das ist die holde Liebeskunst als rohe Liebestechnik in der narzißtischen Objektwahl des analsadistischen, „aneignenden" Vaters: die Wahrheit wird ins Werk gesetzt, das Sein wird zu einem Seienden gemacht, die Frau wird zu jenem Penis, den sie nicht hat und haben kann, zum Penis ihres Gatten, ad maiorem gloriam Dei. Damit ist gleichzeitig der Masochismus der Frau befriedigt und ihr Narzißmus : In ihrer Person den Phallus zu lieben, den sie nicht hat. Das Sein ist schön, wenn es Seiendes wird, wenn es einwilligt, Phallus zu *sein,* statt ihn zu *haben,* zu *sein* für den Mann, der ihn *hat* und nicht *ist*. (Siehe dazu *Béla Grunberger* : „Beitrag zur Untersuchung des Narzißmus in der weiblichen Sexualität". In: „Psychoanalyse der weiblichen Sexualität", Frankfurt a. M. 1974). Und hinter diesem Seienden ist das Sein, *in* der Unverborgenheit als Phallus ist die Vagina dann gut verborgen. Nach *Jacques Lacan*, einem Strukturalisten wie Heideggerschüler *Michel Foucault*, ist Freud zu bewundern, weil es ihm gelang, „... den Signifikanten ohne Gleichen zu enthüllen : diesen Phallus, den zu bekommen wie zu geben gleichermaßen unmöglich ist für den Neurotiker, gleichviel ob er weiß, daß der Andere ihn nicht hat, oder hat, weil in beiden Fällen sein Begehren anderswo ist : nämlich Phallus zu sein, und daß der Mensch, ob Mann oder Frau, akzeptieren muß, ihn zu haben und nicht zu haben, ausgehend von der Entdeckung, daß er nicht Phallus ist."[25] Das Kunstwerk ist nach MH „seiendes Sein", das Offenbare des Seins in ontischer Gestalt, das Ontologische in ontischer Verhüllung, die Vagina als Phallus, die Frau als der Penis, den sie nicht hat, als jener Phallus also, den der Mann an ihr hat, indem sie sein Phallus *ist*. Daß das Sein sich als Sein verbirgt, wo es sich als Seiendes entbirgt, daß die Vagina sich als Vagina verschließt, wo sie als der Phallus aufgeht, den sie nicht hat, nennt Lacan die Neurose, nennt Heidegger dann die Seinsvergessenheit, Seinsverlassenheit, die Verfallsgeschichte des Abendlandes. Das technologische „Ge-stell" geht auf, indem es sich aufrichtet, statt daß die Lichtung aufgeht, indem sie sich öffnet: die Frau wird Phallus, statt Vagina zu bleiben. MH erinnert: Die Vagina ist kein Phallus und nicht nichts. Hinter ihrer glänzenden (phallischen) Erscheinung entdeckt der Philosoph: nichts, das Nichts, eben das vaginale Loch, das sich als Penis des Mannes aufputzt und anbietet, statt im Eingedenken der Tatsache, daß sie weder einen Penis hat noch ein Penis ist, nichts Nichtiges, sondern das Sein selbst zu entdecken, die Lichtung ohne Nichtung (vor der eher das phallische Licht ein Nicht ist).

1935 ehrt und fürchtet MH noch den Übervater und seine Macht, den Sohn aus der Lichtung der Mutter zu vertreiben und sie zu seinem Phallus zu machen. „Die Gewalttätigkeit des dichterischen Sagens, des denkerischen Entwurfs, des bauenden Bildens, des staatschaffenden Handelns, ist nicht eine Betätigung von Vermögen, die der Mensch hat, sondern ist ein Bändigen und Fügen der Gewalten, kraft deren das Seiende sich als ein solches erschließt, indem der Mensch in dieses einrückt. Diese Erschlossenheit des Seienden ist jene Gewalt, die der Mensch zu bewältigen hat, um in Gewalttätigkeit allererst inmitten des Seienden er selbst, d.h. geschichtlich zu sein."[26] Der Sohn kann allenfalls versuchen, ihn nachzuahmen. „Der Wissende fährt mitten hinein in den Fug, reißt (im 'Riß') das Sein in das Seiende und vermag doch nie das Überwältigende zu bewältigen."[27] Er ist durch das Kastrationsrisiko „umdroht vom Verderb" : „Der *Gewalt-tätige,* der Schaffende, der in das Unge-sagte ausrückt, in das Unge-dachte einbricht, der das Ungeschehene erzwingt und das Ungeschaute erscheinen macht, dieser Gewalttätige steht jederzeit im Wagnis ..."[27]

Die Physis als gewalttätiges Gestell und überwältigender Ständer, das klingt nach allem anderen als nach jener bergenden Lichtung und platonischen Höhle, die das Sein-qua-Mutter auszeichnen soll. Existentialität als Destruktivität, der Entwurf aus SuZ, ist einbekannt als (scheiternder) Versuch patrizidaler Gewalttat, als Verbrechen gegen die monopolistische Omnipotenz des Vaters. Physis ist hier Aufgang, Sichaufrichten, Sicherheben, Aufstand des ödipalen Ständers gegen die „ständige Anwesenheit" des Gestells in der Lichtung des Seins, Aufstand gegen Thesis, das Gesetz des Inzestverbots, gegen die „Beliebigkeit" der väterlichen „Vor-liebe" und seine „Machenschaften". Aber der *Aufstand* gegens *Gesetz* endet mit *Niederlage.* „Die Gewalttätigkeit gegen die Übergewalt des Seins *muß* an dieser zerbrechen, wenn das Sein als das waltet, als was es west, als *physis,* aufgehendes Walten."[28] „Dieses aber, das in sich hoch gerichtete Da-stehen, zum Stand kommen und im *Stand* bleiben, verstehen die Griechen als Sein."[29]

Dieses potente Sein des Vaters ist zu allem imstande und darf sich ungestraft exhibitionieren: „Das In-sich-da-Stehende aber wird, von der Betrachtung her gesehen, zum Sich-dar-Stellenden, das sich in dem, wie es aussieht, darbietet. Das Aussehen einer Sache nennen die Griechen *eidos* und *idea.*"[29]

Der Vater demonstriert in diesem Phantasma seine Männlichkeit, wird Vater erst durch vergewaltigende „Gewalt-tat als Eröffnung des Seins"[30] und dadurch, daß er den ödipalen Widerstand des Sohnes bricht. Er bleibt Herr im „Haus des Seins", indem er durch den inzestuösen Sohn eine „Bresche" sich schlägt zur Vagina seiner Gattin. Er „nimmt als das gesammelte Sich-zum-Stand-bringen den Raum ein, erobert ihn erst, als so dastehend schafft es sich Raum, erwirkt es alles zu ihm Gehörige, ohne selbst nachgebildet zu werden."[31] „Physis ist das aufgehende Walten, das In-sich-dastehen, ist Ständigkeit."[31] Auf die Provokation des aufmüpfigen Sohnes reagiert er mit einer demonstrativen Hervorkehrung seiner Allmacht, und auf die explosive existentielle Gewalt des väterlichen Ständers, der sich den Innenraum der Mutter erobert hat, reagiert das Dasein des Sohnes mit passivem, homosexualisiertem Zurückweichen und Anschmiegen.

Unter dem Gewicht des Vaters wird der Sohn ein wenig zu jener Frau, die er nicht haben kann, identifiziert sich partiell mit der verbotenen Mutter. MH zitiert Meister Eckharts Übersetzung des Areopagiten: „diu minne ist der natur, daz si den menschen wandelt in die dinc, die er minnet."[32] Dieses Ding ist in Heideggers Aufsatz der vaginale Krug. So nimmt der Sohn wie seine Mutter hin und entgegen, was der Vater gibt, ohne daß dieser deshalb aufhörte, Gegner zu sein: „Wenn Truppen eine Aufnahmestellung beziehen, dann wollen sie den auf sie zukommenden Gegner empfangen und zwar so empfangen, daß sie ihn wenigstens zum Stehen bringen. Dieses aufnehmende Zum-stehen-bringen"[33] ist das „Vernehmen" der Vernunft. Es ist, als wollte der Sohn erreichen, daß der anstürmende Vater bei ihm zum Stehen kommt, bei ihm einkehrt, statt sich durch den „ver-nehmenden" Sohn hindurch seine „Bresche" zur Lichtung der Mutter zu schlagen, die mit dieser Bresche identisch ist. Der Vater braucht die Herausforderung des Sohnes, um ständig neu in den Genuß seiner Allmacht zu kommen, deren Demonstration die patrizidal-inzestuösen Ambitionen des Sohnes immer wieder wecken, der schließlich nur noch dort Sohn ist, wo er am Nein des Vaters zerbricht und Ja zu diesem Nein sagt und diese ständige Niederlage als Art von „Vergewohltätigung" masochistisch zu genießen beginnt, als sei er selbst die vaginale Lichtung, zu der der Vater sich durch ihn hindurch die Bresche schlägt. „Da-sein des geschichtlichen Menschen heißt: Gesetzt-sein als die Bresche, in die Obergewalt des Seins erscheinend hereinbricht, damit diese Bresche selbst am Sein zerbricht."[28] Es bleibt unklar, wie eine Bresche zerbrechen kann, aber „Dasein ist die ständige Not der Niederlage und des Wiederaufspringens der Gewalt-tat gegen das Sein und zwar so, daß die Allgewalt des Seins das Dasein zur Stätte seines Erscheinens ver-gewaltigt (wörtlich genommen) und als diese Stätte umwaltet und durchwaltet und damit im Sein einbehält."[34] „Der Untergang ist ihm das tiefste und weiteste Ja zum Überwältigenden."[35] Natürlich „nicht in der Form kleiner Minderwertigkeitsgefühle"[35], beileibe nicht, aber es bleibt dabei, daß das Sein sich hier züchtigend gegen das inzüchtige Dasein durchsetzt. Die dummen Fragen werden beiseite gewischt: „Fragen ist das oben

94

erläuterte Wissenwollen: die Ent-schlossenheit zum Stehenkönnen in der Offenbarkeit des Seienden."[39] Schließlich ist Fragen nicht mehr die Frömmigkeit des
Denkens wie früher, sondern „Hören" auf das, was der Vater sagt. Daß mit dem
Gewalt-tätigen wirklich der Vater gemeint ist, erhellt aus: „Die Griechen erfuhren
im hereinblickenden Anwesen der Götter das unheimlichste und bezauberndste
Gegenüber."[40] Dieses Raubtier nimmt sich, was es will, deckt die Frau auf und
deckt sie, und der Sohn müßte die Sabinerin ihm erst entführen, die er vor ihm
verbirgt: „Das Seiende wird der Verborgenheit entrissen. Die jeweilige faktische
Ent-decktheit ist gleichsam immer ein *Raub.*" (SuZ 222)
Ist hier noch das Sein-qua-Vater vor der „Kehre" zum Sein-qua-Mutter beschrieben, oder müssen wir jene Prämisse aufgeben, mit der unsere Deutung steht
und fällt, nämlich die Interpretation des Seins qua Mutter und der Lichtung qua
Vagina? Selbst wenn MH hier bereits unter dem Eindruck des sich entziehenden
„Führers" die Kehre von der Penis- zur Vagina-Imago des Seins vollzogen haben
sollte, glauben wir, ohne Gewaltsamkeit an unserer Konjektur: Sein qua Dasein
der Mutter und Existenz qua Dasein des Sohnes festhalten zu dürfen. Denn die
hier beschworene überwältigende, ja vergewaltigende Allmacht des Seins, die
noch so gar nicht passen will zur späteren bergenden Gunst und schenkenden
Gebefreudigkeit, ist wohl die Allmacht des Vaters, an der der Sohn zerbricht,
aber des Vaters in der Mutter, der sogenannten „phallischen Mutter", die hier in
der Metaphysikvorlesung anläßlich einer Sophoklesdeutung als „Erde, Meer und
Tier" sich besungen findet. Die Mutter wird als omnipotent erlebt kraft des väterlichen Phallus, den der Sohn in ihrer Scheide phantasiert und der ihn von inzestuöser Zudringlichkeit abhält. Das männliche Kind fürchtet ja, in ihrem Genital
auf den kastrierenden Penis des rivalisierenden Vaters zu treffen, den sie dort
angeblich als ihre Wahrheit „verwahrt" und beherbergt oder geraubt hat, jenen
Penis, den sie im freudigen „Ereignis" zu ihrem Kind, also zu ihrem eigenen
Phallus, machen wird, den sie kraft ihrer analsadistischen Sphinktermoral dann
omnipotent festhält. Die Mutter hat hier noch nicht die bergenden, behütenden,
schonenden Züge, die sie nach der Kehre dem präödipalisierten Dasein zukehren
wird, sondern noch die zerbrechende Gewalt, die der eifersüchtige Penis des Vaters
in ihrer Scheide am inzestuösen Sohn verübt. In dieser Scheide spielt sich der
Machtkampf zwischen Vater und Sohn ab, und diese Lichtung wird fürs Kind nicht
frei vom Vater, es sei denn, es wollte sich vom Sein nur noch versorgen lassen,
statt es ihm zu besorgen, „denn als Dasein muß es in aller Gewalt-tat am Sein
doch zerbrechen"[36], am überwältigenden Penis in der Vagina der überwältigend
schönen phallischen Mutter.
Zuerst verläßt das Kind die nutritiv versorgende Mutter, um es ihr inzüchtig zu
besorgen und den übermächtigen Vater zu treffen: „Der Mensch aber ist das Unheimlichste, ... weil er aus seinen zunächst und zumeist gewohnten, heimischen
Grenzen heraustritt, ausrückt, weil er als der Gewalt-tätige die Grenze des Heimischen überschreitet und zwar gerade in Richtung auf das Unheimliche im

Sinne des Überwältigenden."[37] Zurückgeworfen vom Vater, regrediert der Sohn wieder zur präödipal kurativen Mutter: „In solcher Heraussetzung aus dem Heimischen erschließt sich das Heimische erst als ein solches."[38] Das lernt MH durch Hölderlin dann wieder schätzen.

Nachweise

1 SuZ, S. 34

2 SuZ, S. 28 und META, S. 54 über die gleiche etymologische Wurzel von Phänomen und Physis.

3 Prellwitz: Griechische Etymologie, 1905.
Den Hinweis verdanke ich C.O. Jung: „Symbole der Wandlung", Walter Verlag Ölten und Freiburg i. Breisgau 1971, S. 372.
Jung verweist auch auf die Mütterszene in Goethes „Faust":
Mephisto   Hier diesen Schlüssel nimm.
Faust   Das kleine Ding!
Mephisto   Erst faß ihn an und schätz ihn nicht gering.
Faust   Er wächst in meiner Hand ! Er leuchtet, blitzt!
Mephisto   Merkst du nun bald, was man an ihm besitzt! Der Schlüssel wird die rechte Stelle wittern, Folg ihm hinab, er führt dich zu den Müttern!
Faust nennt hier Wachsen (Physis) und blitzendes Leuchten (Phänomen) des Schlüssels (Erschlossenheit und Entschlossenheit in SuZ) in einem Atemzug. Physis scheint also primär das gewesen zu sein, *was* in Mutter Erde wächst, aufgeht und blüht: der Sproß im Licht der väterlichen Sonne, der männliche Schöß-ling. Da aber die Pflanze nur im Licht aufgehen und aus der Erde herauswachsen kann, wenn zuvor die Erde selbst aufgeht und sich öffnet zu Empfängnis des Samens und Geburt des Kindes, ist das Aufgehen im Sinne vaginalen Sichöffnens offenbar ursprünglicher als das Aufgehen im Sinne phallischen Sichaufrichtens des Kindes. Das „Auf" in der Bedeutung von Offen und „Auseinander" geht für Heidegger dann dem „Auf* in der Bedeutung von glänzendem Empor und Hinauf voraus.
Kurz: der Mutterboden ist früher als das Gewächs, Physis ursprünglicher als Phänomen, die Waldlichtung der dunklen Erde anfänglicher als das „hereinspielende" Himmelslicht. Das Kind geht eben aus dem Schoß der Mutter hervor, nicht aus dem Penis des Vaters.
Das Wesen einer Sache ist für MH das, woher sie kommt, ihr Ursprung ist ihre Ursache, und das Wesen des Kindes, seine „Herkunft", ist jenes Wesen, aus dem das Kind herauskommt: seine Mutter, das Anwesen im Sinne von bäuerlichem Gehöft, von Haus und Hof des Seins.
Diese Geburt immer wieder zu wiederholen, sich selbst wieder vorzuholen aus dem pränatalen Schoß ans Licht der Welt, diese Wiedergeburt aus der Lichtung der Welt ins Licht der Welt, ist nach MH der Sinn des Daseins. Der Geburtsakt, das freudige „Ereignis", ist der Ursprung von Heideggers „Ur-Sprung": Die Urmutter springt auf, und das Kind ist „da".

4 META, S. 48. Ursprünglich ist der Phall nach MH die Welt (=Seinslichtung), die er er öffnet und erobert und besetzt. Er ist das sadistische Gemachte, dem die Welt offen steht.

5 VuA, S. 200

6 SuZ, S. 29

7 SdD, S. 72

[8] G.G. Jung weist a.a.O. S. 267 ff darauf hin, daß es in „Phallos" neben dem indogerman. Stamm bhä (=leuchten, scheinen) einen gleichlautenden Stamm gibt mit der Bedeutung von 'sprechen', klingen, tönen, singen, rufen etc. Erst hatte bei MH der Phallus etwas zu sagen, in die vaginale Ohrmuschel hinein, dann hatte die kloakale Muttermundhöhle das Sagen, die das Dasein nur noch als Sprachrohr benutzt. Sie spricht das Kind ödipal an und spendet gleichzeitig präödipalen Zuspruch. Die Mutter spricht den Sohn an, aber er hebt auch den Anspruch, ihm nur noch präödipal zugesprochen zu sein. Diese Vagina spricht die Wahrheit, wenn sie den Muttermund nur öffnet, und die Mutter ist Wahrsagerin: uterus = delphischer Erdschlund.

[9] HOLD 55

[10] HOLD 56

[11] WEG 367

[12] VuA 208 ff.

[13] VuA 210/211

[14] VuA 271

[15] META 12

[16] META 47

[17] META 77

[18] META 11

[19] SvG73

[20] UzS 206

[21] META 48

[22] META 82

[23] META 126

[24] META 122
„Aber in eins geschlungen mit diesem gewalttätigen Aulbruch in das Überwältigende des Meeres ist der nicht ruhende Einbruch in das unzerstörbare Walten der Erde. Beachten wir es wohl: die Erde heißt hier die höchste der Götter. Gewalt-tätig stört der Mensch die Ruhe des Wachstums, das Nähren und Austragen der Mühelosen ... In dieses Walten bricht der Gewalt-tätige ein, Jahr für Jahr bricht er es um mit Pflügen und treibt die Mühelose in die Unrast seines Mühens ... In dieses in sich rollende Leben wirft der Mensch seine Schlingen und Netze, dieses reißt er aus seiner Ordnung und sperrt es in seine Gehege und Pferche ein und zwingt es unter die Joche. Dort Ausbruch und Umbrach, hier Einfang und Niederzwang.-" (META 118) Das tut der Vater dem Meer, der Erde und dem Tier an.

[25] Jacques Lacan: Schriften I, Walter Verlag AG Ölten 1973, S. 236

[26] META 120

[27] META 123

Die zweideutige Kehre

Beeindruckt von der schöpferischen Energie, die beim Zerfall von Subjektivität frei werden kann und in Hölderlins schizophrener Karriere wirklich frei wurde, sucht Heidegger zu denken, was Hölderlin dichtet, und greift ausdrücklich Hölderlins Wort von den „nachbarlichen Stämmen" des Dichters und des Denkers auf. Die Philosophie der „Kehre" liefert er im Humanismusbrief, wo die Existenz von der humanistischen Autonomie befreit und auf archaischen Humus zurückgestellt wird. Das Kind „bezeugt"[1] nicht mehr sein eigenstes phallisches Selbsteinkönnen, sondern das Sein; es retiriert in den „sein de sa mère". Was uns gleichwohl mißtrauisch und irre werden läßt an seiner reuigen Beteuerung, allen phallisch-intentionalen Prätentionen gehorsam zu entsagen, ist das unvermindert Ek-statische des In-seins und Innestehens in der Lichtung, die fürs Kind die Welt bedeutet: „... die Weise, wie der Mensch in seinem eigenen Wesen zum Sein an-west, ist das ekstatische Innestehen in der Wahrheit des Seins."[2] „Das Sein selber ist das Verhältnis, insofern Es die Ek-sistenz in ihrem existentialen, das heißt ekstatischen Wesen an sich hält und zu sich versammelt ..."[3] (Diese Versammlung in der Lichtung i.Ü. liegt nach Heidegger ursprünglich aller Logik zugrunde, ist ihre Genesis). „Das Sein ist die Dimension des Ekstatischen der Ek-sistenz."[4] „Sein lichtet sich dem Menschen im ekstatischen Entwurf. Doch dieser Entwurf schafft nicht das Sein."[5] Wie sollte er auch, wo das Kind doch von der Mutter als Wurf geworfen wird. „'Ek-sistenz' ist das ekstatische Wohnen in der Nähe des Seins."[6] „Dieses Wohnen ist das Wesen des 'In-der-Welt-seins' (vgl. 'SuZ', S. 54)."[7]
Wir schlagen nach und lesen: „In-Sein dagegen meint eine Seinsverfassung des Daseins und ist ein Existenzial. Dann kann damit aber nicht gedacht werden an das Vorhandensein eines Körperdinges (Menschenleib) 'in' einem vorhandenen Seienden. Das In-Sein meint so wenig ein räumliches 'Ineinander' Vorhandener, als 'in' ursprünglich gar nicht eine räumliche Beziehung der genannten Art bedeutet; 'in' stammt von innan —, wohnen, habitare, sich aufhalten, 'an' bedeutet: ich bin gewohnt, vertraut mit, ich pflege etwas; es hat die Bedeutung von colo im Sinne von habito und diligo. Dieses Seiende, dem das In-Sein in dieser Bedeutung zugehört, kennzeichnen wir als das Seiende, das ich je selbst bin. Der Ausdruck 'bin' hängt zusammen mit 'bei'; 'ich bin' besagt wiederum: ich wohne, halte mich auf bei ... der Welt, als dem so und so Vertrauten. Sein als Infinitiv des 'ich bin', d.h. als Existential verstanden, bedeutet wohnen bei ..., vertraut sein mit ..." Offenbar bewohnt der Mensch nicht nur das „Haus des Seins", wohnt das Kind nicht nur im Gebärmuttermund: Zweideutig inzestuös-präödipal ist das Bewohnen auch ein Beiwohnen, ein kohabitativer Habitus. Die Kopula *Ist* der logischen Synthesis, das In-sein des Prädikats im Subjekt, ihre Identität, schillert zwischen prägenitaler Symbiose und genitaler Kohabitation.

Mütterliche „Fürsorge" kommt ins Zwielicht des „Seins bei dem Besorgten". Das „In-der-Welt-sein" des Kindes im mehr oder weniger sozialen Uterus ist „der ekstatische Bezug zur Lichtung des Seins".[8] Auch nach der Kehre ist das Seiende ins Sein, das Dasein wie alles Anwesende nicht unzweideutig so in die bergende Lichtung zurück- und „eingekehrt",[9] daß das schizophrenogen regredierende Peniskind nun nur noch im „Haus des Seins" „wohnt", „wächst", „vorliegt", „ruht", „geschützt", „geschont", „eingefriedet", „geborgen", sondern der Kinderpenis „steht herein", „steht heraus", „bewegt sich", „steht aufrecht in sich da", „scheint auf", „erglänzt", „stellt sich hinein" und „in sich zurück", und das alles „ekstatisch" „außer-sich". Verläuft nicht alles so, als würde unter dem zensurtäuschenden Deckmantel tabuneutraler, oraler Verschmelzungs- wünsche die ödipale Inzestphantasie noch weiterverfolgt, die nur zu genitaler Organisation sich nicht weiterentwickelt, weil sie von der Anstrengung verzerrt ist, hinter nur gespielter Selbstkastration und durch präödipale Verschleierungs- taktik hindurch sich defensiv maskieren zu müssen? Was sich da in die Muttermundhöhle der „Öffnung des Seins" verkriecht, ist ein Penis, und in ein und derselben „Bewegung" der Penis, der das Kind für die penisneidisch kompensationshungrige Mutter *ist,* und jener Penis, den dieser Penis seinerseits plötzlich wieder *hat,* weil er ihm steht? Das eingeschläferte Über-Ich läßt das Dasein den „Welteingang"[10] passieren. Heidegger, bauernschlau, hat gemogelt, der Schwanz ist eingeschmuggelt und der Inzest erschlichen. Existenz unterläuft die Kastrationsdrohung durch Vorwegnahme einer vorgetäuschten Selbstkastration, um ungestraft und um den Preis vorgeblicher Impotenz dem „Seyn" beiwohnen zu dürfen. Unter dem Vorwand des Mannes, sich zum Kind zu machen, das zurückwill, macht sich das Kind zum Manne, der über sich hinaus will. Die widersprüchliche, sowohl prätendiert kurative wie vielleicht darunter unverändert inzestuöse Haltung, diesen zwischen Kastrationsdrohung und Inzestwunsch recht labilen Kompromiß, aus dem das Kind sich weder in patrizide Phantasien noch nach vorn in die Identifikation mit dem Vater zu flüchten wagt, wollen wir hier „Oralinzest" nennen. Sollte diese arbeitshypothetische Formel nur begriffliche Verwirrung fördern, mag sie getrost wieder geopfert werden, wir hängen nicht daran. Aber den Widerspruch haben wir aufzulösen, in den wir uns selbst verwickeln, wenn wir dem Heideggerianismus vorrechnen, einerseits Phallisches durch Orales, andererseits umgekehrt Orales durch Phallisches zu „verbergen".

„Das Stehen in der Lichtung des Seins nenne ich die Ek-sistenz des Menschen." (WEG 155)

„Ek-sistenz bedeutet inhaltlich Hinaus-stehen in die Wahrheit des Seins." (WEG 158)

Nachweise

1   SuZ 267

2   WEG 161

3   WEG 163

4   WEG 164

5   WEG 168
    „Das In-der-Welt-sein ist als Besorgen von der besorgten Welt benommen." An anderer Stelle ist das Dasein von der Lichtung des Seins, vom „möglichen und gelegentlichen Welteingang des Seienden" aber auch sehr „eingenommen."

6   WEG 173

7   WEG 189

8   WEG 159

9   Siehe „Die Kehre" (in TuK)

10 WEG 55

Von dürftiger Zeit zum wohnlichen Raum

„Im Retten der Erde, im Empfangen des Himmels, im Erwar-
ten der Göttlichen, im Geleiten der Sterblichen ereignet sich
das Wohnen als das vierfältige Schonen des Gevierts."
(VuA 151)

Immer weniger ekstatisch hört sich das nach weiter fortgeschrittener Regression
an; genitale Befriedigung ist fast völlig intrauterinem Frieden gewichen, fern aller
Kastrationsdrohung: „Das altsächsische 'Wuon', das gotische 'Wunian' bedeuten
ebenso wie das alte Wort bauen das Bleiben, das Sichaufhalten ... Wunian heißt:
zufrieden sein, zum Frieden gebracht, in ihm bleiben. Das Wort Friede meint
das Freie, das Frye, und fry bedeutet: bewahrt vor Schaden und Bedrohung,
bewahrt vor ... d. h. geschont."[1] „Freien bedeutet eigentlich schonen." „Insofern
wir das Ding als das Ding schonen, bewohnen wir die Nähe." (VuA 180).
Das ebenso altsächsische *fri* bedeutet aber gerade: Frau, Weib, Freundin, Gattin,
Geliebte. Der Wunsch des Kindes, die Mutter zu freien, gibt sich schließlich
zufrieden mit den wenigen Freiheitsgraden im Spielraum des Uterus selbst. Der
Drang zur Scheide bescheidet sich mit dem hysteron proteron: „... freien:
einfrieden. Wohnen, zum Frieden gebracht sein, heißt: eingefriedet bleiben in das
Frye, d.h. in das Freie, das jegliches in sein Wesen schont. *Der Grundzug des
Wohnens ist dieses Schonen.*"[1] „Das ahdt. Wort für bauen, 'buan', bedeutet
wohnen. Dies besagt: bleiben, sich aufhalten"[2] „Das alte Wort bauen, das sagt,
der Mensch *sei*, insofern er *wohne*, dieses Wort bauen bedeutet nun aber zugleich:
hegen und pflegen, nämlich den Acker bauen, Reben bauen ... Beide Weisen des
Bauens — bauen als pflegen, lateinisch colere, cultura, und bauen als errichten von
Bauten, aedificare — sind in das eigentliche Bauen, das Wohnen, einbehalten."[3]
Errichten auf lateinisch : Erektion. Wenn der Sohn mit seinen Bauten den Acker
der Mutter Erde bebaut, muß er nur vorsichtiger vorgehen als der Großbauer:
„Das Denken legt mit seinem Sagen unscheinbare Furchen, die der Landmann
langsamen Schrittes durch das Feld zieht."[4] Beackert der Philosoph die Sprache
wie der Vater die Mutter oder gibt er nur wieder, was der Muttermund der
Seinslichtung von sich gibt? Heidegger nennt seine als eigenwillig und dunkel
verschrienen Versuche in der Muttersprache gern „noch unbeholfen", „vorläufig"
und „vorbereitend". Aus dem „sündigen Leib" dieser Muttersprache bricht er gern
die „silbernen Rippen" *(W. Benjamin)* der Fremdwörter wieder heraus, die fürs
erotisch Exotische stehen, für die Frau jenseits der Mutter.[5] Dieses Eindeutschen
deuten wir als Re-mater-ialisierung, und Muttersprache ist hier wörtlich zu
nehmen. Heideggers „Vor-liebe" für alles Mutterbodenständige ist nicht nur
restaurative Apologie einer untergegangenen Wirtschaftsform. Die Mutter ist
kein Symbol für die Erde, sondern umgekehrt steht Erde für Mutter. „Das Bauen
als Wohnen, d.h. auf der Erde sein", verkriecht sich im uterinen Bau.

„Die Erde ist die dienend Tragende, die blühend Fruchtende, hingebreitet in Gestein und Gewässer, aufgehend zu Gewächs und Getier."[6] Aber die Libido verströmt sich nicht nur diffus symbiotisch, immer wieder blitzt der Pferdefuß auf, das Bewohnen bleibt genital zentriertes Beiwohnen: „Das Wohnen ist vielmehr immer schon ein Aufenthalt bei den Dingen."[7] Zwei solcher Dinge hat Heidegger näher beschrieben : Brücke und Krug, das männliche und weibliche Genital. „Die Brücke ist ein Ort. Als solches Ding verstattet sie einen Raum, in den Erde und Himmel, die Göttlichen und die Sterblichen eingelassen sind."[8] Wo Heidegger einmal vom Ende der Philosophie als Anfang des Denkens spricht, erläutert er: „Die alte Bedeutung unseres Wortes 'Ende' bedeutet dasselbe wie Ort: 'von einem Ende zum anderen' heißt: von einem Ort zum anderen ... Ende ist als Vollendung die Versammlung in die äußersten Möglichkeiten."[9] Der letzte Philosoph sei Nietzsche gewesen. Heidegger bedenkt den vollendeten Schwanz des Übermenschen, von einem Ende zum anderen, und vor dieser Konzentration äußerster Potenz des Vaters empfiehlt es sich, auf die „Endlichkeit" des eigenen Dings sich zu besinnen. Ende mag Ort bedeuten, aber Ort bedeutet ja ebenso eigentlich : Schwertspitze, Aufladung, und die Erinnerung daran wäre wohl zu deutlich geworden. „Zwar gibt es, bevor die Brücke steht, den Strom entlang viele Stellen, die durch etwas besetzt werden können. Eine unter ihnen ergibt sich als ein Ort und zwar *durch die Brücke.*"[10]

„Dinge, die in solcher Art Orte sind, verstatten jeweils erst Räume. Was dieses Wort 'Raum' nennt, sagt seine alte Bedeutung. Raum, Rum heißt freigemachter Platz für Siedlung und Lager."[10] ⁻ Stiller Frieden statt stillende Befriedigung? Dieser Raum in der Frau ist aber nicht unendlich, man verliert sich darin nicht, das Kind und sein Glied sind nicht kleiner als der uterine und vaginale Innenraum der Mutter. Aber das Kind ist über die Grenze des mütterlichen Innenraums nicht wie bei Hegel immer schon dann hinausgewachsen, wenn es die Grenze als Grenze erfährt, sondern es ist Kind gerade von dieser Grenze her, und das Glied fängt dort an und „ersteht", wo es an der vaginalen Wand endet. „Ein Raum ist etwas Eingeräumtes, Freigegebenes, nämlich in eine Grenze, griechisch *peras.* Die Grenze ist nicht das, wobei etwas aufhört, sondern, wie die Griechen es erkannten, die Grenze ist jenes, von woher etwas *sein Wesen beginnt.* Darum *ist* der Begriff: *horismos* d.h. Grenze. Raum ist wesenhaft das Eingeräumte, in seine Grenze Eingelassene. Das Eingeräumte wird jeweils gestattet und so gefugt, d. h. versammelt durch einen Ort, d. h. durch ein Ding von der Art der Brücke."[8] Das Glied ist die Grenze der Scheide, und die Scheide ist die Grenze des Gliedes, dem sie ebenso Raum gibt und Platz macht, wie sie von ihm eingeräumt wird. Und die Frau ist nicht Frau, weil sie in der Welt ist u. a., sondern weil der Penis in ihrem Weltraum *ist*, offen für und durch ihn: „Demnach empfangen die Räume ihr Wesen aus Orten und nicht aus 'dem' Raum."[8] Und die Scheide nimmt die Form des eingeführten Gliedes an, wie der Uterus die Form des Kindes, paßt sich ihm an, hat keine eigene Gestalt und Größe, bevor Penis oder

Kind ihr die seine gibt. „Der Ort gehört zum Ding selbst. Die verschiedenen Dinge haben je ihren Ort. In diesen 'örtlichen' Raum wird das Werdende hinein und aus ihm herausgestellt. Damit dies aber möglich ist, muß der 'Raum' bar sein aller der Weisen des Aussehens, die er irgendwoher soll aufnehmen können. Denn wäre er irgendeiner der in ihm eingehenden Aussehensweisen ähnlich, so würde er bei der Aufnahme von Gestalten teils entgegengesetzten, teils gänzlich anderen Wesens eine schlechte Verwirklichung des Vorbildes zustande kommen lassen, indem er hierbei doch sein eigenes Aussehen mit zum Vorschein brächte."[11] Und Heidegger übersetzt aus Platos Dialog „Timaios": „Das, worein die werdenden Dinge hineingestellt werden, darf gerade nicht einen eigenen Anblick und eigenes Aussehen darbieten."[11]

Sein Verzicht darauf, etwas zu sein, bevor etwas in ihm ist, mache seit Plato den Raum erst zum Raum. Sein Sein sei sein Nichtsein, der Raum sei Nichts — nichts als die Erwartung des Seienden, das ihn füllt. Die Frau, passiver Abdruck des Mannes, *ist* das Nichts, das sie zwischen den Beinen hat, sie ist nichts als dieses Nichts, und sie sieht nach nichts aus, bevor dieses Nichts, aus dem sie besteht, vom Sein, das an den Mann übergegangen ist, aufgefüllt ist. Ihr Aussehen, so deuten wir Heideggers Deutung dieser Platonstelle, ist das Aussehen des männlichen Gestells, jenes Innen-archi-tekten, der ihren Innenraum erst gestaltet, durch das Glied gliedert. Bis hin zur allgemeinen Relativitätstheorie forme seither der Inhalt den Raum, der seine matriarchalische Präponderanz, seine Gravidität, an die Gravitationskraft der maskulinisierten Mater-ie gleichsam ganz verliert. Für Heidegger ist auch Platons Raumtheorie ein Beleg dafür, daß mit dem Platonismus die Verfallsgeschichte der abendländischen Philosophie anhebt, ihr Abfall vom Ewigweiblichen. Die 'Lichtung' der vorsokratischen Physis und Aletheia wird ausgeräumt. Ihre Substantialität und Mater-ialität geht über an das, was *in* der Lichtung, dem nun nur noch leeren Raum, an Materie erscheint. Die von sich aus „gut gerundete Unverborgenheit"[12] der weiblichen Physis endet in dem erst von der phallischen Materie „gekrümmten Raum" der neuzeitlichen Physik. Die extensio des weiblichen Raumes verdankt sich fortan der existentiellen res extensa des Mannes, nicht umgekehrt. Heidegger wagt eine Ätiologie des späten erkenntnistheoretischen Chorismos, des Grabens zwischen Subjekt und Bezugsobjekt. Begann die Kluft zwischen Kind und Mutter, zwischen Ich und Nicht-Ich damit, daß die vaginale Lichtung des Seins zum leeren Raum und Abstand zwischen Mensch und Sein verkam? „Könnte *chora* nicht bedeuten : das Sichabsondernde von jedem Besonderen, das Ausweichende, das auf solche Weise gerade anderes zuläßt und ihm „Platz macht"?"[13] Aber nach Heidegger kann die phallische Intention den entleerten Raum bis hin zum zurückweichenden Sein des mütterlichen Fleisches nicht mehr von sich aus genital überbrücken, ohne zur „schrankenlosen Ausbeutung"[14] und „Unterwerfung" der Mutter Erde zu greifen. Aus der ödipalen Not, daß diese Unterwerfung kastrationsbedroht ist, macht H. die präödipalen Tugenden.

Was ist zu halten von einem „ekstatisch eingenommenen Raum"?

„Nur auf dem Grunde der ekstatisch-horizontalen Zeitlichkeit ist der Einbruch des Daseins in den Raum möglich." (SuZ 369)

Worin besteht diese „Abhängigkeit des Daseins vom Raum"?

Nachweise

[1] VuA 149

[2] VuA 146

[3] VuA 147

[4] VuA 194

[5] Das Fremdwort steht bei MH auch für den väterlichen Phall, den der inzestuöse Sohn aus der mütterlichen Vagina vertreiben möchte, den Fremdkörper, den Heidegger aus der Mutter-sprache verbannen will, indem er sich den etymologischen Wurzelbedeutungen anvertraut.

[6] VuA 149
„Ich bin niemals nur hier als dieser abgekapselte Leib, sondern ich bin dort, d.h. den Raum schon durchstehend, und nur so kann ich ihn durchgehen." (VuA 158)

[7] VuA 151

[8] VuA 155

[9] SdD 63 und UzS 37

[10] VuA 154

[11] META50

[12] SdD 80

[13] META51
„Das Aufgeräumte ist in seiner Räumlichkeit freigemacht, gelichtet und gefugt. Das Heitere, das Aufgeräumte, vermag allein, anderem seinen gemäßen Ort einzuräumen." (HOLD 15 f.)
„Ursprünglich bedeutet der Name „Ort" die Spitze des Speers. In ihr läuft alles zusammen. Der Ort versammelt sich ins Höchste und Äußerste. Das Versammelnde durchdringt und durchwest alles."(UzS 37). Hier ist auch die Ko- und Subordination aller Par-tialtriebe unters Genitalprimat angesprochen, die Triebmischung unter dem Ansporn der analsadistischen Komponente, die beim Speer stärker ausgeprägt ist als bei seinem weiblichen Ziel. („Je stärker und intakter die sadistisch-anale Komponente der Partner ist, um so besser und schneller wird sich die Mischung organisieren und zu beiderseitiger (Trieb-Befriedigung verlaufen ...") Der kaptative Schoß hilft kräftig mit: „Der Ort, das Versammelnde, holt zu sich ein, verwahrt das Eingeholte, aber nicht wie eine abschließende Kapsel, sondern so, daß er das Versammelte durchscheint und durchleuchtet und dadurch erst in sein Wesen entläßt." (UzS 37) In ihr Wesen entlassen werden durch die Sadokaptation des weiblichen Kruges also der Penis des Mannes und die Partialtriebe der Frau selbst.

[15] WEG 184
[16] WEG 185
[17] WEG 187
[18] SuZ358
[19] SuZ61
[20] WEG 191
[21] HOLZ, Vorwort
[22] SdD 72

„Offenständigkeit", „Weite", „Lichtung, „Öffnung", „Offenheit", „Auseinanderstand" : offenkundig räumliche Vorstellungen. Der Heidegger von SuZ bestimmte das „gleichgültige Außereinander" *(Hegel)* der Ortspunkte des physikalischen Relationsraums aus der inneren Räumlichkeit des menschlichen Daseins („Ausrichtung und Näherung") und diese wieder aus der Selbstzeitigung des Daseins, aus der inneren Geschichtlichkeit, den Ekstasen des Außer-sich-seins. Die Zeit des Heranwachsenden seit seiner Vergangenheit im Mutterleib und bis zum künftigen Status als sein eigener Vater ist der Urabstand, Grund jeder Entfremdung und Entfernung sonst, gleichsam das Urmetermaß. Aber: „Der Versuch in 'Sein und Zeit' § 70, die Räumlichkeit des Daseins auf die Zeitlichkeit zurückzuführen, läßt sich nicht halten."[1] Der spätere Heidegger bestimmt Räumlichkeit nicht mehr aus dem existentiellen Sichvorwegsein, dem Noch-nicht-wieder-sein-bei-der-Mutter, dem abgenabelten oder inzestuösen „Sein-zum-Tode", sondern umgekehrt räumt aller „Zeit-Raum" sich erst ein aus und in einer vorgängigen Lichtung des Mutterschoßes. Ehe das Kind die Mutter „auftun" kann, muß sie sich für ihn aufgetan und enthüllt haben als mögliche Öffnung, ob nun das Peniskind in den Uterus oder der Kinderpenis in die Vagina zurückwill. Daß es noch nicht wieder in oder bei ihr liegt, liegt an dem gleichzeitigen Trennraum zwischen der Mutter und dem abgenabelt-entwöhnten Kind einerseits und dem vorerst vom väterlichen Ge-stell besetzten Platz in der Mutter fürs Kind. Wie nun das?

Dem Dasein ist als Nesthocker und physiologischer Frühgeburt nichts angeboren, als daß ihm tierische Instinktsicherheit oder Umweltangepaßtheit nicht angeboren ist. Es kommt nicht fertig auf die Welt wie das Tier, hat nicht die „Seinsart des Vor- und Zuhandenen". Sein Abstand von ihm selbst ist der durch Sozialisation aufzuhebende Abstand von anderen, durch deren „Fürsorge" hindurch es wird, was es sein kann : Es selbst oder nicht es selbst, eigentlich oder uneigentlich. Die Entfernung des Kindes von der Mutter als dem Ur-anderen ist die Ur-entfernung des Kindes von sich selbst, wobei es i. A. nur über Identifikation mit dem Vater auf Wiedervereinigung mit der Mutter hoffen darf. Was es vom Vater trennt, sein Alter (Zeit) und seine Penislänge (Raum), trennt es auch von der Mutter und von sich selbst, und dieser dreieinige Trennungsabstand ist der ursprüngliche dreidimensionale „Zeit-Raum". Die drei „eigentlichen" Ekstasen der Zeit, Gewesenheit, Augenblick und „Auf-sich-zu-kommen" (unterhalb der „vulgären" Vergangenheit, Gegenwart und Zukunft) scheinen in geheimer Beziehung zu stehen zu den drei eigentlichen Dimensionen des Raumes (unterhalb des vulgären cartesischen Koordinatensystems). Anders ausgedrückt : Das Kind lebt in der Gegenwart seines Abstandes von sich selbst, also von jenem Augenblick, in dem der Abstand von der Mutter, also die Geworfenheit aus der paradiesischen Vergangenheit, sich aufhebt in der Wiederkunft der verlorenen Zeit. Und wird nicht in der Spätphilosophie die Ekstase des „gewesen(d)en" In-seins zum Sein *„auf der* Erde", das ekstatische Vorweg-sein in der Zukunft zum Sein *„unter dem*

106

Himmel" des Vaters Äther und das (ver)gegenwärtige(nde) Sein-beim-Seienden zur auszustehenden und durchmessbaren Dimension des „Zwischen"? Und dieser Zwischenraum ist erst der schmerzliche Trennungsabstand von den Eltern, dann der bestenfalls relativ konfliktlose „Spielraum" des Kindes zwischen den Eltern (siehe Th. Lidz), später dann der Spielraum, das freie Wohnen des Peniskindes im Uterus oder des beiwohnenden Kinderpenis in der Vaginalichtung. Die anthropologische Offenheit des Menschen, weil er früher als das Tier aus dem Uterus geworfen ist, die abgenabelte und entwöhnte „Hineingehaltenheit in das Nichts", diese genitale Freiheit vom Bann der Natur pervertiert mit der „Kehre" zu ihrem Gegenteil, wird zum „Aufenthalt" im Spiel-Raum zwischen den Armen und Beinen der sich wieder öffnenden Mutter. Nach der Kehre ins Präödipale gibt es die Dimension des Abstandes von der Mutter nicht mehr, der durchmessbare Zwischenraum wird zum Durchmesser ihres be- und beiwohnbaren Innenraums, und die Welt des „In-der-Welt-seins", im Kunstwerkaufsatz noch die Weite des gottväterlichen Himmels über der verschlossenen Mutter Erde, schrumpft wieder zusammen auf die Größe der Erdöffnung selbst. „Das ekstatische Wesen der Eksistenz wird deshalb auch dann noch unzureichend verstanden, wenn man es nur als „Hinausstehen" vorstellt und das „Hinaus" als das „weg von" dem Innern einer Immanenz des Bewußtseins und des Geistes auffaßt; denn so verstanden, wäre die Existenz immer noch von der „Subjektivität" und der „Substanz" her vorgestellt, während doch das „Aus" als das Auseinander der Offenheit des Seins selbst zu denken bleibt. Die Stasis des Ekstatischen beruht, so seltsam es klingen mag, im Innestehen im „Aus" und „Da" der Unverborgenheit, als welche das Sein selbst west."[2] Das ekstatische „Hinausstehen" des Ständers deutet hier, noch 1949, auf die phallisch-inzestuöse Komponente unterhalb der regressiven Passivität hin. Aber ob präödipal oder genital: „Sein lichtet sich dem Menschen im ekstatischen Entwurf. Doch dieser Entwurf schafft nicht das Sein."[3]

„Die Lichtung selber aber ist das Sein."[4] Also nicht der Kinderpenis oder das Peniskind öffnet die Frau, sondern sie selbst muß von sich aus „aufgehen" und dem „aufgehenden" Penis eine „Unterkunft gewähren."

Der erigierende Penis wächst auf die Frau zu, wenn wir die genitale Komponente der „ek-sistentiellen Ekstase" wieder betonen. Er schlägt eine verbindende „Brücke", und wo der vom Kind abstehende Penis den Abstand bis zur Vagina durchmißt, sich vorweg immer schon bei der Lichtung des Seins, da ist seine Potenz potentiell schon über diesen Trennraum des Tabus hinaus im tabuierten Tempelraum selbst. Der Penis des Kindes muß erst so lang werden wie ihr Schoß tief ist, aber auch so lang, wie der Abstand des Kindes von der Mutter mißt, um ihre Öffnung zu erreichen. Erkenntnistheoretisch gesprochen: der Mann kommt nie aus sich heraus, der Graben hin zur Frau ist nie überbrückbar, wenn er nicht immer schon durch die Erektion der genitalen Brücke überbrückt ist, und überbrückt ist der Abstand zum Bezugsobjekt nur, wofern der intendierte Gegenstand selbst schon eine lichte Öffnung gebildet hat, welche die „überschwingende"[5] *Intentionalität* des sich ent-werfenden Penis gleichsam nur auffängt und sich „er-wirft".[6] Die Frau muß dem Schwung des erigierenden oder regredierenden „Ent-Wurfs" schon in ihrem Fleisch Platz gemacht und Raum gegeben haben, zurückgewichen sein, damit dieser Schwung dann nicht, an ihrer kompakten Verschlossenheit reflektiert, in sich zurückfällt, damit er überhaupt sich „losläßt." Sie muß also erst in ihrem Fleisch sich zurückgezogen, „entzogen" haben und eine „freie Gegend" in sich zurücklassen, die den Penis bewegt, den Ursprung zu bespringen, ihn also veranlaßt zu „Vorsprung" und „Absprung". Das Dasein entwirft sein Sein, aber im und ins „Seyn". Das Nichts, dieser Trennungs-abstand vom „Seyn", ist der „Schleier des Seins": Eigentlich ist es schon das „sinnverwirrende Nichts" (*Zola*, „Nana") zwischen den Beinen und im Leib der Mutter, und dieses Nichts ist fürs regredierende Kind kein Seiendes, kein Gegen- und Widerstand, weil weder die Mutter „da" ist (sofern ihr Fleisch dort nicht kompakt geschlossen ist), noch der Vater „da" ist (sofern die Öffnung frei von seinem Ge-stell ist). In „L'Etre et le Néant" (1943) sprach *Sartre* als Schüler Heideggers von der Freiheit des Menschen als einem „Loch im Seinsgewebe" und im Abschnitt über die „existentielle Psychoanalyse der Dinge" von der „präsexuellen Valenz des Loches", also von dieser Freiheit als einem „Ruf nach Fülle oder Wiederherstellung einer Fülle." Der Freiheit des Daseins von oder zum Sein geht somit die Freiheit des Seins selbst voraus, die Lichtung des Schoßes, jener erogenen „Gegend", wo die mütterliche Ama-zone frei von ihrem eigenen und dem Fleisch des Vaters ist. Die Offenheit des Menschenkindes, seine Trennung und Freiheit vom Sein, verkehrt sich nach der „Kehre" zu seinem Spielraum innerhalb der Öffnung des Seins, im vaginalen oder uterinen Nichts. Eigentlich ist nach Heidegger das Kind da und die Mutter fürs Kind da, wo sie nicht da ist, d. h. ihr Körper ein „bergendes" Loch hat, und dieses Nichts ist nicht nur nicht nichtig(swürdig), sondern das Seyn höchstselbst.

Das „nichtende Nichts" der Antrittsvorlesung von 1929:
1. Der Abstand, das Nichts zwischen Mutter und Kind, *nichtet* das Kind in der Trennungsangst.
2. Das vaginale Nichts der venus dentata nichtet den inzestuösen Kinderpenis, weil es tabuiert ist, und weil es das Kind analsadistisch festhält und nicht zu sich kommen läßt.
3. Das uterine Nichts *nichtet* das regredierende Kind, das es in die Ursymbiose auflöst.

Heidegger/Hegel = Parmenides/Plato : „Steht" der bewegte Pfeil?
„Das Älteste des Alten kommt in unserem Denken hinter uns her und doch auf uns zu." -- „Magna Mater. Zu Deutsch: Teufels Großmutter." *(R.A. Schröder)*
„Das Denken ist ... Zusammenfassen des Mannigfaltigen *in* der Einheit." *(Hegel)*

Homophil : „Alles Denken hat als Voraussetzung ein 'Gleichmachen'."
(Nietzsche)

Das nichtende Nichts

„Das Sein ist kein Seiendes und doch nicht nichts." Die Frau ist kein Mann und
doch nicht nichts, die Vagina ist kein Penis und doch nicht nichts. „Das Nichts
ist das Nicht des Seienden und so das vom Seienden her erfahrene Sein."[7] Die
Kastriertheit ist das Nichts des Penis und so die vom Penis her erfahrene Vagina.
„Die ontologische Differenz ist das Nichts zwischen Seiendem und Sein."[7] Die
petite différence ist das Nicht zwischen Penis und Vagina etc. „Das Nichts als
das andere zum Seienden ist der Schleier des Seins."[8] Will sagen, was die Vagina
an sich selbst ist, bleibt verhüllt von ihrer nur negativen Bestimmung, nichts zu
sein, solange ein Penis erwartet wird. Kastriertheit ist der Schleier der Vagina,
hinter der sich ihre Fertilität verbirgt, und laut *Freud* bleibt Mädchen nicht anders
als Jungen bis zur Pubertät verborgen, daß die Scheidenöffnung hinter der Klitoris
verborgen ist. „Die Unverborgenheit ist für das Denken das Verborgenste."[9] Wenn
Weiblichkeit in den Augen der Männer so viel wie Penislosigkeit bedeutet, wenn
der Mann also Interesse daran hat, die Frau zu identifizieren als kastrierten Mann,
dann ist es der Mann, der sie kastriert, wo er feststellt, daß sie kastriert ist, und ihr
diese Einschätzung aufzwingt. Wenn das Besondere an der Frau, dort nichts
Besonderes zu haben, wo allen Männern der Penis gemeinsam ist, dadurch
kastriert wird, daß die Frau als kastrierter Mann definiert ist, und wenn
Philosophie laut *Adorno* auf die Rettung alles Besonderen vor dem kastrierenden
Zugriff der männlichen Begriffe abzielt, dann ist die Frau dadurch vor der
Kastration zu schützen, daß sie jenseits ihrer Penislosigkeit verstanden wird. Und
wenn es wahr ist, daß der Mann die Frau kastriert, dann nicht deshalb, weil er ihr
einen Penis raubt, der ihr zurückzuerstatten wäre, sondern weil seine Kultur sie
zwingt, ihre Vagina als einzige Kastrationswunde zu erleben, von seinem Penis
geschlagen oder als Strafe dafür, mit ihrer Klitorismasturbation seine phallische
Macht usurpiert haben zu wollen. Die Vagina ist kein Penis und doch nicht nichts,
nicht einmal ein kastrierter : eben keine Klitoris. Die Vagina ist kein Penis, aber
auch kein Nichtpenis. Daß sie nicht nur nicht Penis ist, macht sie auch nicht in
doppelter Negation wieder zu einem Penis. Was Heidegger von der Philosophie
erwartet, ist eine Aussage darüber, was die Vagina ist außerhalb ihrer nichtigen
Bestimmung, eben kein Phallus zu sein. In gewisser Weise erinnert *Freuds*
Entdeckung des Übergangs weiblicher Sexualität von der klitorialen zur vaginalen
Phase an Heideggers „Kehre" vom phallischen Licht platonischer Ideen zu der
Vaginallichtung des Seins, vom „Ge-Stell" zur urmütterlichen Wohnung und
Öffnung. Was „ist" Sein, wenn es kein Seiendes ist, wenn es nicht einmal nur

Nichts ist, wo beim Mann etwas „da" ist? Der Mann „ist", weil der Penis ein Seiendes ist, das Seiende par excellence; die Frau „ist" nicht, weil die Vagina kein Penis ist, nicht einmal Abwesenheit des Penis. Nach Heidegger läßt sich die Scheide nicht definieren, weil jede Definition des Subjekts „Vagina" bereits eine Kopulation mit dem phallischen Prädikat bedeute, eine Subsumtion unter „Penis" und „Nichtpenis". Das Sein sei kein Begriff und kein Seiendes, kein Vater und kein Phallus, kein Mann und keine Frau, wenn Frau nur heißt, kein Mann zu sein. Aber das Sein sei weder Seiendes noch Nichtseiendes, und die Vagina ist nach Heidegger immer schon dem Penis unterworfen, wo sie dem männlichen Begriff des „Nichtpenis" subsumiert wird. Den Schrecken darüber, daß das weibliche Genital mehr und anderes ist als Penis und dessen Abwesenheit, hat Heidegger zum philosophischen Grundgefühl hochstilisiert, zum Erben des platonischen Erstaunens darüber, daß die Mater-ie nichts ist im Vergleich zu dem Da oben. Heidegger unterscheidet zwischen dem Sein und dem Wesen alles Seienden. Das Sein sei nicht die „Seiendheit" des Seienden, nicht das, was alles Seiende erst zum Seienden mache. Allen Phalli gemeinsam ist ja gerade, keine Vagina zu sein. Der gesamten abendländischen Geschichte der Philosophie wirft Heidegger gerade vor, sie habe es nur bis zur Seiendheit des Seienden gebracht, zum Ursprung des Seienden, aber nicht zum Ursprung dieser Seiendheit des Sei-enden. Dasjenige, ohne das der Phallus aber nicht Phallus ist, seine Phallizität und Maskulinität gleichsam, ist nicht die Vagina, sondern seine Potenz, sein „eigenstes Sein-können", seine ureigene potentia erigendi, coeundi, immittendi, eiaculandi et generandi. Der Penis ist das, was er ist, auch ohne Vagina, nicht aber seine Potenz. Die Idee des Penis ist das, was er kann, aber die Idee dieser Idee, das Licht, das dieses Licht erst zum Leuchten bringt, ist die weibliche Lichtung, der der Penis ja allererst entstammt und die ihn auch später überhaupt erst „aufrecht-in-sich-da-stehen" und in sie hinein- und aus ihr herausstehen läßt. Die Vagina ist nach Heidegger anfänglicher und ursprünglicher als der Phallus in doppelter Hinsicht. Einmal bringt sie als Matrix aller Materie den Phallus, also das Kind mit und ohne Phallus, erst aus sich hervor.[9a] Zum anderen ermöglicht sie dem einmal geborenen Phallus erst, Phallus zu sein, zu erigieren, zu ejakulieren, zu zeugen, potent zu sein „gegen ihr über". Das Besondere also am Sein besteht darin, alles Besondere überhaupt erst aus sich als Genital „entspringen zu lassen", indem es selbst gar nichts Besonderes „ist". Die Vagina jenseits klitorialer Kastriertheit, das ist genau jener mütterliche Uterus, der im freudigen „Ereignis" der Geburt alle Vaginen und Phalli erst entspringen und „seinläßt", die dann in Subjekt-Objekt-Relation zueinander treten und einander „erkennen" können. Kein Seiendes zu sein, sei nicht nichts, sondern das Sein selbst, aus dem alles Seiende komme. In der Antrittsvorlesung „Was ist Metaphysik?" von 1929 geht Heidegger von der philosophischen Urfrage aus : Warum ist überhaupt Seiendes und nicht vielmehr nichts? Warum gibt es überhaupt einen Phallus (= Kind) und nicht vielmehr nur Vagina? Heidegger erinnert daran, daß die Vagina nicht nur

leeres Loch und nichtiges Nichts ist, sondern auch furchterregend „nichtendes Nichts", nicht nur kastriert, sondern ihrerseits kastrierend, und kastrierend gerade, weil sie das Kastrierte ist. Und das Nichts zwischen den Beinen der Mutter bedroht das Kind dreifach mit „Nichtung": als oral-kaptative, paranoid-persekutorische Venusfliegenfalle, die das Kind in schizophrenogene, primärnarzißtische Resymbiotisierung zu verstricken droht, als analsadistisch fesselnde Sphinkterkloake, die das Kind zum phallischen Eigentum der Mutter macht und schließlich durch den in der inzestuös begehrten Vagina verborgenen Phallus des Vaters ist das berühmte „nichtende Nichts" das kastrierende Kastrat der Venus dentata. Diese „nichtenden" Züge am Sein, die kastrierende Imago der kastrierten Mutter Natur, treten beim späten Heidegger zurück zugunsten ihrer bergenden, schützenden, behütenden, haltgebenden Funktionen. Genauer : Sie werden verdrängt. Durch präödipale Regression ist die Kastrationsgefahr durch den in der Vagina versteckten väterlichen Penis zwar gebannt, aber die nun freiwerdende orale und anale Destruktivität wird vom Denker wegirrationalisiert aus der Seinsbeziehung des Daseins : das psychotische Kollabieren der Existenz, ihre Unheilbarkeit, findet sich heiliggesprochen.
Die vaginale Lichtung der Mutter ist ein „nichtendes Nichts", bedroht sie doch das „aufgerichtete" Seiende des Sohnes mit jener Nichtung, die vom Nein des väterlichen Ge-stells in ihr zu diesem Seienden ausgeht. Dieses phallisch Seiende des Kindes „steht" im Lichte des väterlichen Vorbilds in der mütterlichen Lichtung, bedroht von einer Nichtung, die tiefer geht als bloße Verneinung: „... die Härte des Entgegenhandelns und die Schärfe des Verabscheuens. Verantwortlicher ist der Schmerz des Versagens und die Schonungslosigkeit des Verbietens. Lastender ist die Herbe des Entbehrens."[10]
Zuerst hat das Kind sich zu trennen vom Bauch der alimentären Mutter, der „Kugel des Seins"[11]. Später sagt das Nichts zwischen ihren Beinen (kraft des väterlichen „Ge-stells" darin) auch Nein zu seiner ödipalen Zudringlichkeit, bedroht sein Seiendes mit Nichtung qua Kastration. Die Mutter ist eine Heilige, begehrt weil tabuiert. Ihre Lichtung ist fürs Kind nur dann eine heile Welt, wenn es darin nichts Böses tut, also den Vater nicht erbost und grimmig werden läßt. Und das anale Nein des Kindes ist immer Antwort auf dieses Nicht(s). „Mit dem Heilen zumal erscheint in der Lichtung des Seins das Böse. Dessen Wesen besteht nicht in der bloßen Schlechtigkeit des menschlichen Handelns, sondern es beruht im Bösartigen des Grimmes. Beide, das Heile und das Grimmige, können jedoch im Sein nur wesen, insofern das Sein selber das Strittige ist. In ihm verbirgt sich die Wesensherkunft des Nichtens. Was nichtet, lichtet sich als das Nichthafte ... Jedes „Nein", das sich nicht als eigenwilliges Pochen auf die Setzungskraft der Subjektivität mißdeutet, sondern ein sein-lassendes der Eksistenz bleibt, antwortet auf den Anspruch des gelichteten Nichtens. Alles Nein ist nur die Bejahung des Nichts. Jede Bejahung beruht im Anerkennen."[12] Des Kindes durch die Eltern, falls es die Privilegien des Vaters anerkennt. „Sein erst

gewährt dem Heilen Aufgang in Huld und Andrang zu Unheil dem Grimm."[13]
In SuZ wird „die Erschlossenheit des In-Seins die *Lichtung* des Daseins genannt, in der erst so etwas wie Sicht möglich wird. Sicht wurde im Hinblick auf die Grundart alles daseinsmäßigen Erschließens, das Verstehen, im Sinne der genuinen Zueignung von Seiendem begriffen, zu dem sich Dasein gemäß seiner wesenhaften Seinsmöglichkeiten verhalten kann."[14]
„Es ist 'erleuchtet', besagt: an ihm selbst als In-der-Welt-sein gelichtet, nicht durch ein anderes Seiendes, sondern so, daß es selbst die Lichtung *ist*."[15]
„Daher wird die Erfahrung der Sinne überhaupt als 'Augenlust' bezeichnet ..."[16] In § 36 von SuZ wird die „Neugier, der nichts verschlossen ... bleibt" als leichtfertiges Divertissement und als Untreue diskreditiert. Hier ist bereits die *Kehre* von dem neu-gierigen phallischen Augenlicht zur Lichtung der vaginalen Ohrmuschel vorgezeichnet, von fragender Skoptophilie zu gehorsamer und höriger Hörlust, vom aktiven Hinter-die-Dinge-Sehen zum passiven, gehörigen Zuhören, An(ge)hören, Auf- und Abhören, (Üb)erhören des späten Heidegger. Der sich selbst kastrierende und blendende Ödipus wird ganz Ohr, gehorcht nur dem väterlichen Ukas des Bestehenden und hört nur noch Gras wachsen in und auf dem Lande. Dasein hält Rücksprache mit der Aftersprache des Seins, das nur einen Hauch, einen flatus vocis, einen Furz von sich geben muß, damit MH von „lüftender 'Luft'"[17] spricht. Freiheit, das heißt ihm schließlich, solche Luft zu bekommen, die von einem tödlichen crepitus des Seins nicht mehr zu trennen ist, wo jenes Hören und Sehen vergeht, welches in SuZ noch Zeuge des urszenischen Zeugungsaktes der Eltern wurde. Das riecht schon nach jener Verwesung alles Wesentlichen, die als hintergründiger Opferrauch aus dem unaussprechlichen Unwesen der Dinge aufsteigt.
Die Kategorien, in denen das menschliche Dasein zu bestimmen ist, nennt Heidegger *Existenzialien*: „Das bedeutet zunächst öffentlich anklagen, einem vor allen etwas auf den Kopf zusagen. Ontologisch verwendet, besagt der Terminus: dem Seienden gleichsam auf den Kopf zusagen, was es je schon als Seiendes ist, d.h. es in seinem Sein für alle sehen lassen."[18] Sagen wir dem Seienden Heidegerscher Observanz also gleichsam vor allen auf den Eichelkopf zu, was es je schon als Seiendes ist : ein Phallus. Und lassen wir den in seinem Sein für alle sehen, weil er sich sehen lassen kann, dann nennt Heidegger dieses Sehenlassen *Logos*. Unsere Psycho-logik läßt das „Seiende in seinem Sein" sehen, und wir sehen, daß das für den frühen Heidegger bedeutet : den Penis in seiner Potenz und Erektion, für den späten Heidegger : den Penis in der Vagina, das Kind im Uterus.
„Das Sein jedoch ist keine seiende Beschaffenheit an Seiendem."[19] Die Vagina ist auch kein Ständer, steht also auch nicht als Gegenstand vor und läßt sich nicht her(aus)stellen, weil aus ihr alles erst hergestellt wird: „Das Sein läßt sich nicht gleich dem Seienden gegenständlich vor- und herstellen. Dieses schlechthin Andere zu allem Seienden ist das Nicht-Seiende." Aber dieses Kastrierte ist ein

eigenes Wesen, eben die Vagina: „Aber dieses Nichts west als das Sein. Wir sagen dem Denken zu übereilt ab, wenn wir das Nichts in billiger Erklärung für das bloß Nichtige ausgeben und es dem Wesenlosen gleichsetzen. Statt solcher Übereilung eines leeren Scharfsinns (!) nachzugeben und die rätselhafte Mehrdeutigkeit des Nichts preiszugeben, müssen wir uns auf die einzige Bereitschaft rüsten, im Nichts die Weiträumigkeit dessen zu erfahren, was jedem Seienden die Gewähr gibt zu sein. Das ist das Sein selbst."[19] Die Angst vor dem Verlassenwerden von der Mutter ist nach MH das philosophische Urmotiv. „Ohne das Sein, dessen abgründiges, aber noch unentfaltetes Wesen uns das Nichts in der wesenhaften Angst zuschickt, bliebe alles Seiende in der Seinslosigkeit. Allein auch diese ist als die Seinsverlassenheit wiederum nicht ein nichtiges Nichts, wenn anders zur Wahrheit des Seins gehört, daß das Sein nie west ohne das Seiende, daß niemals ein Seiendes ist ohne das Sein."[20] Die Mutter ist stets Mutter ihres Kindes, das Kind stets Kind seiner Mutter, eines ist immer durch das andere, was es ist, durch jene Vermittlung von Mutter und Kind durcheinander, die MH nicht Wort haben will, weil für ihn das *Ereignis* der Mutter-Kind-Dyade etwas Unmittelbares ist noch vor jeder gegenseitigen Vermittlung von noch gar nicht herausdifferenzierten Extremen. Hier liegt der Kern von *Adornos* Kritik an Heideggers Postulat eines unmittelbar Ersten, das nicht durch anderes mit sich selbst vermittelt sei. Nach *Adorno* wäre die Mutter-Kind-Symbiose bereits eine Vermittlung von Mutter und Kind durcheinander, eine Vermittlung, welche die Extreme Mutter und Kind ebenso voraussetzt, wie Mutter und Kind jedes für sich nichts ist jenseits der Beziehung auf das andere Moment. Auch im Erkenntnisakt: Keine Scheide ohne Schwert und umgekehrt.

„Die Sehnsucht ist der Schmerz der Nähe des Fernen." (VuA 108)

Die Mutter ist als primäre Bezugsperson dem Kind die Nächste, als inzesttabuierte aber die Fernste. „Gewöhnlich", also bei normaler Auflassung des Ödipuskomplexes, „vergißt" der Sohn das Sein = Mutter und hält sich unter der Kastrationsdrohung an den „heilen" eigenen Penis = Seiendes. Aber MH geht weiter (zurück), wenn er den Sohn daran erinnert, daß ihm eigentlicher doch, wenn schon nicht die verbotene inzestuöse Mutter, so doch die nutritiv versorgende Mutter näherstehe als dieser Penis, um dessen Bewahrung es dem Kinde ging. „Dasein ist Seiendes, dem es als In-der-Welt-Sein um es selbst geht." Dem Kind, dem Wurf der Mutter und im Inzestversuch von ihr abgeworfen, geht es zwar um sein phallisch Seiendes und dessen Rettung, aber auch um sein wenn nicht inzestuöses, so doch wenigstens prädipales In-der-Welt-Sein, und „'Welt' ist die Lichtung des Seins, in die der Mensch aus seinem geworfenen Wesen her heraussteht." Erst war die Fürsorge der prägenitalen Mutter da, bevor der Penis des Sohnes sich ödipal auf sie richtete, und was nützt ihm alle Bewahrung seines „Bestandes", wenn er darüber vergißt, um wessen willen er das Sein qua Mutter vorläufig aufgibt? „Das Sein ist das Nächste. Doch die Nähe bleibt dem Menschen am weitesten. Der Mensch hält sich zunächst immer schon und nur an das Seiende. Wenn aber das Denken das Seiende als Seiendes vorstellt, bezieht es sich zwar auf das Sein. Doch es denkt in Wahrheit stets nur das Seiende als solches und gerade nicht und nie das Sein als solches. Die 'Seinsfrage' bleibt immer die Frage nach dem Seienden." (WEG 162). „Die Metaphysik denkt den Menschen von der animalitas her und denkt nicht zu seiner humanitas hin." Metaphysik müsse „verwunden" werden, weil sie den Menschen vom Tierischen her und nicht zum Humus (Muttererde) hin denke, vom Phallus her, nicht zum Sozialuterus hin. Der Sohn soll paradox gerade mehr als der Vater sein, weil er weniger ist, hat er an der Mutter, sofern er sie als Inzestobjekt fahren läßt, ja mehr als der Vater: perfekte Versorgung und Verwöhnung, keine „Seinsverlassenheit" wie das gewalttätige väterliche Ge-stell. „Aber hier zeigt sich das Rätselhafte: der Mensch ist in der Geworfenheit. Das sagt: der Mensch ist als der ek-sistierende Gegenwurf des Seins insofern mehr denn das animal rationale, als er gerade weniger ist im Verhältnis zum Menschen, der sich aus der Subjektivität begreift. Der Mensch ist nicht Herr des Seienden. Der Mensch ist der Hirt des Seins. In diesem 'weniger' büßt der Mensch nichts ein, sondern er gewinnt, insofern er in die Wahrheit des Seins gelangt ... Der Mensch ist der Nachbar des Seins." (WEG 172 f.). Ist der Sohn schon nicht Herr über seinen inzestuösen Penis, gelangt er doch durch das Inzestopfer, durch Verzicht auf dessen inzestuös-patrizidalen Gebrauch, umso sicherer in den bergenden Schoß zurück zum Schäferstündchen mit der Mutterkuh.

Die Vagina ist kastrierende Venus dentata, weil sie den geraubten väterlichen Penis verbirgt und ihn orgastisch kleinkriegen kann. Auf ihn fürchtet der Sohn zu treffen beim Inzestversuch. Das väterliche Licht in der mütterlichen Lichtung blendet ihn. „Das Nichten west im Sein selbst und keineswegs im Dasein des Menschen, insofern dieses als Subjektivität des ego cogito gedacht wird." (WEG 190). Nur in der begehrten Lichtung wird dieses Licht dem Sohn gefährlich. „Das Sein nichtet — als das Sein. Deshalb erscheint im absoluten Idealismus bei Hegel und Schelling das Nicht als die Negativität der Negation im Wesen des Seins. Dieses aber ist dort im Sinne der absoluten Wirklichkeit als der unbedingte Wille gedacht, der sich selbst will, und zwar als der Wille des Wissens und der Liebe." (WEG 190). Im Idealismus steckt noch nach MH der „nichtende" Vatergott im Nichts der Mutter Natur: „In diesem Willen verbirgt sich noch das Sein als der Wille zur Macht." (WEG 190). Selbst die Liebe des Vaters ist „Gewalttätigkeit" gegen Frau und Kind.

Nachweise

[1]   SdZ 24

[2]   WEG 203

[3]   WEG 168

[4]   WEG 163
„Das Denken zieht Furchen in den Acker des Seins." (UzS 173) „Mit der Einführung des Ackerbaues hebt sich die Bedeutung des Sohnes in der patriarchalischen Familie. Er getraut sich neuer Äußerungen seiner inzestuösen Libido, die in der Bearbeitung der Mutter Erde ihre symbolische Befriedigung finden. Es entstehen die Göttergestalten des Attis, Adonis, Tammuz u.a., Vegetationsgeister und zugleich jugendliche Gottheiten, welche die Liebesgunst mütterlicher Gottheiten genießen, den Mutterinzest dem Vater zum Trotze durchsetzen. Allein das Schuldbewußtsein, welches durch diese Schöpfungen nicht beschwichtigt ist, drückt sich in den Mythen aus, die diesen jugendlichen Geliebten der Muttergöttinnen ein kurzes Leben und eine Bestrafung durch Entmannung oder durch den Zorn des Vatergottes in Tierform bescheiden." (Freud: Totem und Tabu)

[5]   WEG 63

[6]   WEG 180

[7]   WEG 21

[8]   WEG 107

[9]   HOLZ 40
„Es hält sich in einer Verborgenheit, die sich selbst verbirgt." (WEG 243)
Kind und Penis kommen aus der Vagina. MH sagt selbst, daß „das Seiende dem Sein entstammt..." (Weg 100)

[10]   WEG 14

[11]   HOLZ 278

[12]   WEG 189

[13]   WEG 191

[14]   SuZ 170

[15]   SuZ 133

[16]   SuZ 171

[17]   HOLD 19
„Wo ist nun das Sein dieser Oberrealschule? ... Das Sein solcher Gebäude kann man gleichsam riechen und man hat oft nach Jahrzehnten noch den Geruch in der Nase." (META 25f.) Schulgebäude, „Haus des Seins", Alma mater, Sexualgeruch der Mutter.

[18]   SuZ 44

[19]   WEG 101 f.

[20]   WEG 102

Platons Höhlengleichnis

Entzieht in nuce nicht bereits 1929 Heideggers Deutung von Platos Höhlengleichnis der väterlichen Sonne, der Idee, dem Licht der Vernunft das Wahrheitsmonopol? Seit Plato sei das abendländische Denken an die Vaterimago verfallen und der Mutterimago abtrünnig geworden. Die Idee allein sei fortan agathon[1], der Vater gut (statt der schwule He-Man). In seinem Schatten steht das Kind als schwaches Abbild seines Vorbilds, nur noch mimetisch partizipierend an seiner Omnipotenz und seinem Feuer. Der Vater macht alles offenbar, sieht alles, was der Sohn in der Mutterhöhle so treibt. Das übermenschliche Licht der Idee, an der die Sterblichen nur schwach teilhaben, sei ein subjektives Vermögen, das Augenlicht des Vaters, mithin das, was er sich so vorstellt : „Die Sonne gibt als Quelle des Lichts dem Gesichteten die Sichtbarkeit. Das Sehen aber sieht nur das Sichtbare, sofern das Auge ... 'sonnenhaft' ist... Das Auge selbst 'leuchtet'".[13] Seit Platon spricht Philosophie die Sprache des Überich. „Seit Platon wird das Denken über das Sein des Seienden — 'Philosophie', weil es ein Aufblicken zu den 'Ideen' ist."[2] Ein Aufblicken zu dem, was die zensierenden Augen des Vaters sagen, der über die Methexis, die Mitbestimmung des Sohnes, eifersüchtig wacht. „'Bildung' ist Prägung zumal und Geleit durch ein Bild."[3] Dieses Bild ist nicht die Mutterimago, sondern *paideia* ist „Anmessung an einen maßgebenden Anblick, der deshalb Vorbild heißt."[3] Seit Platon ist das einzig Wahre das unterjochende Vorbild des Vaters, nicht mehr die bewahrende Höhle des Mutterschoßes, deren „Unverborgenheit schon unter dem Joch der *idea* steht."[4] „Im Höhlengleichnis entspringt die Kraft der Veranschaulichung nicht dem Bilde der Verschlossenheit des unterirdischen Gewölbes und in der Verhaftung in das Verschlossene, auch nicht aus dem Anblick des Offenen im Außerhalb der Höhle."[6] Die Abrechnung mit Plato leitet bereits über zum späten Heidegger. Daß die Wahrheit beim Licht, beim vorbildlichen Sein des Vaters, liegen soll, wird schon als Verfallsform der Aletheia (Unverborgenheit) gedeutet. Eigentlich wahr ist 1929 nicht mehr das Licht, aber auch noch nicht die bergende Lichtung, sondern die Befreiung von der nachstellenden Fürsorge der mütterlichen Höhle. Noch gilt : „Das Wesen der Wahrheit ist die Freiheit."[6] Erst später wird diese Freiheit zum Spielraum des re-infantilisierten Daseins innerhalb der Uterushöhle selbst. Das einzig Wahre, die Lichtung, ist hier noch nicht der verborgene „Welteingang"[7] der Höhle, sondern ihr Ausgang ins Freie, aber nicht mehr zum Licht draußen, sondern das Freie selbst, das später für gewisse Bewegungsfreiheit innerhalb der Höhle wieder preisgegen wird. „Denn was ist die unterirdische Höhle anderes als ein in sich zwar Offenes, das zugleich umwölbt und durch die Umwandung von der Erde trotz des Eingangs umschlossen bleibt. Die in sich offene Umschließung der Höhle und das durch sie Umstellte und also Verborgene verweisen zugleich auf ein Außerhalb, das Unverborgene, was über Tag ins Licht sich weitet."[8] Hier ist die Angst des

Umstellten noch Klaustrophobie, will aus der Uterusenge heraus, sucht das Weite und sein Heil in der Flucht aus der später erst heiliggesprochenen heilen Höhle. Erst der „versengende Strahl" der Sonne des *Führers* wird Heidegger dann später, von Hölderlin pseudolegitimiert, in die Höhle zurücktreiben. Ihre Brutwärme wird dann das kleinere Übel sein, die paranoiden Ängste von der Kastrationsangst übertäubt und nur Mut zur Klaustrophobie gemacht." (WEG 103, VuA 276) Vor dem festnagelnden Suchscheinwerfer des väterlichen Auges wird dann dieser Eingang der engen Uterushöhle zum „Welteingang", zur „Unterkunft" vor „Gottes Gewittern" draußen, das Fluchtloch zur Weltlichtung und wirkliche Freiheit zur ungebor- genen Unverborgenheit. Paradox sucht und findet das Dasein Unterschlupf gerade in jener Höhle, aus der es vertrieben wird vom väterlichen Blitz: „Blitze nämlich sind der Zorn eines Gottes." *(Hölderlin)* Von der ganzen Philosophie bleibt als „unscheinbare" Aufgabe des Denkens nur übrig, dem eifersüchtig argwöhnischen Auge des Vaters das Innestehen des Kinderpenis in der mütterlichen Vaginal- lichtung als harmlosen prägenitalen „Unter-stand" des Peniskindes (Sub-stanz) in der Uterushöhle zu verkaufen, den Inzestverdacht zu zerstreuen? Ist das der Kern von Heideggers zuweilen schwer erträglicher, prätentiös falscher Bescheidenheit und affektierter Demut?

Für die Vorsokratiker sei das einzig Wahre noch die Schönheit der Frau gewesen, nicht das Urteil des Mannes über ihr schönes Aussehen. Seit Platon habe diese Ma(ma)terie sich richten müssen nach der Vorstellung des Mannes davon, was eine schöne Frau sei, und das heißt, was ein schöner Phallus sei, dessen Besitz ihn narzißtisch befriedigt. Eine richtige Frau richte sich seither nach der Idee des Mannes vom Ewig-Weiblichen : eine glänzende Erscheinung zu sein, sein Penis in Person, der ihn für andere Männer attraktiv macht. Der Sohn will den Penis des Vaters haben, um in die Mutter eindringen zu können. Zuweilen vergißt er über der Sehnsucht nach dem väterlichen Ge-stell die mütterliche Höhle, über dem Mittel das Ziel. Schließlich wird das vaginale Sein zu jenem phallisch Sei- enden, mit dessen Hilfe dieses Sein erschlossen werden sollte. Hinter Platon zu- rückgehen, heißt für MH dann, hinter der Phallizität der Frau wieder ihre Höh- lung zu entdecken, und sei es nur die präödipale des Uterus. Wenn die Liebe des Mannes zur Frau platonisch sei, dann deshalb, weil er in ihr seinen Penis liebt, den bewunderten Penis des Vaters, nicht die tabuierte Höhle der Mutter. Wohl- gemerkt : MH beklagt nicht den männlichen Protest der Frau und daß sie zum Manne geworden sei, sondern zum Penis des Mannes. Erst die Mater-ie, die weder Penis hat noch ist, ist kein Schatten der homoerotischen Idee mehr, kein Abbild des väterlichen Gestells, sondern nur Höhle. „Spitz (1955) hat diese Situation der frühen Symbiose treffend als 'Welt der Urhöhle' beschrieben. Er weist darauf hin, daß das Kind in der frühen Phase der Entwicklung sich selbst und die Mutter, welche für das Kind in dieser Phase die Realität überhaupt verkörpert, nach dem 'Höhlenmodus der Wahrnehmung' erlebt, nämlich mit der 'Urhöhle' des Mun- des, in dem alle Erfahrungen zugleich innere und äußere Wahrnehmung sind."

„Man könnte hinzufügen, daß dieses frühe intraorale Erleben ja darin besteht, daß das Kind die Brust in sich hineinnimmt, während es zugleich in Arme und Brust der Mutter eingehüllt ist. Der Erwachsene betrachtet dies als getrennte Erlebnisse. Aber für das Kind sind sie nur eines, sind Singular und untrennbar, ohne Unterschiede zwischen den konstituierenden Teilen, so daß auch jeder dieser konstituierenden Teile für das ganze Erleben stehen kann." *Ammons* Kommentar zur 'Welt der Urhöhle': „Sie wird einerseits konstituiert durch die Urhöhle des eigenen Mundes, sie wird aber andererseits erst dadurch ermöglicht, daß in Form der mütterlichen Arme, die das Kind tragen, und der Brust, die es in sich hineinnimmt, die es berührt und an die es sich anlehnt, auch eine äußere Urhöhle bereitgestellt wird, in welcher der Mund als zentrales Wahrnehmungsorgan überhaupt erst tätig werden kann. Die 'Welt der Urhöhle' bildet das Erfahrungsfeld, in dessen Erforschung das Kind seine primär gegebenen Ich-Funktionen erprobt und entfaltet. Spitz bezeichnet sie als „Matrix sowohl von Introjektion wie Projektion", in denen wir die primärprozeßhafte Form jener Ich-Funktionen erkennen können, die später eine differenziertere Kommunikation nach Innen und Außen ermöglichen werden."[9] Idea und Eidos sind primär nicht der männliche Begriff von einer Sache, sondern das „als Repräsentant der Urhöhle wiedererkannte^) Gesicht der Mutter".

Nachweise

[1] Agathon wird nicht die höchste Güte des Vaters genannt, sondern seine „Mächtigkeit" und „Tauglichkeit", also seine homosexuelle Potenz als höchste Idee im Platonismus.

[1a] WEG 132

[2] WEG 141

[3] WEG 123

[4] WEG 138

[5] WEG 130 f.

[6] WEG 81

[7] WEG 55

[8] WEG 130
Seit Plato sei Philosophie: „Aufblicken zu den 'Ideen'": „Diese oo<pia ist in sich eine Vorliebe und Freundschaft (cpiXCa) für die 'Ideen', die das Unverborgene gewähren. Die ao<pia außerhalb der Höhle ist <fiiA.ooo<pla." (WEG 140)
Der Heidegger nach der Bekehrung sucht der Weisheit letzten Schluß dann nur noch innerhalb der Höhle, im trüben Licht des „Höhlenfeuers", fern vom versengenden Blitz des väterlichen Zorns: „Innerhalb der Höhle bleibt die Sonne unsichtbar, und doch zehren auch die Schatten noch von ihrem Licht." (WEG 134)

Das Ding und das Geviert

> „Die Frage 'Was ist ein Ding?' müssen wir demnach als eine
> solche bestimmen, bei der die Dienstmägde lachen. Und was
> eine rechte Dienstmagd ist, muß doch auch etwas zum La-
> chen haben ... Philosophie ist jenes Denken, womit man
> wesensmäßig nichts anfangen kann und worüber die Dienst-
> mägde lachen."
>
> „Die Frage nach dem Ding". Zu Kants Lehre von den tran-
> szendentalen Grundsätzen. Tübingen 1962, Einleitung

Für Heidegger ist ein Ding primär nicht das, was die Metaphysik darunter vorstellt, weder „Träger von Merkmalen" noch „Einheit einer Empfindungsmannig-
faltigkeit", noch „geformter Stoff". (Holz 20)

Der Aufsatz „Das Ding" (1950) beginnt: „Alle Entfernungen in der Zeit und im
Raum schrumpfen ein."[1] Allein, „durch das rastlose Beseitigen der Entfernungen"[1] entferne sich gerade das, was uns von Hause aus eigentlich am nächsten
liegt, der Schoß der Mutter. „Ein Ding ist der Krug. Was ist der Krug? Wir sagen: ein Gefäß; ein solches, was anderes in sich faßt. Das Fassende am Krug sind
Boden und Wand. Dieses Fassende ist selbst wieder faßbar am Henkel. Als Gefäß
ist der Krug etwas, das in sich steht. Das Insichstehen kennzeichnet den Krug als
etwas Selbständiges ... Der Krug bleibt Gefäß, ob wir ihn vorstellen oder nicht."[2]
„Wir gewahren das Fassende des Gefäßes, wenn wir den Krug füllen ... Wenn wir
den Krug vollgießen, fließt der Guß beim Füllen in den leeren Krug. Die Leere
ist das Fassende des Gefäßes. Die Leere, dieses Nichts am Krug ist das, was der
Krug als das fassende Gefäß ist."[3] Die Natur-Wissenschaft werde dem Dingsbums nicht gerecht, wenn sie dieses Leere nur „als einen mit Luft gefüllten
Hohlraum"[4] vorstelle. Ursprünglich sei dieses Nichts, wir ahnten es schon, eine
Lichtung: „Vorstellen kann der Mensch, gleich viel in welcher Weise, nur solches, was erst zuvor von sich her sich gelichtet und in seinem dabei mitgebrachten
Licht sich ihm gezeigt hat."[4] „Wie faßt die Leere des Kruges? Sie faßt, indem sie,
was eingegossen wird, nimmt. Sie faßt, indem sie das Aufgenommene behält. Die
Leere faßt in zwiefacher Weise: nehmend und behaltend. Das Wort „fassen" ist
darum zweideutig."[5] Allerdings. Die Lichtung faßt den Erguß (E-jakulation ist
die wörtliche lateinische Übersetzung von „Ent-wurf"). „Das zwiefache Fassen
der Leere beruht im Ausgießen."[5] Die Frau *nimmt* Penis und Guß, indem sie sich
hin- und her*gibt* und ihrerseits (sich) ergießt: „Als dieses ist das Fassen eigentlich, wie es ist."[5] Es „kommt" ihr nicht nur einfach, das Sinnliche hat nun auch
seinen höheren Sinn: „Ausgießen aus dem Krug ist schenken. Im Schenken des
Gusses west das Fassen des Gefäßes. Das Fassen bedarf der Leere als des

Fassenden. Das Wesen der fassenden Leere ist in das Schenken versammelt. Schenken aber ist reicher als das bloße Ausschenken."[5] Sie gibt sich nicht nur hin und ergießt, gibt den „Einguß" nicht zurück, wie sie ihn genommen hat, sondern schenkt dem Liebesdurstigen ein Kind. Was ist der Unterschied der Geschlechter? „Auch der leere Krug behält sein Wesen aus dem Geschenk, wenngleich der leere Krug ein Ausschenken nicht zuläßt. Aber dieses Nichtzulassen eignet dem Krug und nur dem Krug. Eine Sense dagegen oder ein Hammer sind unvermögend zu einem Nichtzulassen dieses Schenkens."[5] 'Nichtzulassen' changiert zweideutig zwischen Unmöglichkeit und Verweigerung. Der Krug, der den Hammer nicht zuläßt und leer bleibt, könne nicht schenken, aber höre darum nicht auf, Schoß zu sein, weil zum Wesen der Frau die Leere als solche gehöre. Ein Penis könne nicht nicht-können, ohne aufzuhören, einer zu sein. Heidegger sagt nicht, der Hammer sei unvermögend zu „diesem" Schenken, sei unfähig zu einem Schenken von der Art des Gusses, sondern unvermögend, als impotenter Hammer zu sein, was er ist. Er könne Hämmern und Erguß nicht unterlassen, ohne kein Hammer mehr zu sein. Die Frau könne zwar nur schenken, wenn sie nicht leer, sondern vom Mann gefüllt ist. Aber die logische Möglichkeit, die wie eine reale Fähigkeit auftritt, leer zu sein, nicht zu ergießen, kein Kind zu schenken, Mann und Kind nicht zuzulassen, habe der Mann als Mann nicht, der zwar nicht darauf angewiesen sei, nur hergeben zu können, was er empfangen habe, aber wenn er nicht gebe, was er dem Wesen nach habe, sei er nicht, was er sei. Der Schoß hingegen sei auch und gerade dann Schoß, wenn er leer sei, freie Lichtung —, wenn er nur lockt und sich verweigert und narzißtisch begehrt sein will : Dann *ist* der Krugschoß das Ding, das er nicht *hat*.

„Das Geschenk des Gusses kann ein Trank sein. Er gibt Wasser, er gibt Wein zu trinken. Im Wasser des Geschenkes weilt die Quelle. In der Quelle weilt das Gestein, in ihm der dunkle Schlummer der Erde, die Regen und Tau des Himmels empfängt. Im Wasser der Quelle weilt die Hochzeit von Himmel und Erde. Sie weilt im Wein, den die Frucht des Rebstockes gibt, in der das Nährende der Erde und die Sonne des Himmels einander zugetraut sind ... Das Geschenk des Gusses ist der Trank für die Sterblichen. Er labt ihren Durst. Er erquickt ihre Muße. Er erheitert ihre Geselligkeit."[5] Ohne den Segen von oben aber geht es nicht: „Ist der Guß zur Weihe, dann stillt er nicht einen Durst. Er stillt die Feier des Festes ins Hohe ... Der Guß ist der den unsterblichen Göttern gespendete Trank. Das Geschenk des Gusses als Trank ist das eigentliche Geschenk ... Gießen ist, wo es wesentlich vollbracht, zureichend gedacht und echt gesagt wird: spenden, opfern, und deshalb schenken."[6] „Im Geschenk des Gusses weilen *zumal* Erde und Himmel, die Göttlichen und die Sterblichen. Diese Vier gehören, von sich her einig, zusammen."[6] „Das Geschenk des Gusses verweilt die Einfalt des Gevierts der Vier."[7] „Die Einheit des Gevierts ist die Vierung."[8] Da im Geviert aber eine Doppeldoublette von Himmel-Göttlichen und Erde-Sterblichen steckt, ist die

Vierung eigentlich eine Paarung. Oder zeugen Himmel und Erde hier mit dem Segen der Göttlichen einen kleinen Sterblichen? Wie dem auch sei: „Die Vierung west als das ereignende Spiegel-Spiel der einfältig einander Zugetrauten. Die Vierung west als das Welten von Welt. Das Spiegel-Spiel von Welt ist der Reigen des Ereignens ... Der Reigen ist der Ring, der ringt, indem er als das Spiegeln spielt ... Das gesammelte Wesen des also ringenden Spiegel-Spiels der Welt ist das Gering. Im Gering des spiegelnd-spielenden Rings schmiegen sich die Vier in ihr einiges und dennoch je eigenes Wesen. Also schmiegsam fügen sie fügsam weitend die Welt. Schmiegsam, schmiedbar, geschmeidig, fügsam, leicht heißt in unserer alten deutschen Sprache 'ring' und 'gering' ... Aus dem Spiegel-Spiel des Gerings des Ringen ereignet sich das Dingen das Dinges."[8]

„Das Dasein ist Seiendes, dem es als In-der-Welt-Sein um es selbst geht."

Das Dasein ist bei MH jenes ausgezeichnete Seiende, dem es „in seinem Sein *um* dieses Sein selbst geht." Das klingt nach patrizidalem Sichdurchsetzen, als würde am Es festgehalten gegen Realität und Veto des Überich. Aber es scheint doch eher, als siegte hier der Selbsterhaltungstrieb des Ich über einen „Hang und Drang", der als kastrationsgefährdeter Todestrieb zur Mutter zurück gefürchtet wird. Der homoerotische Wunsch nach einem intakten Penis ist stärker als der ödipale Entwurf, die Mutter zu lieben und den Vater zu töten. Dieser narzißtische Verzicht : die Mutter zu opfern, um den Penis nicht opfern zu müssen, bereitet in Heideggers Denken dann noch tiefere Regressionen bis hinunter zu primärnarzißtischen Seinsbezügen vor. Seit das Dasein sich nicht länger mit dem Vater zu identifizieren sucht, sondern mit seinem Verbot, es ihm gleichzutun, seit sein Ichideal also nicht mehr aus dem Vater, sondern dem Über-Ich besteht, ist das „faktische Ideal des Daseins" (SuZ 310) kein fuck-tisches mehr, sondern eines, das sich den Fakten angepaßt hat, besonders seiner eigenen „Faktizität", die darin bestehen soll, (aus und von der Mutter Natur) „geworfen" zu sein, sie also „entzogen" zu bekommen. „Der Entzug verschafft gerade der Verbindlichkeit des verbleibenden entworfenen Vorwurfs die Gewalt des Wartens im Existenzbereich des Daseins." (WEG 63) Dieser Bereich ist das präödipale Reich der Mütter, der schizophrenogene „Spielraum" des regredierenden Kindes im Bauch, in der platonischen Urhöhle des Mutterleibes, ihrer Arme und Brust. Das Kind wird Penis der Mutter, von ihr ausgebeutet im Tausch gegen Geborgenheit. „Für das sinnende Denken dagegen gehört der Weg in das, was wir die Gegend nennen. Andeutend gesagt, ist die Gegend als das Gegnende die freigebende Lichtung, in der das Gelichtete zugleich mit dem Sichverbergenden in das Freie gelangt. Das Freigebend-Bergende der Gegend ist jene Bewegung, in der sich die Wege ergeben, die der Gegend gehören." (UzS 197)

In SuZ war das Mittel auf dem Weg in die Gegend „Zeug" genannt worden, später „Ding". Bei der Begegnung mit der „offenen Gegend" gerät das Dasein außer-sich und sein Zeug in Bewegung:

„Die Gegend ergibt als Gegend erst Wege. Sie bewegt ... Be-wegen aber heißt: die Gegend mit Wegen versehen ... einen Weg bahnen, z. B. durch tief verschneites Land." (UzS 198)
Der existentielle Ent-wurf ist (lateinisch wörtlich) E-jakulation „eines großen verborgenen Stromes, des alles bewegenden, allem seine Bahn reißenden Weges. Alles ist Weg. " (UzS 198)
„Vermutlich ist das Wort „Weg" ein Urwort der Sprache, das sich dem sinnenden Menschen zuspricht." Auch dem sinnlichen Menschen. Denn was macht Vater Äther mit Mutter Erde, der Göttliche mit der Sterblichen? „Er bewegt sich in ihr hin und her." (UzS 197)
„Was das Nachbarliche der vier Weltgegenden bewegt, zu einander gelangen läßt und in der Nähe ihrer Weite hält, ist die Nähe selber. Sie ist das Bewegen des Gegen-einander-über." (UzS 211). Die vier Familienmitglieder hocken offenbar sehr dicht aufeinander. Was sie da be-wegt, nennt ihm der etymologische Duden. Sich schnell und heftig hin und her bewegen heißt vulgo ficken. „... Erde und Himmel, Gott und Mensch — das Weltspiel." (UzS 214) Daß dieses Liebesspiel in der kleinen heilen Welt der Familie aber kein Inzest ist, sondern viel infantiler und prägenital zu verstehen sei, hat MH nicht nur in der Interpretation von Heraklits Fragment 52 angedeutet (HOLZ 258 und SvG 188) : Verewigt wird das Vorspiel, das „Vorläufige" und „Vorbereitende", die verabsolutierte Welt der Partialtriebe, die reinfantilisierte Vorlust.

Nachweise

[1]   VuA 163

[2]   VuA 164 f

[3]   VuA 167

[4]   VuA 169

[5]   VuA 170
       „Erde und Himmel, das Strömen der Tiefe und die Macht der Höhe". (UsZ 207)

[6]   VuA 171

[7]   VuA 172

[8]   VuA 179

[9]   VuA 179 ff.

[10]   Zitate aus UsZ 11 ff: „Die Sprache" (Interpretation des Trakl-Gedichts „Ein Winter abend")

[11]   WEG 105

[12]   WEG 106

[13] Sigmund Freud: „Totem und Tabu", Fischer Taschenbuch Nr. 6053, Kapitel IV: Die in
fantile Wiederkehr des Totemismus.
„Der Aussaat voraus geht das Pflügen. Es gilt, das Feld urbar zu machen ... es gilt, dieses
Feld erst zu ahnen und dann zu finden und dann zu bebauen. Es gilt, einen ersten Gang
zu diesem Feld zu tun. Der noch unbekannten Feldwege sind viele. Doch ist jedem Denkenden je nur ein Weg, der seine, zugewiesen, in dessen Spuren er immer wieder hin und
her gehen muß, um ihn endlich als den seinen, der ihm doch nie gehört, einzuhalten und
das auf diesem einen Weg Erfahrbare zu sagen." (HOLZ 194 f)

[14] WEG 194

[15] VuA 171

[16] WEG 157 f.

Das Gestell und die Hinterwelt

„Außerdem entsteht ja ein Mensch aus einem Menschen,
aber nicht ein Bettgestell aus einem Bettgestell." (193b8-9)
'Vom Wesen und Begriff der *Physis*.
Aristoteles' Physik B. l' (WEG 358)

In SuZ tauchte das Technische bereits auf in den Paragraphen über „Die Welt-
lichkeit der Welt" (1. Teil/1. Abschnitt/3. Kapitel) als Umwelt des Zuhandenen
in seiner Nützlichkeit, Dienlichkeit, Verfügbarkeit für so etwas wie einen klein-
bürgerlichen Handwerker. Die technische Welt begegnet hier als die Welt der
Werkzeuge, und immer wieder muß der Hammer als Beispiel herhalten: „... je
weniger das Hammerding nur begafft wird, je zugreifender es gebraucht wird,
um so ursprünglicher wird das Verhältnis zu ihm, um so unverhüllter begegnet es
als das, was es ist, als Zeug. Das Hämmern selbst entdeckt die spezifische
„Handlichkeit" des Hammers."[1] Wenn aber das Ansichsein des Hammers ein
Sein-zum-Hämmern ist, was ist dann das Zeug an sich überhaupt? Offenbar doch
ein Sein zum Zeugen. Zeug zeigt, richtet sich und verweist auf Zeug und letztlich
auf den Menschen, „worumwillen" jedes Zeug ist, d. h. (er)zeugt. An sich und
für sich ist jedes Zeugungswerkzeug, was es für anderes ist, und eine „Zeugganz-
heit" muß immer schon entworfen sein, damit das einzelne Zeug seine besondere
„Bewandtnis" zeigen kann. „Zunächst und zumeist" versteht sich der Mensch in
dem, was er ist, aus dem, was er nicht ist, vom Besorgbaren her, vom Zeug aus,
dem Mittel zu jenem Zweck, der er je selbst ist. Das „zuhandene Zeug" ist
„Sein-um-zu" und letztlich „umwillen des Daseins selbst" : seines Lustgewinns.
Zunächst und zumeist verstehe der Mensch sich ganz aus diesem prätechnischen
instrumentalen „Verweisungszusammenhang" des „umsichtig besorgten" „innerweltlich Seienden". Man „besorgt" Es sich selbst und dem Mitdasein anderer mit
jenem Zeug, das gar nicht zu einem gehört, sondern an seinen Platz, das „als Zeug
wesenhaft an- und untergebracht, aufgestellt, zurechtgelegt ist. Das Zeug hat seinen
Platz ... Der Platz ist je das bestimmte „Dort" und „Da" des Hingehörens eines
Zeugs."[2] „Entfernung und Ausrichtung bestimmen als konstitutive Charaktere des
In-Seins die Räumlichkeit des Daseins, besorgend-umsichtig im entdeckten,
innerweltlichen Raum zu sein".[3] Das aufgerichtete Zeug richtet sich aus auf etwas,
dessen Ferne es „ent-fernt", dem es sich also nähert bis zum In-sein, wobei der
Raum bis zum wirklichen Innenraum selbst schon zu diesem Innenraum zu
gehören scheint, eine Entfernung, die mit dem männlichen Dasein immer schon
ent-fernt ist, das immer schon „in" ist und „bei" jenen erogenen Zonen, die
Heidegger „offene Gegenden" nennt.
Heidegger läßt die Werkzeuge sich winden, und eines besorgt es dem anderen:
„Bewendenlassen bedeutet ontisch : innerhalb eines faktischen Besorgens ein

Zuhandenes so und so *sein* lassen, *wie* es nunmehr ist und *damit* es so ist."[4] Der genitale Schlüssel schließt die bessere Hälfte auf, die jedermann zu seiner Ergänzung braucht: „Das Bewendenlassen, das Seiendes auf Bewandtnisganzheit hin freigibt, muß das, woraufhin es freigibt, selbst schon irgendwie erschlossen haben."[5] Der wegweisende Ständer versteht sich darauf, sich im erschlossenen Raum auf- und ausgerichtet zu bewegen, die Beziehung ist hergestellt: „Das ... Verstehen hält die angezeigten Bezüge in einer vorgängigen Erschlossssenheit. Im vertrauten Sich-darin-halten hält es sich diese vor als das, worin sich sein Verweisen bewegt."[6] „Nicht nur das, wonach eine Erkenntnis sich richtet, muß schon irgendwie unverborgen sein, sondern auch der ganze Bereich, in dem das Sichrichten nach sich bewegt."[7] Die Arbeit „Vom Wesen und Begriff der *Physis*. Aristoteles' Physik B,l (1939)" nennt diese Kinesis als ergon und energeia einer potentia.

Nun kann das fickrige „Hin und Her" mit dem Ausleger beginnen, die Aufgedeckte wird abgedeckt : „Das Platznehmen muß als Entfernen des umweltlich Zuhandenen in eine umsichtig vorentdeckte Gegend hinein begriffen werden. Das Dasein ist gemäß seiner Räumlichkeit zunächst nie hier, sondern dort, aus welchem Dort es auf sein Hier zurückkommt und das wiederum nur in der Weise, daß es sein besorgendes Sein zu ... aus dem Dortzuhandenen her auslegt."[8] „Die vorgängige Zuhandenheit der jeweiligen Gegend hat in einem noch ursprünglicheren Sinn als das Sein des Zuhandenen den Charakter der unauffälligen Vertrautheit."[9] Ich muß schon eine intime Kenntnis haben von dem, wohin ich eigentlich will, bevor ich mein Zeug zur Hand nehmen, ausrichten und mich „seinem Platz" nähern kann. Was tut das Zeugefingerzeug? „Es hält die umsichtig gebrauchten Gegenden ausdrücklich offen, das jeweilige Wohin des Hingehörens, Hingehens, Hinbringens, Herholens. Wenn Dasein ist, hat es als ausrichtendentfernendes je schon seine entdeckte Gegend. Die Ausrichtung ebenso wie die Entfernung werden als Seinsmodi des In-der-Welt-seins vorgängig durch die Umsicht des Besorgens geführt."[10] „Die Verräumlichung des Daseins in seiner „Leiblichkeit", die eine eigene hier nicht zu behandelnde Problematik in sich birgt, ist mit"[10] diesen Ausführungen, so will uns scheinen, dann doch wohl besser behandelt, als der pater subtilis uns weismachen will.

Mit dem Dritten Reich wurde die Welt der „planetarisch bestimmten Technik"[11] noch ausdrücklich begrüßt, wenngleich sie bereits in SuZ, wie wenig Heidegger das auch wahrhaben will, pejorativ gezeichnet war, sofern das Dasein die fatale Neigung zeigt, an besorgendes und besorgbares Zeug zu „verfallen", an das, was „man" damit so tut und treibt, an die „öffentliche Ausgelegtheit" und „Uneigentlichkeit". Eigentlich *sei* der Mensch nicht sein Zeugungswerkzeug, aus und auf dessen Gebrauch er sich zunächst und zumeist verstehe. Und wenn im Humanismusbrief die traditionelle Wesensbestimmung des Menschen (als animal rationale) als nur abgeleitete zurückgewiesen wird, dann deshalb, weil Heidegger hinter die durch Vernunftbegabung gesteuerte und überhöhte phallische Animalität zurückgreifen will auf noch „ursprünglichere", prägenitale Bestimmungen. Aber erst nach dem Zusammenbruch wird die Technik genannt im Zusammenhang mit Nihilismus, mit „Entzug des Seins" und dem Heiligen. In der „losgelassenen" technischen Beherrschung des Seienden sei die vollendete Herrschaft von *Seinsvergessenheit* verborgen. Das Sein selbst entziehe sich, indem es das Seiende als endlosen Rohstoff besinnungsloser menschlicher Bemächtigung freigebe. „Amerikanismus" und Marxismus konvergieren darin, Mutter Natur nur als Arbeitsmaterial gelten zu lassen: Das Sein werde nur noch an- und abgestellt, ein- und ausgestellt, bestellt und hergestellt, auf- und umgestellt. „Das Wesen der Technik beruht im Ge-stell." Ist unsere Konjektur nicht völlig abwegig, daß nach dem „Entzug" des „Führers" die Kehre sich von der Vater- auf die Mutterimago zurückverlagerte, dann will Heidegger in der Technik, der letzten Konsequenz abendländischer Rationalität, die herrschende Form treffen, in der sowohl sich die repressive Macht des Vaters wie komplementär die regressive 'Ohnmacht' des Kindes rationalisiert. Diese doppelte Bedeutung der Technik, die unterdrückende Potenz des Vaters wie den Triebverzicht des Sohnes in kulturellen Symbolen rechtfertigend zu interpretieren, hat eine gemeinsame Wurzel: Der Vater verhält sich zu Frau und Kind wie im Sohn das patrisyntone Über-Ich zum inzestuösen, matrisyntonen Es sich verhält; die Gewalt des Vaters über die Frau als Gewalt über den Sohn, der die Mutter in seine Gewalt bringen will. Das Kind resigniert vor dem „Ge-stell" des Vaters, und Ressentiment, auf der Flucht vor narzißtischer Kränkung, setzt das Ersehnte ob seiner Unerreichbarkeit herab. Der technische Bezug des Menschen zum Sein, eigentlich ein Bezug des Seins zum Menschen, sei bestimmt durch „Herausforderung", „Nachstellen" und „Bestandsicherung", narzißtisch besetzte „Sicherstellung" des Ständers:

1. Der Vater stellt der Mutter nach — und dem Sohn, der ihm im Nachstellen nicht nachsteht. Er stellt in der Frau eine Beute und im rivalisierenden Kind den Dieb, der in ihrem, in seinem Wald wildert. „Das nachstellende Vorstellen, das alles Wirkliche in seiner verfolgbaren Gegenständlichkeit sicherstellt, ist der Grundzug des Vorstellens, wodurch die neuzeitliche Wissenschaft dem Wirklichen entspricht."[12] Das ist der Grundzug des väterlichen Realitätsprinzips. Der Vater „stellt sich die Welt auf sich zu und die Natur zu sich her." (HOLZ 265).

2. Er fordert das Kind zum Kampf heraus, das ihn durch seine inzestuösen Forderungen herausfordert. „Der Kampf zwischen denen, die an der Macht sind, und denen, die an die Macht wollen", der Geschlechts- und Generationsmachtkampf um die Frau, der „Urstreit", der ihre „offene Mitte erstreitet", der Krieg darum, wer sie kriegt, liegt dann auch jenem *polemos* Heraklits zugrunde, den Heidegger, militärischer Metaphorik[13] von je her nicht abgeneigt, so gern auslegt.

3. Der Vater sichert sich die Gattin vor dem Sohn, der Sohn sichert sich selbst vor dem Vater, — indem er sich die prägenitale Beziehung zur Mutter sichert.

3. Technik, „wissenlose Abwehr des unerfahrenen Seins"[14], ist Abwehrtechnik: Der väterliche Wille zur Macht verdrängt den kindlichen Willen zur Macht, d. h. der Sohn verdrängt seine eigensten Triebwünsche. Er gibt den „Befehl" des Vaters, als Befehl nicht mehr kenntlich, rationalisiert an seine eigensten libidinösen Triebregungen weiter.

4. „So ist denn, wo das Ge-stell herrscht, im höchsten Sinne *Gefahr.*"[^] Das Gestell des Vaters, razor rationalis fürs kindliche Ge-stell, treibt den Sohn zurück in die „Besinnung" auf Regressionsmöglichkeiten, statt nur den Überbau zu bebauen und das Feld der Kultur zu „bestellen", wo das inzestuöse Beackern der Mutter Erde versagt ist: „Gerade im Ge-stell, das den Menschen in das Bestellen als die vermeintliche einzige Weise der Entbergung fortzureißen droht, und so den Menschen in die Gefahr der Preisgabe seines freien Wesens stößt, gerade in dieser äußersten Gefahr, kommt die innigste, unzerstörbare Zugehörigkeit des Menschen in das Gewährende zum Vorschein."[16] „Das anfänglich aus der Frühe Währende ist das Gewährende."[17] Daß das Heil aus unheilbarer schizophrenogener Regression kommen soll, belegt Heideggers Kronzeuge Hölderlin: „Wo aber Gefahr ist, wächst / Das Rettende auch." „Retten ist : einholen ins Wesen ... Wo etwas wächst, dort wurzelt es."[18] Die vielbeschworene ambivalente Wertneutralität der Technik liest sich bei Heidegger so, daß das Gestell des Vaters, wo es den inzestuösen Bezug des unerfahrenen Sohnes gefährdet, ihm gerade den prä-ödipalen Weg zu einer Mutter „freigibt", von der das Kind als Penisersatz gerade „gebraucht" wird: „Das Wesen der Technik ist ... zweideutig ... Einmal fordert das Ge-stell in das Rasende des Bestellens heraus, das jeden Blick in das Ereignis der Entbergung verstellt und so den Bezug zum Wesen der Wahrheit von Grund auf gefährdet ... Zum anderen ereignet sich das Ge-stell im Gewährenden, das den Menschen darin währen läßt, -- unerfahren bislang, aber erfahrener vielleicht künftig, der Gebrauchte zu sein zur Wahrnis des Wesens der Wahrheit."[19] Zum rettenden Engel fürs Kind in seiner ohnmächtigen Flucht vor dem rasenden Vater wird genau jene Mutter, jene Verwandte, von der es sich abwenden soll: „Menschliche Leistung kann nie allein die Gefahr bannen. Aber menschliche Besinnung kann bedenken, daß alle Rettung höheren, aber verwandten Wesens sein muß wie das Gefährdete."[20] Inzest ist schön, wenn er in der Familie bleibt, sagt *Lévi-Strauss.*

5. Vernunft, „die hartnäckigste Widersacherin des Denkens"[21], Kultur, Technologie: Fortschritte in der Rationalisierung der Verborgenheit, „Verschließung, Verwahrung, Verhüllung, Verdeckung, Verschleierung, Verstellung" unserer inzestuös-patriziden (und präödipalen) Urentwürfe, Versuche, das Inzesttabu zu legitimieren, während Heidegger gerade auf die begriffliche Legitimation des Griffs nach der verbotenen Frucht selbst aus ist. Das Sein „empfängt sein Leben von der verbotenen Frucht, als wäre diese Freyas Äpfel."[22] Es sind Freyas Äpfel.

Subjekt, Entwurf, „Überwurf"[23], „Vorwurf"[24] contra Objekt, Geworfenheit, „Gegen-wurf", Gegen-stand, Wider-stand. Aber das menschliche Dasein sei beides in eins, ontisch-ontologisch, empirisch-transzendental „geworfener Entwurf". Der phallische Entwurf, der subjektive „Vorwurf"[23], das inzestuöse Projekt des Sohnes wird zum Objekt und Vorwurf in den Augen des Vaters: Das Kind muß sich vorwerfen (lassen), sich die Mutter vorwerfen zu wollen, vor sich hin, als Objekt sich vor die Füße. Will es sich über die Mutter werfen, überwirft es sich mit dem Vater, und sein „Überwurf" wird verworfen. Aus dem elterlichen Bett-„Gestell" geworfen, findet es sich „zurückgeworfen auf seine Vereinzelung." Es kann sich die Frau, die der Vater leibhaftig vor sich hinstellt und -wirft, nur noch vorstellen. Das nur Vorgestellte verharrt in schmerzlichem Trennungsabstand. Wo der Vater die Mutter „ob-jiziert", um zu injizieren, darf das Kind nur elterliche Vorbilder introjizieren. Der übermütige „Überwurf" des Sohnes, mit dem Vater überworfen, wird das Unterworfene : subiectum. Und als subiectum ist im „Humanismusbrief" sein prägenital unterwürfiger Entwurf dann vom Sein analpossessiv „er-worfen"[25], der Sohn von der Mutter „gebraucht"[26] und mißbraucht, um für sie jenes Genital zu sein, das er nicht hat. Die „Kehre" ist die Karriere des Kindes *vom* „ekstatischen" „Vorsprung" eines phallischen Subjekts auf den mütterlichen „Ur-sprung" *über* die „Sub-jektität" (die Unterworfenheit unter den väterlichen Machtwillen) *zum* „Gegenwurf"[27] der Mutter : Erst Subjekt, dann Objekt des Vaters, schließlich Objekt der Mutter. Objekt der väterlichen Subjektivität und „Gegenwurf" des Seins zu sein, wird fein unterschieden: als Objekt des Vaters hat es jenen Penis nicht zu haben, der es als Objekt der Mutter für sie gerade sein soll. Das logische Subjekt des Satzes (des Sprunges aus der Mutter auf sie) wird erkenntnistheoretisch-material das Objekt der prädikativen Be- und Verurteilung durch den Vater und endlich präödipales Objekt des mütterlichen Urteils, des Ursprungs ihres ur-geteilten Schoßes, dessen „Lichtung", „Offenheit" und „Bresche" dann durch das Kind „Erfüllung" findet. Die Mutter wirft das Kind, das sie warf und auf „Geheiß" des Gatten von sich zu werfen hatte, wieder zu sich heran, „erwirft" es sich, sphinkter-moralisch. Nun ist es ihr „Eigentum", ihr „übereignet" und „vereignet". Ihr Eigentum, ihr Phallus zu sein und zu bleiben, darin beruht jetzt die „Eigentlichkeit" des seit SuZ infantilisierten Daseins, einen Penis zu eigen zu haben, ganz Penis zu sein, aber Penis — der Mutter, des Seyns. 1926 verkündet Heidegger: Eigentlich bin ich ganz Phallus, jener kastrationsbedrohte Phallus, der mir ekstatisch zu eigen ist, und ich bin, was ich damit kann. Im Humanismusbrief fügt der Denker hinzu : Zwar ist das phallisch strukturierte Ich ganz Phallus, aber Phallus der Mutter, nicht länger der Phallus, den es selbst hat, sondern jener, der ihr eignet, kloakalpossessiv. Die stolze „Eigentlichkeit" von SuZ verkehrt sich in die tiefe „Endlichkeit", die darin liege, (des Eigensten „enteignetes") Eigentum, Phallus zu sein statt zu haben: „Endlichkeit, Ende, Grenze, das Eigene — ins Eigene geborgen sein. In diese Richtung — d.h. aus dem Ereignis selbst, vom Begriff des Eigentums her — ist der neue Begriff der Endlichkeit gedacht."[28] Intim- und Privatsphäre -- Privateigentum an genitalen Reproduktionsmitteln? Der Vater, der die Frau „auf sich zustellt", reserviert sie für sich, „verstellt" sie dem Sohn zu einer bloßen Vor-Stellung seiner „Einbildungskraft". Das Verhältnis zwischen Vater und Sohn ist eine krude Subjekt-Objekt-Beziehung : Der väterliche Ständer ist der im kastrationalen Überich des Sohnes internalisierte Urgegenstand = Widerstand gegen die Rückkehr der verdrängten libidinösen Besetzung der Mutter, des ursprünglichen Triebobjekts, und das Kind ist für den Vater gleichsam der rivalisierende Gegenständer. Das Gegen in „Gegenstand" und „Gegenwurf" verrät die vom Gegner erzwungene Abwendung vom Urobjekt, die Trennung von der Mutter.

„Er ist nicht eingelassen in das Offene. Der Mensch steht der Welt gegenüber." (HOLZ 264)

In Suz grenzt sich das Dasein gegen alles Nichtdaseinsmäßige, das Ich gegen alles Nichtich, das Subjekt gegens Objekt ab. Ein Kind vollbringt diese Leistung in der analen Entwicklungsphase. In der Möglichkeit, den abgeforderten Kot zurückzuhalten, erlebt es zum ersten Mal seine Macht über die Umwelt. Der Bitte und dem Befehl der Eltern, die phallische Kotsäule herzuschenken, setzt es sein erstes Nein entgegen, trotzt ihrer Autorität, erfährt sich als selbständiges Wesen eigenen Willens. Der retendable Analphallus wird zum ersten, eifersüchtig gehüteten Besitz seines Lebens, zum Instrument eines ersten Machtwillens, zum sparbaren und investierbaren Urkapital, von dem es sich trennt oder nicht, den Eltern zuliebe oder unter Drohung mit Liebes-„Entzug" und „Abwendung des Seins". Die Kontrolle der Afterschließmuskeln, nach der Entwöhnung von der Mutterbrust und vor der ödipalen Versagung eine urkulturelle Triebverzichtleistung, wird zum Urbild aller Selbstidentität des persönlichen Charakters. Die erste „Eigentlichkeit des Daseins" basiert auf dem entschlossen festgehaltenen Ureigentum an Fäzes. Die Ur-Unabhängigkeit läuft über die Weigerung, das zum Üblen Deklarierte wie üblich herzugeben. Das Dasein geizt mit sich, behält sich selbst für sich. Eigentlichkeit ist Eigentum an sich selbst, und dieses Selbst ist eigentlich ursprünglich die phallische Kotsäule und die Zumutung, von ihr zu lassen, eine Urkastrationsdrohung. Das Dasein ist so frei, anal an sich zu halten: Ding an sich, nicht für andere, und Heidegger spricht vom „Charakter des Ansichhaltens des Zuhandenen"[29], wo es um die Aufsässigkeit der Werkzeuge geht. Existenz ist ihr eigenes Exkrement, identifiziert sich mit dem, womit sie an sich hält. Dieser anale Phallus ist narzißtisch besetzt, Urbild jenes Penis, an dem das Dasein narzißtisch festhält, wenn es unter der väterlichen Kastrationsdrohung lieber die Mutter als das Eigenste aufgibt, wenigstens die inzestuös begehrte Mutter. Schließlich läßt das Kind, um die „Zuwendung des Seins"[30] nicht zu verlieren, sich einreden, der inzestuöse Penis sei so unrein wie die phallische Kotsäule. Es gibt seine narzißtisch-retentive, analsadistische Besetzung des Kots auf und unterwirft sich, mit Liebesentzug bedroht, der analkulturellen Reinlichkeitsdressur. „Rein" gehört zu den Lieblingstermini Heideggers wie jedes Philosophen, rein ist das Metaphysische vom Physischen, das Übersinnliche vom Sinnlichen, gereinigt ist der Geist von der Natur, gesäubert werden muß stets das Göttliche von der Kontamination durch den Erdenschmutz. Rein ist bei Heidegger immer frei sowohl vom Seienden als auch vom Subjektiven, frei vom (phallisch-) Ontischen wie von der ebenso phallischen Kast-rationalität der väterlichen Ichstärke. Das Sein ist rein, d. h. seine Lichtung und Öffnung ist frei *vom* väterlichen Gestell *für* das Kind, (für den Penis und die Kotsäule der Mutter). „.... der Knabe will den Penis des Vaters aus der Vagina der Mutter vertreiben, das Mädchen will der Mutter den Penis des Vaters wegnehmen."[31] Das Sein ist rein, die Vaginallichtung der Mutter frei und freigegeben nur für ein Kind, das selbst rein ist, das den analen und inzestuösen Phallus am „Welteingang" abgegeben hat, um in präödipaler Reinheit und Unschuld in der vom väterlichen Ge-Stell gesäuberten kloakalen Seinsscheide sich vor dem Blick des Vaters zu verbergen. Das Sein ist rein vom Seienden und läßt Seiendes erst sein und in seine Lichtung herein, frei vom Vater fürs Kind (und sein Seiendes). Das Dasein des Kindes ist rein, wenn es frei ist vom analontischen Phallus. Existenz unterwirft sich dem Druck des „Geschicks", gehorcht der Notwendigkeit, um die Not der Kastrationsgefahr zu wenden. Es setzt sich aufs Töpfchen und kommt pünktlich zu Stuhle. Dieser Stuhl ist etymologisch synonym mit jenem „Ge-Stell" der Technik, dem der späte Heidegger so vehement abschwört. Die geschmähte Metaphysik als Ideologie des aggressiven, analphallischen Willens zur Macht hat es zu tun mit den Hintergründen, der Hinter(n)welt, der Rückseite der Dinge, den Hinter(n)gedanken. Dieses gereinigte Gesäß der Existenz wird am Ende zu seiner Seßhaftigkeit und Ansässigkeit. Geist, Sprache ist Pneuma, Hauch, flatus, vulgo Furz. Die „Kehre" vom Da-sein zum 'da-sein' läßt sich auch auf der analen Ebene beschreiben, also homosexuell.

Das Kind verzichtet auf die Eigentlichkeit analen Eigentums und wird zum Eigentum der Mutter. Es *ist* nun für die Mutter jener anale Penis, den es nicht mehr hat, den es fahren läßt. Es gibt die analsadistische Besetzung seines exkrementalen Besitzes auf zugunsten der „Gunst" der Mutter, die nun das Kind so festhält, wie dieses in SuZ seine anale Eigentlichkeit festhielt. Aus dieser Scheiße ist auch das Kunstwerk kreiert: Ausdruck der kloakalen Öffnung von Mutter Erde. Das Dasein löst sich nicht vom Sein, es ist dessen Losung. Dasein kriecht dem Sein in den Arsch, Dasein ist im Arsch, es hat sich aufgegeben, und das Einzige, was jetzt noch gibt und schenkt, ist die Mutter, wenn das Kind bei ihr mit dem Kot den eigenen Willen abgibt. Das Sein „ist", es gibt Sein, will sagen: „Zum Geschick kommt das Sein, indem Es, das Sein, sich gibt. Das sagt aber, geschickhaft gedacht : Es gibt sich und versagt sich zumal."[32] Wir interpretierten: Es gibt sich präödipal (oral, anal) und versagt sich zumal (genital dem

Inzest). Nun gehorcht es eher der Mutter als dem Sein qua Vater, weil es ihr gehört, weil beide symbiotisch zusammengehören: „Das Denken ist, schlicht gesagt, Denken des Seins. Der Genitivus sagt ein Zwiefaches. Das Denken ist des Seins, insofern das Denken, vom Sein ereignet, dem Sein gehört. Das Denken ist zugleich Denken des Seins, insofern das Denken, dem Sein gehörend, auf das Sein hört."[33] Im freudigen „Ereignis" der Geburt „schenkt" das Sein dem Dasein das Leben und Lebenszeit. „Was beide, Zeit und Sein, in ihr Eigenes, d.h. in ihr Zusammengehören, bestimmt, nennen wir: das *Ereignis.*"[34] Mit der Geburt ist das Dasein zwar in der Welt, aber nicht von der Mutter freigesetzt: „ Durch sie gibt das Ereignis sich nicht auf, sondern bewahrt sein Eigentum."[35] So wenig die Mutter das Kind mit der Geburt freigibt, so wenig gibt sie sich ihm inzestuös hin: „... Ansichhalten, Verweigerung, Vorenthalt, zeigt dergleichen wie ein Sichentziehen, kurz gesagt: den Entzug."[35] Mit dem freudigen Ereignis werden Mutter und Kind offenbar nicht voneinander entbunden, sondern erst eigentlich das Kind der Mutter „übereignet und vereignet". Die Öffnung des Seins ist dann also nicht nur die Vagina, sondern auch der Anus der Mutter, das „nichtende Nichts" der anal-vaginalen Kloake. Die Mutter beherrscht das Kind, hält es zurück, gibt es nicht her gerade dadurch, daß sie ihm alles gibt (an nutritiver Versorgung und Fürsorge), außer inzestuös ihm sich selbst hinzugeben. Ihre possessiv-sadistische Sphinktermoral gibt das Kind, ihre phallische Kotsäule, nicht frei. Die Trias Mund-After-Scheide bilden eine einzige oralkloakale Lichtung, in der das Kind zugleich gefangen und geborgen ist zwischen den Zähnen, Schließmuskeln, Armen und Labia maiora — ganz ansässig und seßhaft im Gesäß der Mutter, mutterbodenständig. Aletheia, die den väterlichen Penis wie das Kind vor ihm „verwahrende" Wahrheit der Seinsöffnung, ist „Göttin" und „Herrin" übers Dasein: die Dea siegt über väterliche Idea. Das kindliche Dasein liegt richtig nicht mehr, indem es sich phallisch aufrichtet und ödipal ausrichtet aufs Sein, sondern seine Erektion sich richtet auf das ontologische Rectum. Daß die Seins-lichtung auch kloakal zu denken ist als Afteröffnung, gesteht Heidegger selbst bei einer Heraklitübersetzung ein, wo er spricht über: „den stillen Glanz (das Gold) des Geheimnisses, das im Einfachen der Lichtung immerwährend scheint ... Aber das Goldene des unscheinbaren Schemens der Lichtung läßt sich nicht greifen, weil es selbst kein Greifendes, sondern das reine Ereignen ist". Gold ist bekanntlich Symbol für Kot, und daß es sich hier um den Kot der Mutter handelt, erhellt daraus, daß er nicht dem zu greifenden männlichen Begriff entstammt, sondern dem freudigen Ereignis des Geburtsaktes. In der genitalen Kloake schimmert das anale Gold, im Übrigen gilt hier der Kindervers : „Lapuster, Lapuster, im Arsch, da ist es duster". „Darum ist das Scheinen der Lichtung in sich zugleich das Sichverhüllen und in diesem Sinne das Dunkelste."[36] Von der Finsternis dieser Urhöhle lebt Dunkelmann Heidegger: „Er ist der Dunkle, weil er fragend in die Lichtung denkt." (VuA 282) Die haben wir mit Freuds Hilfe aufzuhellen versucht.

Die Goldfärbung der Seinslichtung und diese bis an Identifikation grenzende Bindung ans mütterliche Sein gemahnt an homosexuelle Komponenten. Es ist, als zählte für die von Heidegger explizierte „Existenz" vom Vater nicht das gefährliche liebestechnische Ge-Stell, sondern allein seine metaphysische Rückseite, sein quasi-vaginaler Anus. Heideggers „Sein" meint das Sein der Mutter, und wenn irgend das Sein des Vaters mitgemeint ist, dann in dem, was er mit der Mutter an Öffnung und Lichtung gemein hat. Wenn die Vaterimago in Heideggers Philosophie überhaupt später nach *Verwindung der Metaphysik* noch eine Rolle spielt, dann durch die Lichtung seiner rektalen Öffnung, nicht durch sein Genital. Sollte überhaupt das Sein qua Vater hier in Betracht kommen, dann gerade nicht durch das, was den Vater zum Vater macht, sondern durch das, was er ohnehin mit der Mutter teilt. Deshalb glauben wir, in unserer Interpretation Heideggers uns auf das Seyn-qua-Mutter beschränken zu dürfen. Was an väterlicher Analöffnung intendiert ist, dürfte eher in die mütterliche Kloakalöffnung aus Vagina *und* Rectum eingegangen sein. Wenn überhaupt, dann wird am Vater geliebt die Mutter, d. h. seine „Kehre", sein Hinterteil: Daß er dem Dasein den Rücken kehrt und Frau wird, Mutter, schützende Höhle. Die berühmte „Kehre" wäre dann nicht nur Kehre vom Vater zur Mutter, sondern, was aufs Gleiche hinausläuft, Umkehr des Vaters, Zukehr seiner Hinterwelt, Verkehr mit dieser verkehrten Welt. Will Existenz, wenn sie das Ganz-Andere will, Es anders herum, also a tergo?

Aber diesem Vaterbild, wenn es denn eins sein soll, fehlt die Omnipotenz des verwünschten Ge-Stells zu sehr, als daß es Ziel quasireligiöser Vatersehnsucht sein könnte. Dieser Gott Heideggers von hinten herum ist eher eine Göttin, eben die Göttin Aletheia des Parmenides. Begnügen wir uns damit, Heidegger noch einmal zu zitieren, wo er ein Hölderlingedicht zitiert:

Sokrates und Alcibiades

„Warum huldigest du, heiliger Sokrates,
   Diesem Jünglinge stets? Kennest du Größeres nicht?
     Warum siehet mit Liebe,
       Wie auf Götter, dein Aug' auf ihn?"

„Wer das Tiefste gedacht, liebt das Lebendigste,
   Hohe Jugend versteht, wer in die Welt geblickt,
     Und es neigen die Weisen
       Oft am Ende zu Schönem sich."

Heidegger deutet: „Demnach gründet die Liebe darin, daß wir Tiefstes gedacht haben." (VuA 139) (Im Hölderlinbuch heißt es über „finstere Tiefe" des Vater Äther, des Hohen: „Was wäre Tiefe ohne Lichtung?" (HOLD 18)
Vulgo Hintern mit „Goldlack"? Sieht man allerdings genauer hin, dann ist Vater Äther, der Hohe, der einen hoch hat, nur so tief wie der Schoß von Mutter Erde.

„Im Alpengebirge ereignet sich das immer stillere Sichüberhöhen des Hohen bis in das Höchste. Die Gipfel des Gebirges, das der äußerste Bote der Erde ist, ragen ins Licht, dem „Engel des Jahres" entgegen. Deshalb sind sie die „Gipfel der Zeit". Doch über das Licht noch hinauf lichtet sich erst das Heitere in die reine Aufheiterung, ohne die auch dem Licht niemals seine Helle eingeräumt wäre. Das Höchste „über dem Lichte" ist die strahlende Lichtung selbst... Sie ist in einem zumal die Klarheit (claritas), in deren Helle alles Klare ruht, und die Hoheit (serenitas), in deren Strenge alles Hohe steht, und die Frohheit (hilaritas), in deren Spiel alles Freigelöste schwingt."[39] Angesprochen ist hier noch einmal die strenge Hoheit der ebenso dominierenden wie unberührbar „heiligen" Mutter. Daß sie „reines Entspringenlassen" ist, deutet darauf hin, daß sich auch Heidegger alles Seiende nur durch Parthenogenese entstanden denken kann — ohne störende Vermittlung des Vaters und seines Ge-stells. Ähnlich hat *Derrida* in Hegels Begriff von Wahrheit das „Phantasma" der jungfräulichen Geburt Christi diagnostiziert. „... die Alethia ist Göttin." (VuA 247)

Anderswo wird die Frau genannt: „Herrin und Hüterin", keinem Manne sich unterwerfende Domina und jungfräuliche Mutter, der Heideggers „Dasein" sich masochistisch subordiniert. Die spätere „Ek-sistenz" ist Leibeigener des Seins, hart im „(Ver-)Nehmen" dessen, was das Sein gibt und nimmt. Das Dasein gehorcht bis zur Hörigkeit, dankt ergebenst für das, was vom Sein über es kommt, folgt den Weisungen, Winken, Zeichen und dem Geheiß des Seins, fühlt sich durch Bindung befreit und spricht nur noch, sofern es der Stimme des Seins entspricht. Es fügt sich den Verfügungen der „Seinsfuge", und von der Anziehungskraft des Seins geht es über Entziehung zu Erziehung und Zucht. „Dann wäre der Schmerz das ins Innigste Versammelnde". (WEG 232) Der stolze Entwurf in SuZ unterwirft sich, das Subjekt wird wieder sub-iectum, die Substanz erinnert sich, von sub-stare herzukommen.

Fassen wir zusammen. Die „Lichtung des Seins" ist die „heilige" Dreieinigkeit von oraler, analer und vaginaler Öffnung der Mutter.

l. Wenn wir daran erinnern, daß die Abhängigkeit von den Schutz- und Pflegefunktionen der primären Bezugsperson wie aller späteren Umwelt, daß Verwöhnungsansprüche und Anlehnungsbedürfnisse an oft tyrannische mütterliche Fürsorglichkeit ein oral gestimmtes In-der-Welt-Sein kennzeichnen, dann nicht deshalb, weil wir dem Menschen Heidegger eine solche narzißtisch orientierte, intestinale Grundbefindlichkeit nachsagen. Heideggers „jemeinige Existenz" und jeseinige Existenz sind zweifellos so wenig identisch wie Held und Autor eines Romans. Aber der Held der späten Seinsgeschichte ist auch so etwas wie ein oraler Charakter, der sich von Mutter Sein in den Mund nehmen läßt, und der auf die bergende Funktion der Muttermundhöhle zu projizieren neigt, was sein eigner Mund der sich versagenden Seinsbrust aggressiv antun möchte. In der behütenden Imago der ontologischen Mundöffnung scheint der Sadismus des sich entziehenden Busens der Physis wie verdrängt: dem Sein sind jene Zähne der Venus dentata gezogen, die das Dasein in Suz allem Sein noch zu zeigen wagte, und nun soweit verdrängt, daß es sie nicht einmal mehr aufs Sein zu projizieren sich traut. Heideggers Spätschriften zeigen die Philosophierung einer zunehmenden Überdeterminierung der intrauterinen Muttermundhöhle, dieser Matrix philosophisch stilisierter Reaktualisierung von oralkaptativen Triebarretierungen. Philosophischer Rückgang auf ein erst- und letztbegründendes Prinzip wie das freudige „Ereignis", Rekurs auf archaische *archai,* ist nach rückwärts gewandte Utopie, oknophiler Regreß, unfreie, ichgeschwächte Sehnsucht nach frühkindlichen Idealzuständen.

Dazu will stimmen, daß Höhepunkt und Ende der oralen Entwicklungsphase die spezifische „Einführungssituation von Sprache" *(Alfred Lorenzer)* ist. Die Vorherrschaft der Sprache beginnt nach *E. Glover* erst, wenn die Vorherrschaft des Mundes zu Ende geht und gebrochen ist. Das deutet darauf hin, daß die „Lichtung des Seins" nicht nur Mundöffnung ist. Das Mundwerk auch des Philosophen ist Erbe, Anwalt und Ersatz des entwöhnten Mundes, der nach dem Busen der Natur ruft. Was nicht länger an Milch und Honig unmittelbar inkorporabel sich anbietet, muß symbolisch herbeizitiert und beschworen werden. Das Kind muß nun schon den Mund aufmachen, in den nicht mehr die gebratenen Tauben fliegen.

2/3. Außer der sprechenden Mundöffnung ist die „Lichtung des Seins" auch die analvaginale Kloakalöffnung, die mütterliche Hinterwelt. Dabei liegt der präödipale Anus kastrationsgefährlich dicht neben der untersagten Vagina. Die „ontologische Differenz" zwischen After und Scheide der Mutter ist die Differenz prägenitaler und inzestuöser Regungen. Dasein weicht unter der Kastrationsdrohung von der Vagina zum Anus der Mutter aus, ist es doch so, als wäre die goldglänzend analsadistische Komponente der erdmütterlichen Genitalkloake weniger inzestuös bedrohlich als ihr vaginales Moment. Wir sahen auch, wie Existenz im Humanismusbrief aller resignierten präödipalen Regressivität zum Trotz doch zuweilen auch wieder recht ekstatisch ek-zessiv aus sich heraus in die Seinslichtung hinein- und hinaussteht. Der Analinzest, die Mutter metaphysisch a tergo, wäre wie der fellative Oralinzest ein Kompromiß zwischen ödipalem Drang und prägenitalem Regreß. Die rektale Komponente der ontologischen Kloakallichtung erscheint (wie das Gold in der Kehle der Mutter) wie ein goldener Mittelweg zwischen phallisch inzestabler Vaginallichtung und oraler Uterusbruthöhle. Angestrengt, ohne die Anstrengung des Begriffs allerdings, zwingt sich das „Dasein" des späten Heidegger, in der ontologischen Kloake nur noch Anus und (Gebärmutter-)Mund zu sehen, in sich selbst nur noch das designierte Eigentum ontologischer Sphinkterringmuskeln oder sich als Bissen zwischen den Zähnen und Labien des Seins. Ständig kämpft es dabei gegen die Versuchung zum Rückfall, in diesem Mund oder Anus die verbotene Vagina zu begehren, die fürs väterliche Gestell reserviert bleibt. Das Kind verzichtet auf sie, indem es darauf verzichtet, sein Ding in ihr „dingen" zu lassen. „Der Verzicht nimmt nicht. Der Verzicht gibt." Ist die Vagina an den Vater abgetreten, und die Vagina ist eo ipso Vagina der Mutter, dann bleibt dem Kind nur die „Ent-Sprechung", die Anal-ogie, der anale Logos, die logische „Versammlung" im philosophischen Hinterzimmer. Aber vom Rectum ist es nicht weit bis zur Scheide, Heidegger spricht von der Nachbarschaft des Dichtens und Denkens. In der Vagina der Mutter steckt das Kind selbst als ihr Penis; in ihren Anus steckt und „stiftet" es seinen Penis. In ihrer Scheide *ist* es jener Phallus selbst, den es in ihrem Mund bzw. After *hat*. Was bleibet aber, wenn der Koit untersagt ist, stiften Fellatio und Pedicatio. Verpönt sind Anilinctus und Cunnilinctus : Heidegger verwahrt sich gegen die Bestimmung von Sprache als „Zungenfertigkeit" und lingua ganz ähnlich wie gegen den „leeren Scharfsinn" des phallischen Verstandes. Und wenn die Existenz die berühmte Angst aus § 40 SuZ hat, hat sie dann nicht 'Schiß'? Läßt sie dann vor lauter Schiß nicht einfach das Seiende los? Orale Aneignung und anale Ausscheidung, bevor sie unter dem pubertären Genitalprimat dann wieder synthetisiert werden, waren in der Frühzeit der Ontogenese verschmolzen in dem, was *Sandor Rado* in seiner „Theorie der Süchte" den „alimentären Orgasmus" von Verdauung und Satt-Sein genannt hat: Das Satt-Sein, der Prototyp des genitalen Befriedigt-Seins.

Nachweise

[1]   SuZ 69
      Daß das „Zeug" wie der Hammer, das Urspielzeug und Urwerkzeug des Kindes, in SuZ terminologisch auftritt als das „Zu-handene" und „Vorhandene", deutet auf seine autoerotische, onanistische Verwendung. Das inzestuöse „Sein zum Tode" ist ein Entwurf masturbatorischer „Ein-bildungskraft". Der Hammer ist zur Hand, die intendierte Mutter selbst nicht. Ihre Leibeshöhle ist nur als narzißtische Handhöhlung vorhanden, aber alles Zuhandene deutet und verweist immer schon auf die Weltöffnung, die Scheide des imaginierten Seins. Und wenn alles Denken wirklich Probehandeln ist, dann gerät dieses „Handwerk des Denkens" zur „Vorwegnahme" des wirklichen Aktes. „In der Seinsart dieses Zuhandenen, das heißt in seiner Bewandtnis liegt eine wesenhafte Verweisung auf mögliche Träger, denen es auf den „Leib zugeschnitten" sein soll." (SuZ 177). Die Rede ist hier von Werk des (onanistischen) Handwerkers und davon, daß mit dem in Arbeit befindlichen Zeug die anderen „mitbegegnen", für die das „Werk" bestimmt ist. Kaum zufällig der Hinweis im nächsten Satz, daß einer den anderen „bedient".
[2]   SuZ 102
[3]   SuZ 110
[4]   SuZ 84
[5]   SuZ 85
[6]   SuZ 87
[7]   HOLZ 41
[8]   SuZ 107 f.
[9]   SuZ 104
[10] SuZ 108

11 META 152

12 VuA 56

„Es ist vernommen und genommen, ist im Besitz eines Hinnehmens, ist dessen Habe, ist verfügbares Anwesen von Anwesendem." (META 138)

13 Bruder Fritz Heidegger verriet in einem Interview, Martin habe, obwohl von Statur der Kleinste, als Kinder unter Kindern immer die Rolle des Hauptmanns spielen wollen und können. „Wenn ich zum Beispiel mit meinem Freund einer schnell voraus — und in Feuerstellung aufgefahrenen Batterie nacheile, und im Moment, wo wir den Geschützdonner hören, sage: „Eile, es kracht schon!" — dann ist völlig bestimmt, was kracht. — Der Sinn des Urteils liegt in dem Krachen ..." („Die Lehre vom Urteil im Psychologismus". In: Frühe Schriften, Frankfurt a.M. 1972)

14 VuA 96

15 VuA 36

Schaudernd spricht MH von der väterlichen „Selbstsicherheit des Willens zum Willen" (VuA 88). „Im Willen zum Willen kommt erst die Technik (Bestandsicherung) und die unbedingte Besinnungslosigkeit („Erlebnis") zur Herrschaft." (VuA 87)

16 VuA 40

17 VuA 39

18 VuA 36

19 VuA 41

20 VuA 42

21 HOLZ 247

22 Th. Adorno, Negative Dialektik, a.a.O., S. 112

23 VuA 55

24 VuA 63

25 VuA 180

26 z.B. SvG 146

27 SvG 139 und WEG 172

28 SdD 58

29 SuZ 75

30 WEG 236

31 „Psychoanalyse der weiblichen Sexualität", Hrsg.: Janine Chasseguet-Smirgel, Frankfurt a.M. 1974, S. 62

32 WEG 166

33 WEG 148, HOLD 72

34 SdD 20

35 SdD 23

„Modi solchen Besorgens sind auch Entziehen, Entleihen, Vorenthalten, Nehmen, Rauben ..." (SuZ 281). Siehe aus SdD: „Zeit und Sein" (Kehre von SuZ).

36 VuA 281

In den „Drei Abhandlungen zur Sexualtheorie" merkte Freud an, daß bei den Griechen offenbar das Triebziel wichtiger gewesen sei als das Triebobjekt. Auch bei MH finden wir diesen „Einsatz" für polymorph-perverse Objektbesetzungen, eine dezisionistische Be-lieb-igkeit der Seinsliebe und existentialistischen Wahlfreiheit. Gräzistisch dominiert der Entwurf sein vergleichsweise gleich-gültiges „Woraufhin": libido ad libitum. *Wer* die Öffnung hat, ist irrelevant, sofern es nur eine Öffnung und kein Ständer ist.

Die Erkenntnistheorie: Adam verkennt Eva

Die Erkenntnistheorie Heideggers interessiert uns nur soweit, als sie das Problem der Kluft zwischen dem Ego und dem Sein durch Rückgriff auf ein „ursprüngliches In-der-Welt-sein" zu lösen verspricht, durch Rekursion auf den fundierenden ganzheitlichen Lebenszusammenhang, einen primären Weltbezug, in dem wir die philosophisch stilisierte frühe Mutter-Kind-Beziehung entdeckten. Nach Heidegger ist der Cartesianismus nicht deshalb unzureichend, weil er nicht erklären könne, wie eine atomisierte Substanz, die res cogitans, eine ihr absolut fremde und ebenso monadische Substanz, die res extensa, über den Abgrund ihrer substantiellen Verschiedenheit erreicht. Im Gegenteil könne bei Descartes das Ich das Nicht-Ich paradox gerade deshalb nicht erkennen oder sich aus ihm verstehen, weil es von derselben Seinsart der „Vorhandenheit" sei wie das Nicht-Ich. Sobald erst einmal zwei in sich fix und fertige Substanzen angesetzt und einander gegenübergestellt würden, sei ohne eine vermittelnde dritte, göttliche Substanz nicht zu garantieren, wie das Dasein zum „nichtdaseinsmäßigen Seienden" soll kommen können. Die Differenz, der „Chorismos" zwischen Denken und Sein, dürfe nicht darin bestehen, daß ein Ding auf ein anderes treffe, sondern das Bewußtsein dürfe vor und außerhalb seiner intentionalen Beziehung zum Sein nichts sein. Die Substantialität des Daseins müsse im Unterschied zum Sein darin beruhen, gerade keine Substanz zu sein, also den Graben zum Erkenntnisobjekt schon überwunden zu haben, bevor er sich zwischen zwei vorhandenen Klötzen überhaupt erst auftun könne. Danach wäre das Erkennende eigentlich nur die Selbstreflexionsform des zu Erkennenden, ohne eigene Substanz vor und unabhängig von der erkennenden Intention auf die Substanz, die ihrerseits das, was sie an sich ist, auch ist, wenn sie nicht Gegenstand intentionaler Akte ist. Ist so der Idealismus abgewehrt, der die Mutter darauf reduzieren würde, daß und was sie für ihr Kind ist, daß sie nichts wäre als das böse „Gesicht (eidos)" oder freundliche „Aussehen", welches sie dem Kind zukehrt, dann soll der Materialismus dadurch abgewehrt sein, daß erstens das Sein sich erst enthüllen könne mit einem Dasein, das es auf seine „Entdeckbarkeit" hin entwerfe, und daß zweitens das Erkennende ja gerade nicht von der Seinsart des zu Erkennenden sei, nicht einfach „vorhandenes" Erkenntnismaterial.

Das Baby ist „transzendent" auf die Mutter hin, die res extensa ihrer Leibesfülle, und diese Transzendenz ist seine Immanenz, sein Drinbleiben: Es ruht gerade in sich, wo es in und an der Mutter ruht, hilflos auf sie „angewiesen" wie nur im Kant-Buch der deshalb endliche Verstand auf das „hinnehmende Vernehmen" der sinnlichen Gegebenheiten.[1] Das „nichtdaseinsmäßige Seiende", die Zeugungswerkzeuge, verwandeln sich nach der 'Kehre' ins nichtdaseinsmäßige Sein der Mutter, und diese Mutter war ein schon komplettes, „ganzes" Wesen vor der Geburt ihres Kindes, sie hat den Bezug zu ihm aufnehmen oder unterlassen können.

Das Kind jedoch ist keine autarke Substanz, die nachträglich und beiläufig dann irgendwann einmal auch eine akzidentelle Beziehung zu seiner Mutter aufnimmt oder nicht, sondern es *ist* dieser Bezug und zunächst sonst nichts, existenzfähig nicht vor und außerhalb dieses Bezuges.

Wenn nicht nur Heidegger von Freud her besser zu verstehen, sondern irgendwo auch die Psychoanalyse durch Heidegger zu bereichern ist, dann vielleicht hier, beim Verständnis der primary confusion primärnarzißtischer Mutter-Kind-Symbiosen, vor allem in jener regrediert sekundären Gestalt, die dem Philosophen in Hölderlin entgegenkam. (Dazu: Ludwig *Binswanger*: „Wahn", 1965, S. 19 f.)

„Das Sein ist nie und nirgends ein Seiendes", also auch nicht Seiendes von der Seinsart des Daseins, des kindlich „dankenden Denkens". Der späteste Heidegger will sogar das „Sein ohne das Seiende denken",[2] die Mutter unabhängig von ihrem Kind. Also sind beide doch nicht symbiotisch verflochten? Dem aber steht mit Parmenides ausdrücklich entgegen: „Denn dasselbe ist Sein sowohl als auch Vernehmen von Sein."[3] „Identität und Differenz" zugleich?

Die „ontologische Differenz"[4] von Mutter und Kind wird später bestimmt als ihr Gegenteil, als „Selbigkeit", und diese Identität dann wieder als „Zusammengehörigkeit"[5], die Mensch und Sein erst zu dem entbindet, was sie je für sich sind. Durch ihren Bezug zum *selben* „Ereignis" werden sie erst befreit zu dem, was jeder je *selbst* ist. Die gleichzeitige ontologische Differenz und Identität von Sein und Seiendem, von Sein und Schein, von Sein und Denken, Sein und Dasein, Sein und Zeit, sei das Selbe — das „freudige" „Ereignis", die Interaktionsform der MKS oder gar die Geburt selbst. Das wäre Hegels berühmte „Identität von Identität und Nicht-identität" des Subjekts und des Objekts im Subjekt-Objekt, wenn das freudige „Ereignis" dialektisch und nicht ambivalent gedacht wäre. „Das Ereignis ereignet".[6] Es ist die apriorische Bedingung der Möglichkeit von Identität und Differenz, von Ausdifferenzierung und Wiedervereinigung, noch vor jeder Konstitution von Selbstidentität und Trennung und Resymbiotisierung: Das synthetische Ur-Teil a priori vor jeder Ur-teilung und Synthese von Mutter und Kind. Die Mutter als vom Kind bereits abgehobene Gestalt ist also nicht das Erste und Letzte. „Sein verschwindet im Ereignis".[7] Und mit der Mutter das Kind. Die „Zurücknahme und Aufhebung des Seins in das Ereignis"[8] bedeutet, daß mit der Invokation Mama! nicht die Mutter selbst gemeint ist in Abgrenzung gegen ihr Kind, sondern ursprünglicher ihrer beider „spezifische Interaktionsform" selbst, bevor beide sich aus dieser primordialen Form der „Einigung" herausdifferenziert haben zu jener Mutter und jenem Kind, die dann weitere Beziehungen zueinander aufnehmen oder abbrechen können. Man erinnert sich an die Schwierigkeiten, die es den Psychoanalytikern bis heute bereitet, den primären Narzißmus der ersten Lebensmonate begrifflich adäquat zu fassen oder seine Reaktivierung in Zuständen psychotischer Symbiotisierungen. Ist die Mutter für das Kind schon libidinös besetztes Bezugsobjekt, als nutritive Mammalie wenigstens bereits „Partialobjekt", oder „präobjektal" noch zusammen mit dem Kind dessen „grandioses narzißtisches Selbst" *(H. Kohut)?* *Schumacher* hatte 1962 die Seinsweise des Säuglings als Heideggers „In-der-Welt-Sein" genannt, diese Welt aber doch noch als Objekt mißverstanden. So findet die Diskussion kein Ende, ob die „narzißtische Orientierung" die libidinöse Besetzung eines von einem „Vor-Ich" oder reinem „Körper-Ich" des Babys unterscheidbaren Objekts ist oder „präobjektale" Beziehung eines „symbiotic pre-ego" zu einem „narzißtischen Selbst", in das die Mutter unabhebbar eingegangen ist, und zu einer Mutter, welche das Kind noch nicht als von ihm unterschieden erfährt. Identitas indiscernibilium des *Leibniz* mit dem tertium comparationis, daß beide, Mutter und Kind, phallisch impotent sind? Nur: Das Kind ist für die Mutter schon jene phallische Potenz, die dem Sohn noch abgeht. Der „schwingende Bau des Ereignisses": die autarke Bedürfnis-Befriedigungs-Einheit von Mutter und Kind, wo der Wunsch noch nicht getrennt ist von den Bedingungen seiner Erfüllung, und Selbstbefriedigung des Kindes allein deshalb nicht vorliegen kann, weil ein Selbst sich gegen einen Widerpart noch gar nicht herausgegliedert hat? Erst wo das Bedürfnis nicht prompt sich befriedigt findet, erlebt das Kind die Grenze seiner narzißtischen Omnipotenz. Der Andere als solcher ist der Frustrierende, der sich Entziehende.

Psychoanalyse ist als frühkindliche Anamnese die kathartische Rekonstruktion der verdrängten Urszene im Medium der Übertragung, und Heidegger war Tiefenphilosoph, solange er den Mut zur Angst vor der Rückkehr des in der „Seinsvergessenheit" verdrängten Ur-„Ereignisses" lehrte, verkam aber vom Psychotherapeuten der Existenz zum Heilprediger der oralen Regression. Daß wir immer je schon die Mutter lieben und den Vater töten wollen, sollen wir nun nicht mehr nur erkennen, um durch dieses Eingeständnis hindurch gerade frei zu werden von den Eltern für die eigene Generations- und Geschlechtsidentität, sondern um unter philosophischer Absegnung nun erst recht desto ungenierter in voller Infantilität bei der Mutter unterzukriechen. Heideggers Aufforderung, der ödipalen Wahrheit heroisch „standzuhalten", will nicht mehr helfen, *von* der Mutter, sondern *für* sie frei zu sein, sie zu freien. Zu erkennen, daß sie zähe in uns weiterlebt, heißt nicht erkennen, daß sie für uns gestorben ist, um sich über ihren Verlust hinwegzutrösten mit einer anderen Liebe nach ihrem Ur-Bilde. Wenn Philosophie zu der Erkenntnis verhilft, doch ja recht eigentlich in allem niemanden als die Mutter zu lieben, dann deshalb, damit ich dieser Wahrheit lebe, ohne mich zu meinen „Götzen wegzuschleichen". Philosophie macht mich mit nichts Neuem bekannt, sondern mir nur bewußt, was ich seit jeher immer schon weiß und bin, sobald ich mich von der Stimme des „Man" losreiße und vom Inzesttabu nicht „beirren" lasse. Philosophieren heiße nur die Mutter „erkennen".

Über „Welterkennen" vergleiche § 13 SuZ.

„Erkennen ist eine Seinsart des In-der- Welt-seins."

„Nicht nur das, wonach eine Erkenntnis sich richtet muß schon irgendwie unverborgen sein, sondern auch der ganze Bereich, in dem das Sichrichten nach sich bewegt."

MH mißtraut der Fähigkeit von Dialektik, die Frakturwunde zwischen Sein und Dasein zu heilen, die Negativität und Zerrissenheit des Lebens aufzuheben. Dialektik sei zwar Rückkehr aus aller Entzweiung, aus aller Fremde und Verbannung ins Draußen, aber Rückkehr aus ontischer Entfremdung in Subjektivität, kein Aufgehen in ein umgreifend Substantielles. *Hegel* subjektiviere die Substanz und substantiviere dann diese Subjektivität zum Sein des Vaters, seiner Allmacht und Allwissenheit in der absoluten Erkenntnis der Mutter. Umgekehrt hätte Hegel wohl in Heideggers „Seyn" zu viel verdinglichte Äußerlichkeit angemahnt, aus der das Subjekt selbstgewiß in sich zu gehen hätte. Heidegger ersetzt die zerreißende, trennende Dialektik durch Logos, Versammlung und Einigung und Zusammengehörigkeit, durch Dia-stase, einladendes „Auseinanderstehen" der mütterlichen Labia maiora.[10] Das Urbild von Dialektik wird eher in der von *René* Spitz beschriebenen wechselseitigen dialogischen Konstituierung von Mutter und Säugling gesucht. Das „Innige des gespannten Auseinander im Zueinander eines Einigen" der Mutter-Kind-Dyade ist jenes basale „ursprüngliche In-der-Welt-sein" des Daseins noch vor jeder Subjekt-Objekt-Dialektik, angesichts dessen alle Subjektivität und Objektivität und deren Relationsformen, die von der traditionellen Erkenntnistheorie untersucht werden, bloße spätere Derivate, Skotome oder Verfallsweisen sind.

Laut MH ist SEIN weder Begriff noch Seiendes, weder oberster und allgemeinster Gattungsbegriff noch das höchste Seiende, weder Gottvater noch sein Glied, sondern eher „Ereignis" der Primärprozesse, eher ES und Unter-ich als Über-ich. Der Umfang eines philosophischen Begriffs ist hier weniger die Klasse der zu ihm gehörigen ontisch-phallischen Gegenstände als vielmehr in den umfangenden Armen der Mutter zu suchen, die das Dasein der Kinder umschließt (und am Ende von der Außenwelt abschließt).

„Der Satz: *Das Dasein existiert Unwillen seiner,* enthält keine egoistisch-ontische Zwecksetzung für die blinde Eigenliebe des jeweils faktischen Menschen ... Nie aber ist Selbstheit auf Du bezogen, sondern — weil all das erst ermöglichend — gegen das Ichsein und Dusein und erst recht etwa gegen die „Geschlechtlichkeit" neutral."[11] Aus dem Primärnarzißmus differenzieren sich das Ich und sein Objekt und dessen Besetzung erst heraus, also auch sekundärer Narzißmus des Egoisten. Die primärnarzißtische Selbstheit ist deshalb noch auf kein Du bezogen, weil sie noch gar nicht die Trennung von Ich und Du kennt, sondern die Mutter-Kind-Dyade selbst ist, die in der Sprache ihrer selbst bewußt wird, in der Mutter und Säugling dia-logisch miteinander umgehen: Ursprung von Umgangssprache = Mutter-Sprache.

„Es gibt nichts anderes, worauf das Ereignis noch zurückfuhrt, woraus es gar erklärt werden könnte."[12] Alles was ist, ist entstanden und geboren — außer der Geburt selbst, dem freudigen Ereignis. Der Ursprung hat keinen Ursprung. Wohin zeigt der erigierte Phall? Worauf richtet sich der Ent-wurf = E-jakulation? „Wo sind die Wegweiser für die Entwurfsrichtung, damit sie überhaupt auf das Sein treffe?" (SuZ, S. 312)

Die Mutter ist dann und nur dann kein fragwürdiges Liebesobjekt, wenn das Kind kein Abenteuer bei ihr sucht, ihr keine inzestuösen A-vancen macht (siehe: existentielles „Sich-vorweg-immer-schon-sein-bei ... und in ..."), sondern heim will in den unverdächtigen Bauch, die „Kugel des Seins", seiner „lichtenden Kugelschale". (HOLZ, S. 278)

„Die Wegrichtung zum Fragwürdigen ist nicht Abenteuer, sondern Heimkehr." (VuA 68)

Die Selbständigkeit des Daseins liegt für Heidegger in seiner inzestuösen „Entschlossenheit"; unselbständig ist es, sofern es noch präödipal an die Fürsorge der Mutter „verfallen" ist, also noch nicht mit beiden Beinen auf Mutter Erde steht.

„Die Ständigkeit des Selbst im Doppelsinne der beständigen Standfestigkeit ist die eigentliche Gegenmöglichkeit zur Unselbstständigkeit des unentschlossenen Verfallens." (SuZ, S. 322)

Wenigstens für den frühen Heidegger ist Selbständigkeit so viel wie Freiheit von der präödipalen Mutter und Freiheit für die ödipale Mutter, nicht Befreiung von der Mutter überhaupt.

Der spätere Heidegger gibt die Selbständigkeit des Daseins auf, der Existenz steht keiner mehr, also steht sie überhaupt nicht mehr auf eigenen Füßen, sondern verfällt wieder an die oralkaptative und analsadistische overprotection der präödipalen, ja phallischn Mutterimago.

„Seinlassen ... bedeutet, sich einlassen auf das Offene und dessen Offenheit, in die jegliches Seiende hereinsteht..." (WEG, S. 84) Aber von diesem „ek-sisten-ten Sich-ein-lassen" wird auch gesagt, es sei eine „ek-sistente Ausgesetztheit in das Seiende im Ganzen." (S. 87) „Lassen bedeutet dabei, ausgehend vom ursprünglichen Wortsinne ab-lassen, weglassen, weglegen, weggehenlassen, d. h. freigeben *ins Offene* ... Lassen bedeutet dann: zulassen, geben, reichen, schicken, *gehören-lassen"* (SdD, S. 40). Existenz läßt den Vater Vater und die Mutter Mutter sein, überläßt Sie Ihm, läßt von Ihr und davon ab, Er zu sein, in der Hoffnung, der Vater lasse ihn leben, lasse ihm das Seine, phallisch „Jemeinige" und lasse das Dasein schließlich ein ins prägenitale mütterliche Gelaß. Das Sein ist hier anales Possessivpronomen. Das Kind darf das Seine behalten, wenn es auf Inzucht mit dem Sein verzichtet. Schon in SuZ war das Sein immer schon das Jemeinige, Eigentum an sich selbst um den Preis von Inzestverzicht.

Erst am späten Heidegger wird flagrant, daß dieser Inzestverzicht nicht unterm Diktat eines internalisierten Vaters geschieht, keiner Überichbildung sich verdankt, sondern Regressionen einleitet, die keiner phallischen Ichstärkung mehr dienen. Schließlich findet das Kind ein letztes labiles Gleichgewicht als jener Penis der Mutter, den es selbst nicht hat und zu haben wagt.

„Wie kommt dieses erkennende Subjekt aus seiner inneren 'Sphäre' hinaus in eine 'andere und äußere', wie kann das Erkennen überhaupt einen Gegenstand haben, wie muß der Gegenstand selbst gedacht werden, damit am Ende das Subjekt ihn erkennt, ohne daß es den Sprung in eine andere Sphäre zu wagen braucht?" (SuZ 60) Dieses primäre Bezugsobjekt denken wir als die Mutter, solange sie mit dein Säugling noch in Personalunion symbiotisch-alimentär verbunden ist und Mutter und Kind aus dieser primärnarzißtischen Dyade sich noch gar nicht *als* Subjekt und Objekt herausindividuiert haben und voneinander getrennt haben durch Entwöhnung und Inzesttabu. In dieser „anfänglichen Frühe" ist für das Kleinkind, das die Mutter „erkennen" will, noch kein choristischer „Graben" zu seinem Sexualobjekt hin zu überwinden, weil erst in der phallischen Phase das Inzestverbot diese Kluft zwischen beiden auftut, frühestens die Entwöhnung des Kindes von den Mammalien. MH ging hinter die Zeit zurück, in der dieses Inzestverbot sinnvoll gegen das Kind ausgesprochen werden kann, zurück in die prädipale Phase seiner Ontogenese, wo es nur in der Mutter wohnte, ohne ihr schon beiwohnen zu wollen. Dieses „Wohnen" (siehe „Bauen Wohnen Denken" in VuA) will die Ent-wöhnung regressiv rückgängig machen. In dieser frühesten Phase muß das Kind, das sein Bezugsobjekt „erkennen" will, seine Intimspäre nicht erst verlassen, um die der Mutter zu erreichen. Die Mutter, das ist hier noch die symbiotische Interaktionsform mit dem Baby selbst, und das Baby, es ist noch gar nichts anderes als die Mutter, wie sie mit ihm umgeht. „So etwas wie das Kind gibt es eigentlich gar nicht, was natürlich bedeutet, daß — wo immer man ein Kind vorfindet — auch die mütterliche Fürsorge anwesend ist, und ohne die gäbe es kein Kind." (*D. W. Winnicott*: „The Theory of Parent-Infant-Relationship. In : The Materational Processes and the Facilitating Environment, London 1965, Hogarth). Das Kind, das „the most significant other" (*G. H. Mead)* „erkennen" will, springt einfach in die Arme jenes Bezugsobjekts zurück, dessen Schoß es entsprang, es hat die Sphäre der „dualen Erlebniseinheit" gar nicht erst zu verlassen.

Über den Idealismus als Ideologie des „gewalt-tätigen" Vaters, in dessen Licht der Sohn nur schwaches Abbild eines Vorbilds und die Mutter und alle innere wie äußere Mutter Natur nur Bearbeitungsmaterial seiner eigenmächtigen Formgebung ist, hätte Heidegger, wenn es ihm nicht zu ontisch wäre, dasselbe sagen können, was *Adorno* in den „Minima moralia" (Frankfurt a.M. 1951, Stichwort 54: Die Räuber) geschrieben hat. Bleibt also nur ein mütterlicher Materialismus des Seins. Erinnert das „Dasein" in SuZ an einen Knaben in der pubertären oder phallischen Phase, dann ist beim späten Heidegger dieser

„Sterbliche" nach seiner partiellen Re-identifikation mit der nicht freigebenden Mutter eher ein kleines Mädchen, das zwar keinen Penis hat, aber ein Penis *ist,* eben der Penis der Mutter, ihr Kind, das „homosexuell" an die Mutter gebunden ist. Aber natürlich muß auch Heidegger irgendwie mit der Tatsache fertig werden, daß Subjekt und Objekt irgendwann auseinandertreten, einander gegenüberstehen und nicht ewig miteinander zu verwechseln sind. Nach Adorno hat MH die Nichtidentität von Sein und Denken vertuscht „wie eine Familienschande" (Negative Dialektik, a.a.O., S. 109). Das Sein beauftragt das Denken, die Mutter delegiert das Kind, draußen Zeugnis von ihrer Bedeutung abzulegen, statt sie inzestuös zu „erkennen". Dazu muß das Kind weit genug aus der absoluten Identität mit ihr heraustreten, Abstand von ihr gewinnen und abgegrenzte „Einheitlichkeit". Aber diese Autonomie ist nur scheinbar und relativ, ist das Kind doch zwangsverpflichtet, gerade diese seine entwickelte Selbständigkeit in den Dienst der mütterlichen Bedürfnisse zu stellen, „vom Sein gebraucht zur Wahrung seiner Wahrheit". Und das Kind ist wahrhaftig und aufrichtig, wenn es nicht seinen eigenen Phallus aufrichtet, sondern sich nach dem Wunsch des Seins richtet, offen für einen eigenen Penis zu sein. Wahrheit, Übereinstimmung des Subjekts mit seinem Bezugsobjekt, ist hier Anpassung des Kindes an den „unverborgenen" Drang des weiblichen Seins, aus dem väterlichen Gestell, den beneideten und gefürchteten „gewalt-tätigen" Penis ihres Gatten, ihren eigenen Penis zu machen und ihn in ihrer Höhle vor diesem Gatten zu „verbergen", um sowohl sich selbst als auch den Penis ihres Penis vor Kastration zu schützen. „Das Geschützte ist dem Schützenden anvertraut ... verlobt: geliebt." (HOLZ 258). Wahrheit, Anpassung des Subjekts ans Objekt, ist hier Einpassung des Kindes in die mütterliche Scheidenöffnung, das Stehen in ihrer Waldlichtung als *ihr* „Baum der Philosophie", als ihr analphallisches Eigentum in seiner ganzen „Pracht des Schlichten". Jedes ihrer Kinder „ist innerhalb ihrer Vereignung vielmehr zu einem Eigenen enteignet." (VuA 178). Will sagen dazu kastriert, *ihr* phallisches Eigentum zu sein. Keines „versteift sich auf sein gesondertes Besonderes". Die Missionsorder geht vom Sein aus, nicht von der inzestuös-patriziden Entschlossenheit des Daseins, wie man sieht. Das Sein „braucht" das Dasein, weil ihm der Penis fehlt, und das Dasein erreicht nur dadurch die Identität mit dem Sein, daß es sich in die Nichtidentität hinausschicken läßt, in die Trennung vom Sein, um draußen groß und stark zu werden in der Hoffnung, dann als Phallus des Seins vom Sein gebraucht zu werden. Und wenn hier das Subjekt sein Objekt „erkennt", dann nicht dadurch, daß der phallische Begriff das Sein subsumiert und sinnliches Material vergewaltigt und aus Frau Welt nur das als Kind herausholt, was er als Samen in sie hineingelegt hat, sondern so, daß das Dasein sich zum Instrument des Seins machen läßt und es in seinem gekränkten Narzißmus befriedigt. Mutter Natur, mit dem Peniskind in ihrer Scheide, nimmt den Kampf gegen die „Gewalt-tätigkeit" des väterlichen Gestells auf. Und der Sohn, mit oder ohne eigenen Penis transzendent auf das Sein hin, ist kein isoliertes, verlorenes und kastriertes „cartesianisches „Rumpfsubjekt" mehr (WEG 34). Es ist gleichsam die List des Seins (siehe 'List der Vernunft' bei Hegel und 'Geist der Gattung' bei Schopenhauer), das sequestrierte Dasein glauben zu machen und in dem Wahn zu bestärken, es „sei" durch sich selbst und „umwillen seiner selbst", was es kann, während es in „Wahrheit" doch nur durch und für Mutter Erde in den Himmel wächst.

Psychoanalyse verkommt zu Tiefenpsychologie, wo sie aller Individualität als bloßer Rationalisierungsinstanz die relative Autonomie abspricht und das Ich wieder in den präpersonalen Grund auflöst, dem es entstammt, in den kleinsten gemeinsamen Nenner aller Menschen aller Orte, Kulturen und Zeiten, in die mythische Uniformität und Monotonie des *kollektiven Unbewußten* vor und wieder hinter aller Individuation. Analog verkommt Philosophie zur Seinsfrömmigkeit, wo der ganzen Welt die autonome Eigenständigkeit abgesprochen, sie als bloßes Derivat verstanden und in einen Urgrund zugrunde gedacht wird durch gewalttätigen Rekurs auf ein philosophisch Erstes, Letztbegründendes, in dessen Abgrund alles wieder hineingeworfen wird, was bereits eigene Form, Gestalt, Farbe und eigensinnige Intention hatte. Heideggers „Sage" vom Seyn, von der erogenen „Zone des Scyns", ist von so armseliger Stereotypie wie *C. G. Jungs* Sitzungsprotokolle vom Verhör der seelischen Archetypen: Armut soll ein großer Glanz von innen sein. Heideggers Sein wie Jungs Animus-Anima sprechen den restricted code der Unterschicht, die sich für die Oberschicht hält. Statt das Es ins Ich aufzuheben, wird Ich ins Es zurückübersetzt, dem es sich mühsam entrang. Das individuierte Ich wird redemontiert, re-entdifferenziert, redesublimiert und als bloße Synthese von Rationalisierungsmechanismen diffamiert. Die Wahrheit übers Ich wird seine Zurücknahme.

Das Sein ist kein Produkt des Denkens, gut. Im Gegenteil mag das Denken, gut materialistisch, eher ein Erzeugnis des Seins sein, aber dann ist das Produkt nicht länger identisch mit dem Material, aus dem es gemacht ist, nicht nur deshalb, weil die causa materialis nur eine der vier klassischen Kausalfaktoren ist, sondern auch, weil es nicht ständig in seinen Grund zurückfällt, sondern sich gegen seine Genese verabsolutiert, irreduzibel auf sein Gewordensein. Seine Beständigkeit ist Funktion seiner relativen Verselbständigung gegen das, woraus es entstand und besteht. Die falsche Demokratie der Archetypen beruht auf Zwangsegalität: Die Individuen werden gleich nur und erst durch gewaltsame reduktionistische Gleichschaltung auf das principium identitatis indiscernibilium des Seins. Alles wird so weit koupiert, bis es in den ontologischen Eintopf paßt. Heidegger, der gern so dunkel wie Heraklit wäre, taucht die Welt in jene heilige, langweilige Nacht, in der alle Kühe schwarz und alle Katzen grau sind.

Nachweise

1   M. Heidegger: „Kant und das Problem der Metaphysik", Bonn 1929

2   SdD 25 und 35

3   „Das nämliche Selbe ist Vernehmen sowohl als auch Sein" (Parmenides). SvG 127

4   WEG 21

5   M. Heidegger: „Identität und Differenz", Pfullingen 1957

6   SdD 24

7   SdD 22

8   SdD 33
     „Gehört zum 'Sein' die Zuwendung, und zwar so, daß jenes in dieser beruht, dann löst
     sich das 'Sein' in die Zuwendung auf." (WEG 238)

9   SuZ 61

10   Siehe „Hegels Begriff der Erfahrung" (in: HOLZWEGE) und „Hegel und die Griechen"
     (in: WEGMARKEN)

11   WEG 54

12   WEG 258

Das Sein heute#
Vom Naturvorschützer zum Ökosozialismus

Die „gewalttätige" (META 124) Genitalität der frühen usurpatorischen *Entwürfe* war zwar kastrationsbedroht, aber doch weniger peinlich als das, was sie an präinzestuösen Regressionswünschen verbergen sollte, und Heidegger hat immer wieder beteuert, der Entwurf von 1926 habe sich nie zum analen „Machthaber des Seins" (WEG 161) aufwerfen wollen, sondern immer schon den „Abstieg in die Armut" (WEG 194) vorbereiten sollen. Hatte der frühe Heidegger aber vor allem durch die Entschlossenheit der vatermordend rebellischen Destruktion traditionaler Verkrustungen gewirkt, war spätestens seit der Entmachtung der Vaterimago durch die Maschinerie des totalen Krieges und später der total verwaltend-verwalteten Welt, der spätindustriellen vaterlosen Gesellschaft, die patrizide philosophische Attitüde vorerst gegenstandslos, weil durch die reale geschichtliche Tendenz eingeholt worden. Nach dem Kollaps des sozialuterinen nationalen Kollektivs suchten die Entwurzelten panisch nach Bindung, Halt, Sicherheit, Heimat, und 1946 hängte sich Heidegger mit dem Humanismusbrief an die Ideologie der *verlorenen Mitte*. Die Legierung aus Entfremdung und Heimatlosigkeit, die seither aus der „Seinsverlassenheit" herausgelesen werden darf, begründete Heideggers oft bestauntes Comeback. Plötzlich war Sehnsucht zurück zu Quellen und Ursprüngen nicht länger verpönt, sofern nur der Anklang an „Blubo" vermieden wurde. Und wer jetzt noch phallisch obstruktive Ambitionen hatte, konnte sie leicht unter offen exhibitioniblen Sekuritätsbedürfnissen schützen vor der Gewalt der neuen Vaterimago, die sich aus den Institutionen der verwalteten Welt erhob. Daß in den späten Regressionsphilosophien auch Inzestphantasien mitversteckt scheinen, beweist, daß die phallische Aggressivität von SuZ *nicht nur* jene „genitale Fassade" war, die der heutigen Jugend attestiert wird. Das alles schien Heidegger der politisch folgenlosen, retraitistischen Jugendbewegung der anfänglichen 70er Jahre zu empfehlen, allen, die nach der Studentenrevolte der späten Sechziger Jahre den Rückzug auf eine subkulturelle Innerlichkeit antraten, privatistisch eskapierten aus den Leistungszwängen und rites de passages. Wenn Heidegger gleichwohl, anders als in der ersten Nachkriegsdekade, dann unter den Studenten keine zweite Renaissance erlebte, so mag das nicht nur daran liegen, daß die religiösen Bedürfnisse sich schon ungenierter hervorwagten, daß Heidegger heute bereits übersprungen werden kann von denen, die wieder glauben wollen, egal was, und daß Jesus sich nicht mehr verschämt hinter der Offenbarung des Seins verstecken muß. Heidegger liegt richtig, aber andere liegen richtiger. Der Schritt vom Seinsmythos zur Drogenmystik läßt ihn zurück als noch viel zu skrupulösen Pionier, als bestenfalls nachsichtig belächelbaren, unbeholfenen Vorläufer. Zu dem, was heute an offener Regression sich ungleich viel grob-schlächtiger breitmacht und vor dem perhorreszierten Druck der Technokratien als das vergleichsweise geringere Übel ausdrücklich sich zu legitimieren trachtet, verhält sich Heideggers Feldwegromantik und Agrararchaistik wie ein Pin-up-girl zur harten Pornowelle. Hütete Heidegger sich noch gewitzt davor, mit den Klages, Spengler und Gehlen zusammengeworfen zu werden, disqualifiziert gerade diese Vorsicht ihn in den Augen derer, die geradezu Weltmeisterschaften in Sachen sportitiver Regressionen und archaischer Mutproben inszenieren oder zwischen *Carl Schmitt* und *Hans Blumenberg* keinen Unterschied mehr sehen. Heideggers Loblieder aufs einfache bäuerliche Leben würden in die Bibliothek jeder modernisierten Landkommune von Ausgeflippten passen, bieten sich an als Philosophie des vegetarisch-makrobiotischen Kampfes gegen die ökologischen Folgeschäden des kapitalistischen Naturraubbaus. Die irrationalistische Reflexionsmüdigkeit und pauschale Entkulturationsangst der großen Verweigerer, der de- und resignierten Erben oder Renegaten der neomarxistischen Politbewegung, könnte von Heidegger eher als von Adorno sich angesprochen fühlen, müßte sich der Zivilisationsflüchtige nicht von seinen Fluchtkonkurrenten vorwerfen lassen, mit Heidegger noch zurückzubleiben hinter jenen, die die technische Welt überwinden wollen, indem sie dahinter auf chemisch oder indisch zurückbleiben. Auf der Suche nach dem rechten Weg zurück ist man auf Heideggers Feldwegen wo nicht auf Holzwegen, so doch auf beschwerlichen Seitenpfaden, in dauernder Gefahr, abzuirren oder kleinbürgerlich steckenzubleiben, dem größten Troß verlorenzugehen. Da als Alphatier einer Clique schon der firmiert, der als kaputtester Fixer seinen suizidalen Mut am überzeugendsten szenisch zu präsentieren vermag, muß Heideggers heikles Regressionsziel wie urbürgerliche Idylle eines Fortschrittsgläubigen anmuten: Das dankbare Wohnen nahe bei einfachen Urdingen wie Pflug und Krug, die angeblich das urheimatliche „Geviert" von Himmel, Erde, Sterblichen und Göttern stiften. Gegenüber den Magikern und Schamanen von Hesse über MC Luhan und Leslie Fiedler zu den Gurus und Donald Ducks war der „Notruf aus dem Schwarzwald" noch schierer Rationalismus und Positivismus. Die „Pracht des Schlichten" hat noch die kunstgewerbliche Komplexität konsumasketischer Leistungsdisziplin. Der oralkonsumtiven Passivität der jüngeren Suchtcharaktere ist sein Denken, mag es die reflexive Anstrengung auch noch so verteufeln, noch viel zu mühselig und frustrierend zugleich: Aufschub prompter Befriedigung, die geweihte Pose des Wartens ohne Gratifikationsgarantien, die Absage an sinnliche Fülle. Die Überwindung von „Gerede" durch ursprüngliche „Sage", die endliche Überwindung des 'Gestells' durch philosophische Schrift-Stellerei, die Überwindung der Vernunft durch ein anfängliches Denken, kurz : die Austreibung des Teufels durch ihn selbst, als words to end all words eben auch nur words, geschwätzige Pose des Verstummens. Dem Fixer mag mit einigem Recht dünken, ihm wende das Sein stärker sich zu als einem andächtigen Denken, das selbst noch für die

147

Erscheinungen von Seinsentzug sich bedankt. Gegen Popmusik, pep pills und Psychedelismus ist das, was unter dem Titel Sein geboten wird, ein fader Trip, Entzug schon, bevor es entzogen wird : Gewährung als Entwöhnungskur. Das bei aller postreflexiven, postdiskursiven Kargheit doch verbale Denken hat ein immer noch anstrengenderes Symbolniveau als präsentationale Kunstmetaphorik oder gar die paläosymbolische Affekt- und Bildflut des chemisch oder elektronisch angetörnten Bewußtseins, und das Sein gibt, aber doch wenig mehr her als die Selbstrechtfertigung seiner Unergiebigkeit, die heiliggesprochene Verknappung der Sinnressourcen. Das Denken in dürftiger Zeit ist dürftiger als der Zeitgeist, der das Sein am Euter packt, wenn schon alle hybrid zudringliche Produktivität des Menschen, wie die Konservativen warnen, die Quellen eher versiegen als sprudeln lassen soll. Eher lockte Heidegger in Davos und Bühlerhöhe verstreßte Manager auf Holzwege als Hippies, Hipsters, Yippies, Freebees, Illuminations- und Erlösungswillige und Drogenfreaks auf die Feldwege des Gevierts. Konsequent, daß er überlebte einzig noch in den Ordinariaten seiner Schüler (Bröcker, Volkmann-Schluck, Fink, Biemel, Becker u.a.) und in den interessanten Vermittlungsversuchen deutscher hermeneutischer Tradition mit angelsächsischer Sprachphilosophie, etwa bei K.-O. Apel und Habermas oder in Marcuses Ontomarxismus.

Für das retraitistische Lebensgefühl der Drop-outs war Heidegger trotz aller Koketterie mit fernöstlicher Weisheit (UzS 83 ff.) obsolet bis unerträglich überfordernd: Gemessen am approbierten und bereits sozialisierten derzeitigen Standard bleibt die von ihm propagierte Regression

1. auf halbem Wege stecken,
2. wagt nicht, sich als solche einzubekennen,
3. ist erst mühsam zu decodieren,
4. gibt magere Ausbeute,
5. und die Prämie auf die noch zu hohe begriffliche Anstrengung ist zudem noch ungewiß.

Die vermeintliche Halbherzigkeit, Unaufrichtigkeit, Chiffriertheit, auch wohl Unergiebigkeit und der frustrierende Hermetismus einer Gefolgschaftsdisziplin ohne Garantieschein läßt verstehen, warum der „Bauer des Seins" heute übergangen wird von denen, die ihr Mana lieber gleich in Zen und Yin und Yang und Yoga suchen statt in „deutschtümelnder Kabbalistik" (G. Scholem). Er überlebt bei postmodernen französischen Dekonstruktivisten wie Derrida, Foucault, Lyotard, Baudrillard u. a., die ihn dann nach Deutschland zurückbrachten.Der „Seinsfundi" und Ur-Ökologe MH hatte sein Denken als antikapitalis- tisches und antikornmunistisches Bollwerk verstanden. Der Sozialismus ist tot, redivivus Heidegger? „Fasziniert hat mich der Heideggermarxismus des jüngeren Marcuse." (Jürgen Habermas)

Das Unbewußte der Philosophie : Methodenfragen

Wenn wir eine Art von Psychoanalyse der Daseinsanalytik und „Seinsfrage" Heideggers anstreben und diese Daseinsanalytik selbst eine gewisse Affinität zur Psychoanalyse schon hat, dann suchen wir als Psychoanalyse einer Quasipsychoanalytik eine sehr generelle Metatheorie psychoanalytischen Vorgehens. Und wenn wir uns an das Konzept Alfred Lorenzers anlehnen, dann deshalb, weil Lorenzer auf eine solche Metatheorie psychoanalytischer Theorie und Praxis abhebt, und zweitens, weil bei ihm die Sprache für die Psychoanalyse eine ähnlich dominante Funktion gewinnt, wie sie bei Heidegger für die Philosophie hat. Warum aber dann nicht gleich die strukturalistische Psychoanalytik von Jacques Lacan? „Das Unbewußte ist wie eine Sprache strukturiert." Ist hier nicht schon das Es selbst unterhalb der kommunikativen Rede jene Sprache, als die bei Heidegger das Sein selbst sich ereignet und lichtet oder versagt, verborgen unter dem, was man so daherredet? „Das Sein kommt, sich lichtend, zur Sprache."[1] Will sagen, Es selbst macht den Muttermund auf.

Aber indem Lorenzer dem Es die Symbolpotenz abspricht und dem Ich das Wort zurückgibt, tut er über Lacans Ontologie des Es und C. G. Jungs archetypische Sprache des kollektiven Unbewußten jenen kritischen Schritt hinaus, der auch uns mit Adorno über Heidegger hinausgehen läßt und dem genital organisierten, reflektierten Subjekt zurückerstattet, was die epochale Ichschwäche ans Sein veräußert, wenn Heidegger, vor der Vaterimago kapitulierend, die infantilisierte Existenz nur noch Mama rufen und auf das rettende Wort der Urmutter warten läßt[2]

Entbergung, Unverborgenheit, Enthülltheit, Offenheit, Öffnung, Aufgang, Offenständigkeit, Auseinander, Lichtung: Warum begnügen wir uns nicht damit? Probeweise setzen wir gut analytisch überall dort, wo bei Heidegger die Rede von Lichtung ist, das ein, was wir schon darunter verstehen, bevor wir ihn lesen, und lassen diesen Sinn dann sich abwandeln durch die Spezialbedeutungen, die der Philosoph seinem Terminus gibt, lassen von jedem seiner Sätze her neues Licht auf die „Lichtung" fallen, lernen im hermeneutischen Zirkel die ganze Philosophie der Öffnung sukzessive aus jedem neuen Satz über das Offene kennen und können in ein und derselben Bewegung jeden einzelnen Satz nur verstehen, sofern wir bereits ein provisorisches, durch jeden neuen Satz modifizierbares „Vorverständnis" der Gesamtphilosophie Heideggers haben — und werden doch das Gefühl nicht los, daß ein unaufgelöster Rest bliebe, selbst wenn noch beliebig viele Aussagen von Heidegger folgten. Wir meinen das gleiche wie er, aber nicht ganz. Der semantische Antezipationshorizont des Autors und der Erwartungshorizont des Hörers konvergieren, ohne je kongruent zu werden.

Lichtung sagt gleichzeitig mehr und weniger als Waldlichtung und „Unverborgenheit von Sein", und diese Differenz ist nicht einfach das Hinken des Vergleichs zwischen Bild und Begriff. Funktional soll „Lichtung" die Illustration eines Begriffs durch ein selbstverständliches, der unmittelbaren Umwelt (wenigstens Heideggers) phänomenologisch entnommenes „ontisches Modell"[3] leisten, obwohl eingeräumt wird, wir könnten umgekehrt erst dann eines Tages besser verstehen, was eine Waldlichtung sei, hätten wir zuvor den Gedanken der Unverborgenheit des Seins verstanden.[4] Nehmen wir Heideggers Philosophie als Sprachspiel à la Wittgenstein, als symbolische Apologie einer bestimmten realen Interaktionsform, als Angebot an den Leser, sich als Dasein angesichts des Seyns zu verstehen, dann scheinen in der Lichtung, auf der wir uns stehen oder liegen sehen sollen, mindestens drei Bedeutungsanteile versteckt.

Das Sprachspiel ist aufgespalten in zwei symbolische und eine unbewußte Repräsentanz:

1.) Ein allen Mitgliedern der deutschen Sprachgemeinschaft verständliches Symbol, unter dem „man" sich eine Waldlichtung vorstellt,

2.) eine philosophisch motivierte Umfunktionierung dieser Waldlichtung zur Lichtung des Seins und

3.) eine nirgends thematisierte Redundanz, die unreflektiert und sprachlich ex-kommuniziert bleibt, aber die Aussagen erst voll legitimiert, indem sie un-ausdrücklich stets mitschwingt, zensurverpönt und doch triebbesetzt.

Der semantische Stromkreis schließt sich der freischwebenden Aufmerksamkeit des Hörers und Lesers erst dann zum Evidenzerlebnis unmittelbaren Verstehens, sobald diese dritte Bedeutungsnuance aus Heideggers „Jemeinigkeit" hinzu-assoziiert wird. Ihr privatmythologisches Surplus ist philosophisch intersubjektiv kaum mehr voll einlösbar, kann bestenfalls psychologische Allgemeingültigkeit, unterschwellige Gemeinsamkeit der psychischen Disposition von Autor und Lesern beanspruchen, sofern es sich nicht um einen persönlichkeitsspezifischen Tic Heideggers handelt. Seine grandiose Breitenwirkung läßt allerdings vermuten, daß dieser gesellschaftsfähige Tic zeitweilig sehr mit dem Zeitgeist war.

„Lichtung" = Waldlichtung + Unverborgenheit des Seins (+X)

Zum Paradigma dieses Denkens wird eine Schwarzwaldlichtung. Nur dort, wo der Wald des Seienden sich lichtet, kann das Sonnenlicht hereinscheinen und Seiendes als solches erscheinen, aufscheinen lassen. „Lichtung" ist zunächst einmal ein Symbol, ein stellvertretendes Zeichen für etwas Bezeichnetes jenseits dieses Zeichens selbst, erstens repräsentierende Vorstellung einer realen Wald-lichtung und zweitens eine Metapher, die eine metaphysische Konnotation enthält: die Unverborgenheit verhält sich zum Sein wie die Lichtung zum Wald. Worin die Seinslichtung das Bild der Schwarzwaldlichtung „übersteigt", ist aber weder eo ipso nur die philosophische Bedeutung der Aletheia noch eine bloß schlechte

Mythologie. Selbst wenn der Gedanke der Aletheia verstanden ist, bleibt das Sein eigentümlich überdeterminiert durch den „kunstgewerblichen Klang der Pronunciamenti, daß es sich entberge oder lichte",[6] in seiner „Gunst" und „Huld" gewähre und versage, zuwende und entziehe, gebe und verweigere und weiß Gott was noch alles.

Gemessen an den Anforderungen, die an den philosophischen Begriff gerichtet sind, bleiben diese Prädikationen überwertig, sachlich nicht mehr funktionales Dekor und verlieren ihr Ornamentales erst, wo nach anderer als philosophischer Motivation gefragt wird.

„Lichtung" = Waldlichtung + Unverborgenheit (+ Mutterschoß mit Schamhaar)

Aus der Waldlichtung ist die anti-idealistische Philosophie der apriorischen Unverborgenheit des Seins nicht ableitbar.[7] Jede Offenbarung des Seienden setze eine Seinsöffnung voraus, aber mit der Erschlossenheit von Seiendem sei die Offenständigkeit des Seins ja auch gerade wieder verschlossen und in ihrer Verschlossenheit gerade offenbar. „Die Unverborgenheit ist für das Denken das Verborgenste."[8] „Es hält sich in einer Verborgenheit, die sich selbst verbirgt."[9] Um im Bilde zu bleiben : Damit die Sonne im Wald etwas aufleuchten lassen kann, etwa das stille und stumme Männlein mit dem purpurroten Mäntelchen, muß der Wald sich an dieser Stelle gelichtet und den Sonnenstrahl und sich auf ihn eingelassen haben. Aber wie kann mit dem Aufscheinen des Männleins in der Sonne die Lichtung des Waldes gerade wieder geschlossen sein? Mit Plato und Plotin könnte man sagen: Sichtbar ist das Beleuchtete, nicht das Licht selbst. Mit Heidegger wäre hinzuzufügen: Ich sehe das Beleuchtete, vielleicht auch noch das platonische Licht der Idee, aber nicht die Lichtung, auf der die Sonne das Männlein erscheinen läßt. Dieser Einwand hält nicht stand, weil er so idealistisch ist, wie Heidegger vom Idealismus weg will. Die Unverborgenheit kann nicht deshalb in sich verborgen sein, weil das menschliche Auge das Licht oder gar die Lichtung vor lauter Beleuchtetem nicht mehr sieht und nicht sieht, daß es das nicht mehr sieht. Verborgenheit samt ihrem eigenen Vergessensein ist nach Heidegger ja nicht menschliches Versäumnis, keine Unfähigkeit, die Dinge und ihre Bedingungen gleichzeitig im Blick zu behalten, sondern „ein Zug im Sein selbst", entweder ein Ereignis des Waldes selbst oder aber im Bild des Waldes nicht mehr vorstellbar.

Nicht ich übersehe Licht und Lichtung vor lauter Männlein, sondern der Wald selbst verberge mir, daß er dort sich lichte und daß er solches verberge?

Metaphorisch lichtet und schließt sich ein Wald wohl, aber er schließt sich kaum gleichzeitig dort, wo er gerade sich lichtet und den Anblick des Männleins „freigibt". „Die offene Stelle inmitten des Seienden, die Lichtung, ist niemals eine starre Bühne mit ständig aufgezogenem Vorhang, auf der sich das Spiel des Seienden abspielt."[10]

Aber der Vorhang soll auch nicht mal oben, mal unten sein, sondern aufgezogen, wo er herabgelassen und unten, wenn er oben ist. Geöffnete Verschlossenheit und schließendes Sichöffnen der Bühne kann wieder nur heißen: Ich sehe die Bühnenöffnung, den Guckkasten, vor lauter Schauspiel nicht, *oder* der Vorhang ist geschlossen, aber die Bühne dahinter weiter ein offener Raum. Im zweiten Fall verdeckt mir der Vorhang zwar die ontologische Bühnen- öffnung, aber auch das ontische Schauspiel, und ich sehe gar nichts mehr. Man sieht : Die Lichtung des Seins enthält gegenüber dem, was das Bild der Waldlichtung als auch, was der Gedanke der verborgenen Unverborgenheit hergibt, Redundanzen bis Inkompatibilitäten. Was „ist" das Sein, das sich einem Dasein huldvoll soll geben und versagen können, gewähren und entziehen, öffnen und verschließen, enthüllen und verhüllen, zuwenden und verweigern? Das sind doch unzweifelhaft Akte eines Daseins, das einem anderen Dasein Interaktionen anbietet. Was auch immer Waldlichtungen einem geben können, auch innigste Naturverbundenheit wird das von einer Waldlichtung nur metaphorisch verlangen können, und Metaphern für etwas anderes sollen es nicht sein. Diese verschämten Reanthropomorphisierungen des Seins verraten doch, daß es ein „daseinsmäßiges Seiendes" ist, das seine Verdinglichung vergessen hatte und doch sich bei aller Anamnesis und Mnemosyne im Sein nicht selbst wiedererkennen will. Wie steht es also wirklich mit der Dialektik des Seins, genauer, mit dem ambivalenten Ineinander von Verborgenheit und Unverborgenheit, von Verdeckung und Entdeckung, Verhüllung und Enthüllung, von Offenheit und Verschlossenheit, Öffnung und Verstellung, von Sichzeigen und Sichentziehen, wie steht es mit der Ambivalenz von Zusage und Absage, von Dichtung und Lichtung, wenn wir im Sein die Seinsart des weiblichen Daseins entdecken?

1.) Die Mutter sagt sich präödipal zu, weil sie sich inzestuös versagen muß, ist dem Kind als Mutter entborgen, wo sie ihm als Frau sich zu verbergen hat, öffnet sich als Uterus ebenso, wie sie sich fürs Kind als Vagina verschließt, enthüllt sich als bergende Unterkunft für das Peniskind so, wie sie die Lichtung vor dem Kinderperus verschleiert etc. Kurz: Die Mutter, sobald sie das regredierende Kind wiederaufnimmt und vor dem nachstellenden Vater im Schoß birgt, verbirgt vor dem Vater, daß sie sich dem Kind entbirgt und öffnet, d.h. sich für den Vater verschließt.

2.) Der eindringende Penis *öffnet* die Scheide gerade, indem er sie mit seinem Fleisch *verschließt*, und sein Penetrieren *verschließt* sie mit derselben Bewegung, mit der er sie *öffnet*. Das lichtende *Öffnen* ist in sich ein *abdichtendes Verschließen,* und umgekehrt ist das *Dichten* in sich ein *Lichten.*[10]* Kokett *zieht* das Sein den Mann *an,* indem es sich *züchtig entzieht, versagt* sich hinter dem, was es *gewährt, zeigt* und *enthüllt* sich durch seine *Verhüllungen* hindurch, *entbirgt* sich in seinen

Verkleidungen, hüllt sich in Nacktheit etc.[10b] Die Koketterie im Striptease des Seyns gehört zur Ästhetik der Liebeskunst des philosophischen Eros bei Heidegger.

Die in Parenthese gesetzte Bedeutungskomponente hat sich Heidegger offenbar nicht gelichtet und bleibt verdrängt, d. h.

1.) ist desymbolisiert und aus Heideggers Sprache exkommuniziert und

2.) schlägt doch, weil weiter triebbesetzt und dynamisch virulent, ständig unkontrolliert hinter dem Rücken des Philosophen als geheimes, energetisch dominantes Prinzip durch die Philosopheme verräterisch hindurch, verzerrt und verfälscht hinterrücks den philosophisch relevanten Gehalt der Sätze durch etwas primär Unphilosophisches, ein Privatcliché Heideggers, das dann wieder pseudophilosophisch sekundär übermalt wird. „... die spezifischen Bestimmungen von Dasein und Existenz bei Heidegger, das, was er der condition humaine zurechnet und als Schlüssel einer wahren Seinslehre betrachtet, sind nicht stringent, wie er es unterstellt, sondern deformiert von zufällig Privatem. Der falsche Ton übertäubt das, und gesteht es gerade dadurch ein."[11]

Heidegger selbst bedauerte es, sich mit SuZ „zu früh zu weit vorgewagt",[12] also kastrabel exhibitioniert zu haben.

Man hat Heidegger häufig die ermüdenden Wiederholungen vorgeworfen. Tatsächlich rechtfertigt er seine Not, immer dasselbe Wenige in oft denselben Worten und Wendungen zu sagen, um nicht zu viel zu verraten, mit der vermeintlichen Verständnislosigkeit seiner Konsumenten. Unverkennbar, daß der Wiederholungszwang nicht allein motiviert ist von der Sorge, in immer neuen Umkreisungen sprachlich immer etwas adäquater eines Neuen sich zu vergewissern. In ihm drückt sich wohl auch der immense Energieaufwand gegen die Rückkehr einer alten verdrängten Sinnkomponente aus, die Anstrengung, Es zu sagen, indem man Es eben nicht sagt, die Not, durch sekundäre Bearbeitung die desymbolisierte Sonderbedeutung, weil sie weiter triebbesetzt bleibt, pseudophilosophisch reintegrieren zu müssen, die Lücke in der „Lichtung" zu verstopfen, Es zu sagen, ohne Es sagen zu müssen, zu können, zu wollen. So wird das philosophisch Legitime, Unsagbares doch zu sagen, so zweideutig, wie der Heidegger von SuZ Zweideutigkeit haßte, um dann doch später die Mehrdeutigkeit der Worte wieder zu verteidigen. „Der philosophische Drang, das Unausdrückliche auszudrücken",[14] muß als blinden Passagier den Drang mitschleifen, den Drang zur Mutterimago durch „Verbergung" pseudo-kommunikativ zu „entbergen" und durch pseudophilosophische Entbergung gerade zu verbergen. So wird das Symbol „Lichtung" für die philosophische Novität der Seinsunverborgenheit streckenweise bis zur

153

Unkenntlichkeit überlagert und verstümmelt von dem Zwang, das peinlich verdrängte Peinliche, die sprachlich exkommunizierte Regressivität, resymbolisieren zu müssen, weil ihre Triebbesetzung von Heidegger nicht aufgegeben wurde. Die verdrängte regressive Regung, als „angstbereite Scheu des Opfermutes", als „verwegener" „Abstieg in die Armut" fehletikettiert, wird gesellschaftsfähig, ohne das „Dasein" als Kind beim Namen zu nennen. Der Bannfluch gegen die ruchlose Herrschaft des bloß Seienden im Gefolge des Seinsentzugs hat die Funktion des Widerstandes gegen die Aufhebung der Verdrängung, Abwehr des Seienden, das im Sein sich verbirgt und birgt, vor Entdeckung geschützt: Lichtung könnte ihre Genese aus einem krud Ontischen preisgeben, der Muttermund könnte sich wirklich öffnen und sagen, daß er einer ist. „Die Sprache ist die Lichtung des Seins."

Aber Heidegger hat Glück bzw. sorgt dafür, daß das Sein weiter an sich und den Gebärmuttermund hält, von keinem Hölderlin, Trakl, George, Rilke zum Reden gebracht. Das Sexistential Lichtung hält mit seinem schlicht sexistentiellen Ursprung hinterm (Venus-)Berg, das Anathema überm Ontischen und Rationalen beläßt im System Ubw, *was* eigentlich sich da lichtet oder nicht recht öffnen will. Sowenig das Unbewußte, sowenig Es selbst die symbolbildende und symbolverweigernde Instanz ist, sondern nach Lorenzer das Ich (bei Heidegger das der Dichter und Denker, die die „Winke" der inspirierenden Muttermuse sekundär überarbeiten), sowenig gewährt und entzieht das Sein selbst sich den Menschen, sondern Heidegger ist es, der ihm als Bauchredner das Wort gibt oder abschneidet. Und doch behält Heidegger gegen sich selbst recht, wenn er das „Geschick des Seinsentzugs" nicht menschlicher Ungeschicklichkeit anlastet. Denn erstens ist das verdrängte „Unschickliche" ja tatsächlich nicht länger ichsynton in der Verfügungsgewalt des autonomen Daseins, sondern diese vermeintliche Autonomie nur rationalisierte Reflexionsform des Verdrängten selbst. Zweitens ist die verdrängende, entziehende Instanz ja wirklich ichdyston, die verpönende Stimme des Überich, letztlich das gesellschaftlich Schickliche, die repressive Macht des Bestehenden zum Geschick verschicksalt. Erst auf der nächsten Reflexionsstufe bekommt Heidegger wieder Unrecht: Was er Sein nennt, ist die entfremdete, verdinglichte, „vergessene" Seinsweise menschlicher Wesenskräfte, genau jenes „Verfallensein" des Daseins an nichtdaseinsmäßiges Seiendes, das noch in SuZ als uneigentlich kritisiert war. Dieses Denken ist privatsprachlich deformiert durch den Zwang, mitten im philosophischen Innovieren etwas Uraltes nicht zu sagen, indem Es gesagt wird, und Es zu sagen, indem Es nicht gesagt wird, und dieses Denken will das Neueste auf andächtiger Rückkehr zu einem Ältesten aus unvordenklicher, fast vorgeschichtlicher Zeit sagen. Das Philosophen, nach dem die gesamte abendländische Metaphysik seither bis auf Heidegger eine einzige Geschichte von Rationalisierungen der Verdrängung des Seins im Seienden sei, dürfte auch Projektion von Heideggers Verdrängung des Seienden im Sein sein, nun nicht des Penis in der Vagina, sondern der Mutterschoßimago in der „Lichtung". Verdrängt er selbst nicht gerade so viel Seiendes im und aus dem Seyn, wie er geschichtlich Sein im und aus dem Seienden verdrängt findet? Die Philosophiegeschichte von Platon bis Nietzsche wird wie die Lebenslüge eines Neurotikers entlarvt: Eine einzige fortschreitende sekundäre Überarbeitung und pseudokommunikative Maskierung der sprachlichen Exkommunikation des unvermindert triebbesetzten, also dynamisch virulenten Seyns als solchem, nicht anders als in SuZ das „Man" die Uneigentlichkeit des Daseins rationalisiert, die Verdrängung des „eigensten Selbst-sein-könnens" eigens legitimiert. Dabei sei die Selbstrechtfertigung der „verdeckenden Tendenz", das Überich, kein gesellschaftliches Konstitut, sondern anthropologisch so im Dasein verankert, wie später die Verborgenheit des Seins nicht der Ichschwäche, sondern einem „Zug im Sein selbst" zugeschrieben wird.

Metaphysik : ontischer Kompromiß zwischen dem „sich darbietenden" und dem verbotenen Sein, das, abgedrängt ins Seiende, im ontischen Symptom gleichwohl verborgen „waltet", ein einziges angestrengtes Vergessen der Seinsvergessenheit, rationalisierter Nihilismus, der verdrängt, daß er verdrängt, daß Es Nichts ist. Und wie nach Heidegger in den unausdrücklich überall herrschenden, „in ihrer Herkunft nicht mehr eigens bedachten", also chronifizierten metaphysischen Bestimmungen, die zwischen den Philosophen bewußtlos szenisch interagiert werden, das Sein hinter dem und in dem Seienden so verborgen ist, wie es als „Seiendheit des Seienden" gerade zur Herrschaft kommt, so ist Es bei Lorenzer gerade so aus der Sprache verbannt, daß es als Cliché dynamisch virulent bleibt. Seinsvergessenheit =

1.) Desymbolisierung des Seins selbst und

2.) metaphysische Maskierung dieser sprachlichen Exkommunikation durch die „ontotheologischen" Klischees von Gott oder Weltgrund, Natur, Idee, Logos, Entelechie, Schöpfung, Vorstellung, Gegenständlichkeit, Hergestelltheit, Beständigkeit, Geist, Wille zur Macht etc. Kurz : Die bisherige Philosophie habe vom Vater gesprochen, während unterm väterlichen „Ge-stell" als hypokeimenon („Zugrundeliegendes") doch die Lichtung der Mutter „aufzudecken" sei. Der „Schritt zurück" von der Philosophie zum Denken sei der Fortschritt fort von der Vater- zur Mutterimago. Die Philosophen haben den Vater nur verschieden interpretiert, es kömmt aber darauf an, ihn zu ändern. Und Heidegger geht zu einem Anderen über, zur Mutter. Ist aber das Sein als solches im und hinterm Seienden als solchem vergessen, verborgen und verdrängt wie ein Nichts, dann suchten wir jenes Seiende, das in und hinter diesem Sein von Heidegger vergessen, verborgen und verdrängt wird, als wäre es nichts. Und wenn wir die Art, in der etwas Seiendes wie der Mutterschoß im Sein verdrängt ist, auch in jenen Terms beschreiben durften, in denen Heidegger die Verborgenheit des Seins in und hinter der Entbergung des Seienden denkt, dann durften wir auch die Weise, wie das Sein sich in den metaphysischen Symptomen seiner Vergessenheit onto-theologisch verzerrt artikuliert, in psychoanalytische Kategorien übersetzen. Wir versuchten, das Seiende inmitten jenes Seins zu lichten, das sich nach Heideggers Wunsch inmitten des Seienden lichten soll. Wir waren mit Heidegger „Unterwegs zur Sprache", zu einem Symbol für das, was da sich nur halb lichtet, sobald das Verdrängte „aufgeht" und „uns angeht", „uns anwest". Als was das Sein sich lichten könnte, nachdem es so lange hinter seiner Funktion, Seiendes zu beleuchten, im Dunkeln geblieben ist, läßt Heidegger im Dunkeln. Aus der Art jedoch, wie dieses Lichten formal gezeichnet ist, unabhängig davon, was sich da einstmals wie einst damals bei den Griechen wieder lichten könnte, deuteten wir: Die Form der „wohlgerundeten" Lichtung ist ihr eigener, aus ihr verdrängter Inhalt: „Krug" und phallische „Brücke" dorthin: die einfachen, „geringen Dinge". So formal diese „Daseinsanalyse", bis in terminologische Ähnlichkeit der Methode hinein, das aufdeckende Pathos der Psychoanalyse teilt, die Eigentlichkeit des Daseins unter seinen Verdeckungen bis zur Aufdeckung des Nichtdaseinsmäßigen, Ich-dystonen, zu enthüllen, so material verdeckt sie die Mater-Imago. Das Sein soll sich im Seienden lichten, um es zu belichten, aber bei Heidegger wird dieses Seiende nicht als jener Mutterschoß beleuchtet, der sich mitten im Sein lichtet und dieses Öffnen verbirgt. Nicht zuletzt ist Daseinsanalytik mit Psychoanalyse deshalb inkompatibel, weil sie nicht durch Selbstreflexion des Daseins die Verdrängung des Seins aufhebt, sondern schließlich nur noch das Sein als solches, das Verdrängte qua Verdrängtes, in pseudophilosophischen Clichés sich „zeigen", „hereinbrechen", „einblitzen" läßt. *„Sein ist das transcendens schlechthin."*^ Das späte Seinsdenken fordert das Dasein nur noch auf, Es „auf sich zukommen zu lassen", das Sein im Modus des Verdrängtseins.[16] Das Sein spricht uns an durch seine Verdinglichung hindurch, im ontischen Symptom als Kompromiß zwischen Verbergungs- und Entbergungstendenz. Nach Freud ist Angst die Ursache der Verdrängung und die Verdrängung Ursache der Angst, und auf genau diesen Teufelskreis soll das Dasein „angstbereit" und „gelassen" „sich einlassen", ohne Es in den reflektierten Griff bekommen zu wollen. Das Verdrängte als solches ist der Subjektivität entzogen, und alle Termini Heideggers für die Art, in der das Sein sua sponte mich „angeht", beschreiben die Weise, wie Es hinterrücks, kein „Gemachte" meines „selbstischen Eigensinns", mich schicksalhaft determiniert und seine Heteronomie vor mir so verbirgt, daß ich, in notwendigem gesellschaftlichem Schein befangen, wähne, dort „Herr des Seins" zu sein, wo ich als „Hirt des Seins" nur dessen „Anspruch entspreche" und „nichts als diese Entsprechung" sein soll, unreflektierter Reflex. Die ichdystone Eigenbewegung der Seinsgeschicke ist die Gewalt der realen Geschichte, auf die die innere Geschichtlichkeit des Daseins nur noch reagieren soll, ohne sich dagegen zu „vertrotzen". Daran ist wahr nichts als der Widerruf der These aus SuZ, die Geschichte sei Derivat der Selbstzeitigung des Individuums.

Heidegger lädt den Leser ein zur folie à deux, wenn er ihm in seinem Sprachspiel die Rolle dessen anbietet, der sich willig reinfantilisieren und zur Mutterimago des Seyns bekehren läßt. Und besteht dieses Denken auch darin, die Regression als Regression zu vertuschen, sie als ihr Gegenteil zu verkaufen, als „Adel der Armut", der doch hinter das moderne „Unheil" noch zurückfällt, das er überwinden will, dann darf der Philosoph mit jedem überzeugten Leser etwas sicherer sein, keiner peinlichen Dekomposition das Wort geredet zu haben. Jeder Proselyt vergesellschaftet ein wenig mehr das „jemeinige" Laster, befreit es aus der isolierenden Idiopathie. Erleichtert atmen wir auf, das Uneingestehbare, das wir so lange glaubten verheimlichen zu müssen, das uns vereinsamte, plötzlich ist es als das mächtige unterschwellige Bedürfnis so Vieler ausgesprochen. Ja, eben noch ausgestoßen aus der Gemeinschaft der „normal denkenden Menschen", finden wir uns in einem hochfeinen Club aufgenommen, das geheime Laster avanciert zum Adelsprädikat der Auserwählten. Wie nebenbei gibt Philosophie sich dazu her, höchst partikulare Triebinteressen zu generalisieren, arretierte Triebentwicklungen als die wahrhaft schöpferischen auszugeben und diese Loskopplung apart fixierter Partialtriebe aus dem koordinierenden Genitalprimat zu rechtfertigen, die ohnehin universelle Ichschwächung eigens zu legitimieren. Das ähnelt nicht von ungefähr dem beliebten Versuch des Kapitalisten, seine ingeneralisablen Sonderinteressen als die wahren Interessen seiner Opfer, als volontés de tous durchzusetzen. Jeder Philosoph erhebt den Anspruch, gegen den allgemein geltenden Common Sense auf eine sehr partikulare „jemeinige" Weise ein prätentiös wahreres Allgemeines begrifflich zu vertreten und einen neuen Konsensus einzuleiten. Kein Denker will nur ein Unikum sein, das originelle Abnormitäten und grundperverse Kuriositäten bietet. Die besondere, zuweilen sonderbare, vor dem Hintergrund des attackierten Common Sense absonderliche Gestalt einer Philosophie usurpiert selbst höchste Allgemeingültigkeit, indem sie im herrschenden Zeitgeist umgekehrt gerade die Herrschaft partikularer Willkür aufzudecken sucht. Gesucht haben wir bisher den neuralgischen Punkt, der die Wahrheitsfähigkeit der alltagspraktischen Implikationen des Heideggerianismus erschwert und leicht irreleitet. Was den Anhängern dieses Denken verbindlich erscheinen läßt, mag nicht nur ein philosophisch Verifikables sein, sondern nicht zuletzt ein gemeinsames unbewußtes Bedürfnis, zu partizipieren an der rational illegitimablen und doch philosophisch exkulpierten Regression auf verabsolutierte, peinlich prägenitale Partialtriebe. Die zwingende Allgemeingültigkeit dieses Denkens ist partiell wohl die Gemeinsamkeit der unbewußt zwingenden psychischen Dispositionen, eine hinter dem Rücken von Autor und Leser automatisch einschnappende Kongenialität und Komplizität, die sich unterhalb der Schwelle von Reflektierbarkeit einschleicht, noch bevor der Leser die philosophische Stringenz prüfen kann. Das Besondere an einem Philosophen, im Kampf gegen die Gemeinplätze des jeweiligen Heute, ist nicht von vornherein das Allgemeingültige von morgen, auch nicht nur die hinfällige Aufmachung, die zeitbedingte Verpackung, sondern impliziert auch das privat Absonderliche, neurotisch Deformierte und Deformierende, das deshalb nicht eo ipso philosophisch irrelevant sein muß, wofern es philosophisch eigens thematisiert und nicht nur szenisch agiert wird. Ein solcher präreflexiver Präkonsens unbewußt aufeinander einschnappender Bedürfnisdispositionen von Autor und Lesern sollte auf keinen Fall philosophische Optionen präjudizieren. Sollten wir das in Sachen Heidegger ein wenig erschwert haben, hätte diese Arbeit ihren Zweck erfüllt. Ob diese hier problematisierte, die Philosopheme deformierende „Jemeinigkeit" Heideggers über das hinaus, wie sie psychologisch mit der Jemeinigkeit vieler Leser nun vielleicht nicht mehr ganz so unterschwellig kommuniziert, sekundäre philosophische Signifikanz beibringt, mag wiederum von Philosophen bedacht sein, statt als „berückender Tiefsinn" von Schülern glorifiziert zu werden.

Gibt es bei Hegel die 'List der Vernunft', bei Schopenhauer den 'Geist der Gattung', die sich über die Köpfe der Individuen hinweg und durch sie hindurch realisieren, wo die Individuen nichts als ihren nur privaten Leidenschaften zu folgen wähnen, dann gibt es bei Heidegger so etwas wie die List der Unvernunft : Dort, wo wir glauben, uns bei ihm auf einen verbindlichen Geist einigen zu können, sind wir eingeladen, die 'jemeinigen' Passionen Heideggers zu teilen oder endlich zuzugeben, unsere eigene präödipale „Jemeinigkeit" in dieser philosophisch inszenierten wiederzuerkennen. Keine Unverborgenheit des Seins ohne infantile Regression, keine Mutterimago ohne Seinsfrage : Von dieser Erpressung, in der Philosophie Heideggers seine Psychologie mitschlucken oder in der Regression sein Überbau-Alibi mit in Kauf nehmen zu müssen, wollen wir befreit sein.

Die zeitweilig magische Verführungskraft Heideggers, mindestens das in der Restaurationsphase glatte Comeback nach dem II. Weltkrieg, beruhen mit auf dieser geheimen Verführung zu einer Regression auf jenen verminderten Ichstatus, wo Verdichtungen von der Art [„Lichtung" = Waldlichtung + Unverborgenheit (+ Mutterschoß)] unterlaufen können, ohne von Autor und Leser bemerkt zu werden. Seine ideologische Überzeugungskraft lebt nicht zuletzt von jener allzu stillschweigenden Koalition mit der unbewußten, philosophisch nur sekundär legitimierbaren Regressionsbereitschaft des Adepten, der, ohne es zu ahnen, vielleicht einer Philosophie zustimmt, weil sie unter der Hand eine unbewußte Sehnsucht zurück zum Mutterbild mitbefriedigt, ohne diese Funktion einbekennen zu müssen. Ich will nicht nur nicht verhehlen, sondern ausdrücklich gestehen, daß ich erst dann frei wurde, diese Philosophie halbwegs angemessen zu rezipieren, nachdem ich mein eigenes Bedürfnis nach gleichzeitiger philosophischer Rechtfertigung und Maskierung präödipaler Wünsche eigens reflektiert hatte, ein Bedürfnis, das auf das regressive Interaktionsangebot Heideggers so blind reagierte, daß ich die spezifisch philosophischen Implikationen fast nur noch mit in Kauf nahm.

Gegen unsere Analysen drängt sich ein schwerwiegender Einwand auf. Wenn wir in der Lichtung des Seins die mütterliche Vaginal- bzw. Uterusöffnung entdecken, machen wir uns dann nicht genau jener Ableitung von philosophischen aus psychologischen Bedeutungen schuldig, die wir in der methodologischen Einleitung gerade zu vermeiden versprachen, als *wir* die psychologistischen Reduktionen subaltern schalten? Aber sehen wir genauer hin. Nirgends verstiegen wir uns zu der absurden Unterstellung, „Lichtung" bedeute eigentlich und im Grunde nur und nichts anderes als das pseudophilosophisch verhüllte Sichöffnen des Mutterschoßes. Wir möchten nur in Rechnung gestellt sehen, was von Heideggers privatistischer „Jemeinigkeit" mitten im genuin philosophisch Innovierenden wie ein hochwirksames Spurenelement „immer schon" verborgen virulent ist. Das Psychologische dem Psychologen, auch dem seltenen Psychologen im Philosophen, damit das spezifisch Philosophische, von neurotischer Trübung befreit, desto klarer und deutlicher an den Philosophen weitergereicht werden kann. Philosophische Termini sind historisch zu mehrdeutig, als daß sie auch noch privatpsychologisch zweideutig sein müßten. Ob die säuberliche arbeitsteilige Trennung von philosophischem Gehalt und psychisch Defizientem in jedem Fall möglich oder auch nur tunlich, ob ihr Verhältnis stets nur das der Störung und ob präödipal fixierte Ichschwäche im Namen welcher philosophisch reflektierbaren psychologischen Bewertungskriterien zu Recht als psychisch defizient angesetzt ist, muß hier offenbleiben. Die 'Psychoanalyse der Lichtung' dient sich hilfsinstrumental und arbeitsteilig der 'Philosophie der Lichtung' an, und sie will auch Heidegger dienen, um es seinen Verächtern zu erschweren, diese Philosophie zusammen mit dem abzutun, was daran nur als Gedankendichtung und schlechte Mythologie mißverstanden zu werden pflegt.

Wir nahmen diese Philosophie als ein Sprachspiel, in dem zwischen einem „Dasein" und einem „da-Sein" ein zunächst nicht voll verständliches Arrangement inszeniert ist, dessen Sinn unvollständig bleibt, solange wir nicht mitspielen, nicht funktionell korregredieren. Wir nahmen an diesem Sprachspiel vorübergehend teil, identifizierten uns probeweise mit der uns von diesem symbolischen Interaktionsmuster angebotenen Rolle, ließen uns diese Rolle übertragen, scheuten nicht die kontrollierte Gegenübertragung, um in 'topischer Regression' das sprachlich Aparte (als nicht länger dysfunktional) zu verstehen und es dann durch 'topische Progression' in die allgemeine Verständlichkeit, in den fundierenden „alltäglichen Umgang" mit der Sprache wiedereinzuholen. Dieser Versuch, die unbewußt .Jemeinige", als Philosophie fehletikettierte Zutat Heideggers zu dem, was an der Seinslichtung sachlich berechtigt sein mag, wo nicht *ihm* wieder bewußt zu machen, so doch seinen Lesern, und dieses Privatcliché als identifizierte Mutterschoßimago wieder ins intersubjektiv Kommunikable zu reintegrieren, dieser Versuch ist die Umkehrung von Heideggers Versuch, es pseudophilosophisch zu reintegrieren und das fehlinterpretierte Bedürfnis gerade verdrängt zu lassen, indem es sprachlich pseudokonkretisiert wird. Ein mögliches Mißverständnis sei noch abgewehrt. In die umgangssprachliche Kommunizierbarkeit, in die „öffentliche Ausgelegtheit", wo man immer schon miteinander verständigt ist, ohne verstanden zu haben, in die von Heidegger idiosynkratisch gehaßte „durchschnittliche Verständlichkeit" holen wir nicht den primär und genuin philosophischen Gehalt seines Werkes zurück, sondern nur das intrapsychisch „Jemeinige" Heideggers, und auch das nur, sofern und soweit es diesen Gehalt hinterrücks zu verzerren scheint. Die „Öffnung des Seins" zerren wir nur soweit unter die „Diktatur der Öffentlichkeit", auf das Forum dessen, was *man* so verständlich findet und was nicht, als darin auch die Öffnung von Vagina und Uterus diagnostizierbar ist. Der Gedanke der Aletheia mag sich erst einer exklusiven, privilegierten Zugangsart erschließen; die Komponente 'Mutterschoß' in der kompletten Bedeutung von „Lichtung" ist nun einmal so „vulgär", „durchschnittlich", „gewöhnlich", daß „man" sie muß verstehen können, man-selbst, der Psychologe in seiner „vulgären" „Zudringlichkeit" und „zweideutigen" „Neugier". Dabei sind die Codes der Daseinsanalytik und der Psychoanalyse selbst ebenso elaboriert, wie das, was man als Psychologe dann aus der Seinslichtung an Vaginalöffnungen herauslaboriert, restriktiv und regressiv ist.

Sehen wir genauer hin, dann lassen sich nicht nur die Philosopheme, sondern auch diese psychogenen Jemeinigkeitsclichés Heideggers nicht ohne Gefahr den Verständlichkeitskriterien des Man unterwerfen. Denn die Umgangssprache ist zwar die höchste aller Metasprachen, ja die Metasprache ihrer selbst, aber die durchschnittliche umgangssprachliche Verständlichkeit, das „alltägliche Weltverständnis" in seiner faktischen Kontingenz hier und jetzt, sollte nicht unkritisch das erste und letzte Appellationsgericht sein. Ob und was man gewöhnlich verstehen kann oder will oder nicht, könnte nach Habermas doch bereits selbst hinterrücks systematisch repressiv verzerrt sein von gesellschaftlichen Bedingungen, die die Möglichkeit unverzerrten Ausdrucks und unreglementierter Kommunikation ex ovo hintertreiben. Und das dürften doch die gleichen gesellschaftlichen Bedingungen sein, die Heidegger überhaupt zwangen, bestimmte Interaktionsmuster als verpönt pseudophilosophisch zu maskieren. Der Schiedsspruch des „Man" ist ein uneigentlicher, aber nicht, wie Heidegger will, als anthropologische Invarianz, gemessen an der Konstante einer ebenso dubiosen anthropologischen *Eigentlichkeit* und existentialen Echtheit, sondern gemessen an den rationalen Grundnormen einer herrschaftsfreien Kommunikation. Unsere Psychoanalyse der Lichtung holt das Verdrängte gerade nicht in jene „durchschnittliche Verständlichkeit" zurück, vor deren Normen es gerade verdrängt worden war, sondern reintegriert es dorthin, wo es verstanden werden könnte, wären die Grundbedingungen zwanglosen Diskurses erfüllt, reintegriert es in die idealutopische transzendentale Interpretationsgemeinschaft *(K.-O. Apel).*

160

Psychoanalyse im Vorfeld von Philosophie hilft diese Bedingungen auch für einen freien philosophischen Diskurs herstellen, weil sie, wie Habermas *in* „Erkenntnis und Interesse" gezeigt hat, selbst ein exemplarisches Paradigma herrschaftsloser Kommunikation im Dienste von Wahrheitsfindung ist, wenn sie repressiv und regressiv verzerrte interaction-patterns korrigieren hilft und den Diskurs des Individuums mit sich selbst vom Herrschaftsbann verdinglichter innerer Mechanismen reflexiv befreit.

Nachweise

[1]   WEG 192
       „Die Sprache spricht, nicht der Mensch. Der Mensch spricht nur, indem er geschicklich der Sprache entspricht. Dieses Entsprechen aber ist die eigentliche Weise, nach der der Mensch in die Lichtung des Seins gehört." (SvG 161)

[2]   Alfred Lorenzer: „Sprachzerstörung und Rekonstruktion", Frankfurt a.M. 1973
       Alfred Lorenzer: „Die Wahrheit der psychoanalytischen Erkenntnis", Frankfurt a.M. 1975

[3]   SdD 54

[4]   siehe auch WEG 189

[5]   „Das Metaphorische gibt es nur in der Metaphysik". SvG 89. Siehe auch: Alfred Lorenzer: „Kritik des psychoanalytischen Symbolbegriffs", Frankfurt a.M. 1970

[6]   Th. Adorno: Negative Dialektik, Frankfurt a.M. 1966, S. 89

[7]   Dieses Apriori ist kein Transzendental. Das Sein müsse sich erst offenbart, d.h. buchstäblich geöffnet haben, bevor Dasein dafür offen sein könne, es zu vernehmen. Als ontologisches sense data muß Sein empirisch vorgegeben sein, sinnliches Mater-ial vernehmender Vernunft. Erfahrung also ist bei MH eher aposteriori in Bezug auf das Sein, a priori als Erfahrung des Seienden.

[8]   HOLZ 40

[9]   WEG 243

[10] WEG 42

[10a] „Wahrheit als die Lichtung und Verbergung des Seienden geschieht, indem sie gedichtet wird." (HOLZ 59) Dichten meint hier auch das Verschließen einer Öffnung, eben des vaginalen Lochs. Die Metaphysik verschließt dem Menschen, daß die ontologische Vagina ihm nicht verschlossen ist, verbirgt ihm die Unverborgenheit des Seins. Dem traditionellen Metaphysiker sei verborgen und er verberge vor sich und anderen, daß es ihm verborgen, wie unverborgen die Lichtung des Seins immer schon sein muß, wenn etwas aufrecht darin stehen und wachsen und reifen und hinein- und heraustehen soll. Nicht die Scheide ist verschlossen, sondern *daß* sie *nicht* verschlossen ist. Nicht die Mutter ist verhüllt, sondern *daß* sie unverhüllt ist, ist dem Dasein, das sie decken will, verdeckt. Wie sexuell offen sie ist, wie verführerisch, bleibt dem Kind verschlossen, und auch Heidegger wagt sie dem Dasein nur als bergenden und verwahrenden Schoß zu öffnen, als Uterus, nicht als kastrierende Vagina.
       „Verborgenheit ...: Verschließung, Verwahrung, Verhüllung, Verdeckung, Verschleierung, Verstellung."
       „Die Unverborgenheit ist für das Denken das Verborgenste."

„Nichtbewältigtes, Verborgenes..."

[11] Th. Adorno: a.a.O., S. 133

12   UzS 93

13   Th. Adorno: a.a.O., S. 119/123

14   Th. Adorno: a.a.O., S. 112

15   SuZ 38

16   Siehe: SvG 139 ff.

„Allein das vergessene Geheimnis des Daseins wird durch die Vergessenheit nicht beseitigt, sondern die Vergessenheit verleiht dem scheinbaren Schwund des Vergessenen eine eigene Gegenwart..." (WEG 91)

J. Derridas „postmoderne" De(kon)struktion von „Geschlecht (Heidegger). Sexuelle Differenz, ontologische Differenz" (Wien 1988) reicht nicht hin. „Denken heißt, in einem tiefen Wald Lichtungen suchen." (Jules Renard, 1894). MH brachte Lichtung in die Sache selbst, ihm ging die Lichtung der Unvernunft auf. Sein Schelling war kein um Fichte verkürzter Hegel, sondern sein Parmenides ein um Hegels Urdialektiker Heraklit verkürzter Plato. Seine Lehre ist nichts als die Summe der von ihm abgewehrten Deutungen seiner Lehre. Sein Lehrer Husserl war Antiidealist: „Und dabei zückte er seinen Spazierstock ... und stemmte ihn vorgebeugt gegen den Türpfosten." — „Unüberbietbar plastisch vertrat der Spazierstock den intentionalen Akt und der Pfosten seine Erfüllung" *(Plessner)*: „Gebärde des Wirklichkeitsverlusts" *(Blumenberg)* oder des verdrängten Eros? „Die Wahrheit ist ein Weib ... was sie am liebsten möchte, sie will's nicht wissen, sie hält die Finger vor ... Vielleicht ist ihr Name, griechisch zu reden 'Baubo' (mythische Vulva) ... So braucht Gewalt, seid hart ihr Weisesten ... Ihr müßt sie zwingen, die verschämte Wahrheit ..." (Nietzsche). Phänomenologie heißt: Zur Sache, Wortschätzchen! —

Der Existenzphilosoph mit dem geistigen Existenzmaximum ist typisch deutsch : Er begnügt sich mit dem bloßen Sein und braucht schon dafür einen Waffenschein. Hat er einen Ödipuskomplex, nichtet er das Wesen seines Vaters, um das Wesen seiner Mutter zu 'erkennen'. Homo est animal rationalisans : Freud entdeckte in der Mutter die verbotenste Frucht und im Inzesttabu das fruchtbarste Verbot der Weltgeschichte. Ödipus bringt Papi um (Mami) : Der Erdensohn ist vergänglich, denn er vergeht vor Lust auf Mama und sich an Papa. Adorno — Heidegger: Narzißmus der kleinen Differenz? Wenn das „Nichts", die Nullklasse aller sich selbst widersprechenden Dinge, in jeder möglichen Klasse enthalten ist, dann umfaßt jede Klasse sich selbst und zugleich ihr eigenes Gegenteil. Wer weniger denkt, als er ist, ist noch nicht mehr, als er denkt, und Natur(vor)schützer wie MH schützen nur den darwinistisch neoliberalen Existenzkampf aller gegen alle.

Der Existenzialist Ödipus

> „Was hat das Seinsgeschick dieser Angst mit Psychologie und
> Psychoanalyse zu tun?" (WEG 200)

„Hat je Dasein als es selbst frei darüber entschieden, und wird es je darüber entscheiden können, ob es ins 'Dasein' kommen will oder nicht?" (SuZ 228)

Das menschliche Dasein ist nicht mehr von einem Gottvater geschaffen, wohl
aber von einer Mutter „geworfen" und in die Welt gesetzt. Der Vater sorgt im
Namen des Realitätsprinzips dafür, daß das Menschenkind sobald wie möglich
für sich selbst sorgt. Die Ablösung wird vorbereitet durch Abnabelung, Entwöhnung und anale Dressur durch das konditionierende Spiel von Entzug und Gewährung. Traumatisiert durch die Pädagogik der Trennungsangst, hat das einmal
aus dem warmen Nest geworfene und „ins Nichts gehaltene" Dasein nichts Eili-
geres zu tun, als im Sozialuterus der Kultur unterzuschlüpfen. Sobald die Mutter
unterm eifersüchtigen Blick des Vaters mit ihrer Fürsorge an sich halten und das
Kind zur „Bewährung" in die Welt „aussetzen" muß, sucht es seit der Latenzperiode den entschwindenden Halt im „umsichtig besorgenden Verhalten zu innerweltlich Seiendem." Aber die Sicherheit aus dem „vertrauten Umgang" mit
„nichtdaseinsmäßigem Seienden", das Vertrauen auf die „Besorgbarkeit" dessen, was ich an Werkzeug aus der „Um- und Mitwelt" für mich brauche, ist trügerisch. Die Urangst, die in jedem „Augenblick" aus der Mitte des Daseins aufbrechen und die Verläßlichkeit der alltäglichen „Verweisungszusammenhänge"
zunichtemachen kann, reaktiviert die Urerfahrung des Kindes, das Schoß und
Arme der Mutter zu verlassen hatte. Dem Dasein heideggerscher Observanz fehlt
so etwas wie das „Urvertrauen" à la Erikson durchaus: das „ozeanische Gefühl"
(Freud), nicht aus der Welt herausfallen zu können, was immer auch geschehen
mag, steht noch vor jeder Kastrationsangst zur Disposition des Nichts. Nichts ga-
rantiert dem Dasein, daß es nicht, schon vor dem Tod, in der Befindlichkeit der
Angst so gründlich aus der ruhigen Verläßlichkeit seiner Welt wieder herausgeworfen sich vorfindet wie einst aus der Uteruswärme. Nach Heidegger enthüllt
diese Urangst davor, daß die Welt des Besorgens und der Fürsorge ihre „Bedeut-
samkeit" und ihren „Bewandtnischarakter" jederzeit wieder verlieren kann, dem
Menschen seine „eigentliche" Lage in der Welt, sein Sein primär als Ausgesetztsein. Ich werde nicht weniger aus der Welt in den Tod geworfen wie aus dem
Uterus in die Welt, und es ist die Angst, die mir genau diese Geworfenheit erschließt. Nur „man" lebt so, in der Welt, als wäre sie verläßlicher als der Mutterschoß, den man immer schon verlassen hat. Die Welt, in der „man" sich häuslich
einrichtet, ist der Erbe des Uterus, d.h. „ich je selbst" muß sie verlassen und tue
gut daran, mich auf nichts anderes zu verlassen als darauf, mich auf nichts als
diese Verlassenheit und „Überlassenheit an mich selbst" verlassen zu können.

Ist die Welt gut christlich im Grunde nichts, jenes Nichts, in das ich „gehalten" bin, sofern ich „ins Da meines Daseins geworfen" bin, dann bleibt mir „eigentlich" nur, „zurückzukommen" darauf, daß und als was ich in die nichtige Welt gesetzt bin : wie „man-selbst" diese seine Nichtigkeit, Endlichkeit und Schuld „zunächst und zumeist" in der „öffentlichen Ausgelegtheit" seines Daseins verdrängt hält. Gegenüber allen vermeintlichen „Mißverständnissen", und er fühlt sich eigentlich immer mißverstanden, hat der Philosoph stets darauf bestanden, die „Kehre" vom Vorkriegs- zum Nachkriegsheidegger, weit davon entfernt, einem anfänglichen Ansatz untreu geworden zu sein, bestehe nicht darin, das menschliche Dasein nun von einem übermenschlichen Sein her zu verstehen statt wie früher das Sein vom Dasein aus, sondern das Selbst- und Seinsverständnis des Daseins, in „Sein und Zeit" analysiert, habe von vornherein immer nur das Verständnis des Sinnes von so etwas wie Sein überhaupt vorbereiten wollen. Wird die „Kehre" mißverstanden? — In SuZ wird als Essential der menschlichen Existenz diese Existenz selbst genannt: Das Dasein sei jenes — ontische — Seiende, das sein eigenes Sein sei und zu sein habe, also an ihm selbst ontologisch sei, also Fundament und Leitfaden aller objektivistischen Ontologien. Um zu verstehen, warum der späte Heidegger das Dasein, auf das alles „nichtdaseinsmäßige Seiende" entdeckend verweist, seinerseits verweisen und angewiesen sein läßt auf ein „Seyn", das nicht das Sein dieses Daseins selbst ist, mußte dieses Dasein vom frühen Heidegger zuvor in der „innersten Bedürftigkeit" seines eigenen Seins expliziert worden sein. In SuZ wird unser Dasein als so zutiefst „nichtig", „endlich", „geworfen in den Tod" und „schuldig" entwickelt, daß es „eigentlich" gar nicht existenzfähig ist und auf eigenen Beinen stehen kann. In heroischer Selbsthauptung versteift es sich da eher trotzig auf seine Ohnmacht, und bezieht sein Selbstbewußtsein aus kaum etwas anderem als dem stolzen Verzicht auf Selbstbetrug und Krücken von außen. Unsere „alles tragende Vermutung" hebt darauf ab, daß Heidegger mit „SuZ", ohne es zu wissen und gewollt zu haben, in der „Existenzialanalytik des Daseins" die „Fundamentalontologie" eines Kindes entworfen hat, das, durch kein Urvertrauen gestützt, das Angebot der Welt ganz pauschal beargwöhnt als eine Beziehungsfalle.

Die Stimme des Man lockt „versucherisch" auf ein Glatteis, dessen dünne Decke eine „Bodenlosigkeit" verbirgt, und muß über die ständige Einbruchsgefahr das Dasein ständig „beruhigen". Woher das Urmißtrauen der Tragfähigkeit des Man und der Welt gegenüber? Nach Heidegger ist die betäubende Flucht in das Man immer Flucht vor einem ursprünglichen „Schuldig-sein", und diese Urschuld des Daseins droht unablässig in einem jederzeit möglichen Anfall von Gewissensangst erneut durchzuschlagen und das Ich auf sein „eigenstes Schuldig-sein" zurückzuwerfen. Halten wir fest, daß eine ominöse Urschuld das Dasein daran hindert, sich häuslich in der Welt einzurichten. Flieht es in den Weltuterus vor einer Ursünde, für die es mit der Geworfenheit aus dem Uterus der frühen Mutter-Kind-

165

Symbiose gerade abgestraft wurde? Das Ausgesetztsein ins „Nichts der Welt" eine Strafe aber für welche Schuld? Wollen wir Heidegger glauben, so ist das Gewissen primär nicht die Stimme eines Über-Ich und trifft „nicht das Selbst der aufgeregt-neugierigen und haltlosen Zergliederung seines 'Innenlebens' und nicht das Selbst einer 'analytischen' Begaffung von Seelenzuständen und ihrer Hintergründe"[5]. Das geht ganz unzweifelhaft gegen die Psychoanalyse. Sehen wir also zu, wessen sich der Mensch schuldig gemacht hat, noch bevor ein Überich für Es bestraft.

Schuld an sich sei Schuld an mir selbst noch vor jeder Schuld am Anderen und mache solche Verschuldung an Anderen erst möglich. Das transzendentale Apriori jeder Schuld an Verstößen gegen wie weit auch immer verinnerlichte Regeln, Normen, Maximen, Gebote, Verbote und Gesetze ist eine Urschuld mir selbst gegenüber. Konstitutiv für jede Schuld sei einem unvoreingenommenen phänomenologischen Blick primär nur zweierlei: einer woher auch immer legitimierten Forderung und Vollkommenheit *nicht* zu genügen und verantwortlicher Urheber dieses Nichtgenügens zu sein, also „Schuldhaben an einem Schuldenhaben"[6], also Grund eines Nichtseins zu sein. Wer seine Mutter begehrt, macht sich schuldig, weil er erstens nicht dem Befehl des Vaters gehorcht und zweitens sich nicht berufen kann auf einen unzurechenbaren Trieb. Vor dem Über-Ich schuldig werden, heißt aber gerade am Vater schuldig werden, nicht an mir je selbst, denn das Über-Ich ist zwar (Derivat des) Ich, sofern es Internalisat ist und der Selbsterhaltung des Ich vor dem suizidalen Egoismus des Es dient, aber es ist Nicht-Ich, sofern der Gewissensruf die internalisierte Stimme des Vaters ist.[6a] Schuldig in und an mir selbst (vor aller Schuld am Anderen und an Anderem, als ich je selbst bin) kann ich nur werden, sofern ich etwas nicht und gleichzeitig der Grund für dieses Nicht bin und dieses Etwas nichts außerhalb meines Seins ist, sondern zu meinem Wesen gehört. Das Überich wäre in Heideggers Sprachspiel die Stimme des Man, und das eigentliche Gewissen warnt gerade vor dem Überich. „Aber dieses 'öffentliche Gewissen' — was ist es anderes als die Stimme des Man?"[7] Um mich am Über-Ich, an dem, das „man" ist und tut, versündigen zu können, muß ich zuvor schon „nichtiger Grund meiner eigenen Nichtigkeit" sein: „Das Dasein ist als solches schuldig, wenn anders die formale existenziale Bestimmung der Schuld als Grundsein einer Nichtigkeit zurecht besteht."[8] Worin besteht sie? „Seiend ist das Dasein geworfenes, *nicht* von ihm selbst in sein Da gebracht. Seiend ist es als Seinkönnen bestimmt, das sich selbst gehört und doch *nicht* als es selbst sich zu eigen gegeben hat. Existierend kommt es nie hinter seine Geworfenheit zurück ..."

„Ob es den Grund gleich *selbst nicht* gelegt hat, ruht es in seiner Schwere, die ihm die Stimmung als Last offenbar macht." „Es ist nie existent *vor* seinem Grunde, sondern je nur *aus* ihm und *als* dieser. ... Nicht durch es selbst, sondern an ihm selbst entlassen aus dem Grunde, um als dieser zu sein." „Grundsein

166

besagt demnach, des eigensten Seins von Grund auf *nie* mächtig sein."[9] Im Kant-Buch spricht MH über „... die ihrer selbst nicht mächtige Angewiesenheit des Daseins auf das Seiende im Ganzen ..."[9a], über die Angewiesenheit also des Verstandes auf vorgegebenes sinnliches Mater-ial. „Angewiesen auf das Seiende, das er nicht ist, ist er zugleich des Seienden, das er je selbst ist, im Grunde nicht mächtig."[9b] Das sei die „Urstruktur der Endlichkeit"[90] des Menschen.

Nach Heidegger entwirft das Dasein alles, außer *daß* es alles entwirft. Walter Schulz[10] hat darauf hingewiesen, daß bereits Schelling diese Grenze des Idealismus innerhalb der Grenzen des Idealismus selbst gesehen hat: das vom Geist selbst nicht mehr gesetzte Faktum, als Geist die Welt zu setzen, jener reinen totalen Selbstvermittlung des Geistes, in der das faktische Ansichsein der Welt im Zusichselbstkommen der Vernunft 'aufgehoben' wird.

Danach wäre SuZ das letzte Werk der Philosophie der Subjektivität gewesen, in der sie, die alle Substanz desubstantialisiert hatte, auf ihre eigene unaufhebbare Substantialität stößt. Das Dasein setzt zwar die Welt, einschließlich seines eigenen empirisch-ontischen Vorkommens in der Welt, aber *daß* es das Seiende im Ganzen setzt und *daß* es nichts als der Entwurf dieser Welt (samt seinem eigenen Sein in ihr) ist, das hat es nicht selbst entworfen : In das Entwerfen von allem ist es hineingeworfen. Von wem? Das Dasein sei weder mehr von einem Gottvater geschaffen, noch habe es sich selbst in sein Da geworfen. Es sei nicht allmächtig, d.h. mindestens seiner selbst nicht mächtig, sofern es nicht sich selbst hervorgebracht hat (als sein Selbst, das im Übrigen so mächtig wie möglich sein mag). Der Mensch setzt die Welt, aber nicht sich selbst in die Welt als ein Selbst, das alles Seiende in sein Sein setzt. Das Dasein hat sich nicht selbst in die Welt geworfen, was heißt das anderes, als daß es nicht identisch ist mit jenem Wesen, durch das es in die Welt geworfen ist, nicht identisch mit der Mutter, dessen Wurf es ist? Einmal aus der primärnarzißtischen Identität mit der Mutter herausgeworfen, hat das Kind die Allmacht seines „symbiotic pre-ego" verloren und sein „grandioses narzißtisches Selbst" (Kohut) zu einem realitätsprüfenden und realitätskontrollierten Ich zu korrigieren. Und bei Heidegger übernimmt das Kind nolens volens „im eigensten Seinkönnen" tapfer und ganz ausdrücklich diese seine „Geworfenheit (Ohnmacht)"[11], aber auch aus paranoider Angst vor dem verstrickenden Sog der Mutterimago des Man. SuZ läßt sich lesen als philosophische Hypostasierung jener Kindheitsphase des Menschen, in der er aus der Not, die oralen Omnipotenzphantasien aufgeben und seine „innerste Bedürftigkeit" anerkennen zu müssen, die Tugend der Selbständigkeit macht, „auf die besorgende Fürsorge primär ungestützt"[12], aber auch dem Schlund der Mutter-Imago entronnen. Befreit Existenz sich vom Man, weil sie unabhängig sein will von der Mutter, die sie nicht mehr ist, oder weil das Man in seiner „Bodenlosigkeit" gerade nicht den Halt hält, den es verspricht? Seine trügerische Verläßlichkeit, ist sie nur Spiegel des Urmißtrauens gegen die Mutter-Rind-Symbiose (MKS), die das Kind zu verlassen hat, getrieben von seiner biologischen Dynamik, dem Realitätsprinzip und väterlichen Anspruch? Das Man wird als zutiefst ambivalent gezeichnet, einerseits lockt es mit „Seinsentlastung", „Beruhigung" und „Entgegenkommen", andererseits ist es für den, der sich darin „verliert" und „verstrickt", „versucherisch", „entfremdend", „verfänglich" und bedroht ihn paranoid mit „Absturz" in einen „Wirbel"[13]. Wovor hat das Dasein mehr Angst, vor dem „Entzug", vor der „Entwöhnung von den Üblichkeiten des Man"[14] oder vor der „Verlorenheit an das Man" selbst? Wehrt das Dasein in der Stimme des Man den gefährlichen Lockruf zur schizophrenogenen Regression auf die Ebene der frühen MKS ab? „Man-selbst" ist 1.) positiv das „grandiose primärnarzißtische Selbst" (PNS) und 2.) negativ der mütterliche Walfischrachen für den Jonaskomplex.

Sich auf das Man zu verlassen, sei deshalb so trügerisch, weil das Dasein sich auf etwas verläßt, was es schon nicht mehr selbst ist, auf die Verläßlichkeit von „nicht daseinsmäßigem Seienden". Das Vor- und Zuhandene ist aber gerade dann besonders aufdringlich anwesend, wo es sich uns entzieht, abwesend und unzuhanden ist (SuZ, § 16), die Mutter besonders da, wenn sie einmal nicht da ist, in ihrer „Dienlichkeit" und „Verfügbarkeit" nicht prompt zur Stelle als Reflexreaktion auf die Seinsäußerung des Kindes. Das Kind erlebt sich als schmerzlich abgesondertes eigenes Wesen, sobald die Mutter ihm im Modus der frustrierenden „Unverfügbarkeit" begegnet, und es tut gut daran, sich nicht zu verlassen auf die garantierte Einheit mit der omnipräsenten Mutter, die nicht mehr zur Selbstidentität des Kindes gehört, wo sie auch einmal fehlt oder sich abwendet. Nicht das Kind trennt sich von den Eltern, sondern nimmt auf sich, daß es sich als abgetrennt vorfindet und daß die Allmacht der Eltern nicht seine eigene Allmacht bleibt. SuZ liest sich wie eine einzige Einübung darin, in der Trennungsangst auch die Chance der Befreiung von einem Weltuterus zu begrüßen, aus dem man ohnehin vertrieben wird. In heroischer Selbstbehauptung richtet sich das Kind trotzig in seine Nichtigkeit ein.

Ich und Nicht-Ich, Kind und Mutter, Subjekt und Bezugsobjekt und ihr Verhältnis zueinander sind erst spätere Spalt- und Zerfallsprodukte jenes MKS, in dem „ich je selbst" und alles nicht-daseinsmäßige Seiende noch primär ungeschieden in eins und ineinander sind, „gleichursprünglich", bevor ein Ich sich prämaterialistisch aus einem Nicht-Ich (mater, Materie) her verstehen oder ein Nicht-Ich präidealistisch auf sich selbst beziehen und zurückführen kann.

Der Mensch ist ein „geworfener Entwurf". Ins nackte Da geworfen, weil nicht mehr identisch mit der werfenden Mutter, kann er gleichzeitig nicht alles entwerfen, weil noch nicht identisch mit dem alles entwerfenden Vater. Die regressive Identität mit der Mutter würde die Nichtigkeit der kindlichen Geworfenheit heilen, die progressive Identität mit dem Vater die Nichtigkeit der kindlichen Entwürfe. Geworfen ist das Baby in die Trennung von der omnipotenzierenden

MKS, und entwerfen kann es sich nur daraufhin, diese Trennung freiwillig zu „übernehmen".

Geworfen ist es in den Entwurf dieser Geworfenheit, also in die „Wiederholung" und „Übernahme" dessen, was es immer schon gewesen ist, nämlich daß es immer schon herausgeworfen gewesen ist. Das Kind ist 1.) *nicht mehr* primärnarzißtisch identisch mit der Mutter, also hinausgeworfen, und es ist 2.) *noch nicht* wie der Vater, also von der Mutter abgeworfen. Es kann nicht wählen, als sein eigener Vater sich mit der Mutter wiederzuvereinigen. Das Dasein also ist doppelt nichtig, und das Nichtige der Geworfenheit ist nicht das Nichtige des Entwurfs : Die Existenz ist aus der präödipalen Einheit mit der Mutter ebenso herausgeworfen, wie es die inzestuöse Vereinigung mit ihr nicht entwerfen darf. Und fast sieht es aus, als könnte das Kind die Identifikation mit dem allmächtigen Vater nicht entwerfen, weil es paradox nicht mehr identisch mit der guten Mutter ist, weil es keine guten Mutterintrojekte hat, sondern ganz einem tief ambivalenten, rigiden, archaischen, matrigenen Über-Ich ausgeliefert ist bis zur Seinshörigkeit und Weltverfallenheit. Dieses archaisch-matrigene Urgewissen ist die Stimme des verinnerlichten „Freundes, den jedes Dasein bei sich trägt" (SuZ 163), wenn es entschlossen, an den konventionellen Normen des patrigenen Über-Ich im „Man" vorbei, seinem „eigensten Seinkönnen" folgt. Wir werden sehen, daß die Mutter das Kind nur deshalb aus sich herauswirft, weil sie will, daß ihr Kind, ihr Phallus, groß und stark wird und ihren Penisneid narzißtisch befriedigt. Aber ihr Phallus, ihr Peniskind, soll nicht selbst einen „eigensten" Phallus haben und sich mit dem Vater identifizieren gegen sie. Der kastrationsbedrohte Kinderpenis ihres Peniskindes würde sie durch väterliche Eifersucht um ihre symbiotische Einheit mit ihrem Phallus bringen, d. h. sie kastrieren. So wird das Dasein eine Art von Delegierter des Seins, ins Leben hinausgeworfen, um es zu etwas zu bringen, aber alles im Auftrag dieses Seins, zu seinem Ruhm. Das Dasein darf gleichsam nur dann beim Sein bleiben, wenn es das Sein verläßt und mit dem phallischen Glanz seiner Eigentlichkeit zurückkehrt und das Kind seine Autonomie dem Sein zu Füßen legt, d. h. sich als strahlend erigierter Phall vor die kompensationshungrige Mutter heftet. Damit die Mutter sich mit dem Vater identifizieren und ihr phallisches Defizit kompensieren kann, muß das Kind sich mit dem Phallus des Vaters identifizieren — für den „männlichen Protest" der Mutter Natur. Als erwachsener Phallus der Mutter ohne eigenen inzestuösen Phallus darf dann das Peniskind in der prägenitalen Urhöhle intrauterin unterkriechen. So ist dem Kind beides verwehrt : inzestuöse Vereinigung mit der Mutter und vollständige Trennung und Befreiung von der Symbiose mit ihr. Es *wird* der Phallus, den es behalten, aber inzestuös oder nach Trennung von der Mutter nicht benutzen darf. Die Eigentlichkeit, das eigenste Seinkönnen, das ist die Stimme dieser ausbeutenden Mutter im Kinde selbst, die es zwingt, sich nicht mit dem Vater zu identifizieren, die es hindert, wie der Vater zu werden und eigenen starken Phallus zu entwickeln. Aus Angst vor dem Liebesentzug der Mutter willigt das ohnmächtige Kind ein, nicht zu tun, was „man" tut, sondern was die Mutter in ihm von ihm will: Werde mein Phallus und kehre als mein Phallus zu mir zurück.

Heideggers „Kehre" von der EXISTENZ zum SEYN war auch Rückkehr von der Eigentlichkeit zum Man, zu Neugier und Gerede, zu zweideutigem Verfallensein an ...

Nach *Hedwig Conrad-Martius* hat MH die menschliche wie eine mater-ielle Existenz und sie umgekehrt alles real Existierende wie eine ewigweibliche Existenz beschrieben : Sein „nicht-daseinsmäßig Seiendes" war unmenschlich.

Die Vernunft, die in der Philosophiegeschichte waltet und sie daran hindert, in eine zufällige Abfolge willkürlich einander ablösender Lehrmeinungen zu zerfallen, ist nach Heidegger eine negative : Die Einheit der Philosophie im Wandel der Philosophien beruhe auf der stillschweigenden Übereinkunft der Philosophen, ihr Hauptproblem verdrängt zu halten. Fortschritt sei von daher weniger Fortschritt à la Hegel im Bewußtsein von Freiheit als vielmehr Fortschritt in der Perfektionierung dieses Verdrängens. Diese „déformation professionelle" lastet Heidegger den Philosophen so wenig an wie ein Psychoanalytiker den Neurotikern die Krankheit. Welches Tabu eigentlich auf dem Sein liegt, und warum seit alters her die „Seinsfrage" so peinlich gewesen sein soll, daß geschichtlich immer gleich auf die vergleichsweise harmlosere „Frage nach dem Seienden" ausgewichen wurde, bleibt so verborgen wie nach Heidegger das Sein selbst hinter dem Seienden. Gehört aber die philosophische Urfrage zu den tabuierten wie die Frage des Kindes nach seiner Herkunft, dann ist Philosophie immer Kultur gewesen, Inbegriff dessen, was „man" denkt, was sich zu denken schickt und gehört. Warum das Sein das Seiende gleichsam schamhaft vorschiebt, wird nie befragt. Das sei ein geheimnisvoller „Zug im sich entziehenden Sein selbst", nicht im Menschen, der den Wald vor lauter Bäumen und die Dinge vor lauter Schauen hinter die Dinge nicht sieht. Heidegger will gegen die ontische Fassade denken und zugleich die Selbstreflexion umgehen, die allein die Verborgenheit der intentio obliqua für die intentio recta, für die naive selbstvergessene Hingegebenheit an die gegebene ontische Oberfläche, aufheben könnte. Heidegger erhebt den Anspruch, als erster wieder die warum auch immer geschichtlich angeblich verschüttete „Frage nach dem Sinn von so etwas wie Sein" wieder zu stellen, und zunächst liegt ihm der Sinn der Frage nach dem Sinn von Sein in der Frage nach dem Sinn des Wortes „Sein". Er hebt an mit der Frage nach dem Sinn des Seins des menschlichen Daseins, jenes Seienden, das allein diese Frage stellen kann. Später sieht er ein, daß das Dasein nicht den Sinn hat, den es existentialistisch sich selbst geben soll, sondern daß sein Sinn mit dem Sinn steht und fällt, den das 'nichtdaseinsmäßige' präexistentielle Sein überhaupt hat oder nicht hat, das Vexierbild von Gesellschaft, jene Welt vor, außerhalb und über dem Kopf des je einzelnen Daseins und doch durch das je einzelne Dasein in seiner 'Jemeinigkeit' hindurch. Wir werden sehen, daß Heidegger den Sinn des Daseins, das „Daraufhin seines primären Entwurfs", sehr sinnlich interpretiert. Um welche Art von Sein handelt es sich bei jenem Seienden, das ganz aus 'Seinsverständnis' bestehen soll? Zunächst besteht SuZ aus dem Ehrgeiz, das menschliche Dasein zu definieren, es recht scholastisch abzugrenzen gegen „nichtdaseinsmäßiges Seiendes". Man habe das Ich in seinem Wesen definiert, d. h. vom Nicht-Ich geschieden, durch Angabe einer spezifischen und also nur akzidentellen Differenz, somit auf dem Grunde ihrer substantiellen Identität, die gewöhnlich nach dem Bilde des Nicht-Ich gezeichnet worden sei. Wenn man das Genuine und Spezifische am Menschen unter der Herrschaft der Logik stets mißverstanden habe als spezifische Differenz gegens Nichtmenschliche, dann unter der stillschweigenden Voraussetzung, als ob das traditionelle genus proximum bei Mensch und Nichtmensch das gleiche wäre : „ständige Vorhandenheit"[15] eines Seienden. Schroff klassifikatorisch : *verschiedene Seinsart* bei *gleicher Seinsgattung : ens creatum, animal rationale.* Noch beim Vater des neuzeitlichen Denkens, bei Descartes, habe die *res cogitans* mit der *res extenso* die *res* gemeinsam gehabt, die substantielle Dinglichkeit : Körperding contra Denkding. Analytisch gesprochen : Das Ich sei gleichsam stets aus Nicht-Ich verstanden worden, aus Über-Ich, Es oder Realität. Die Rationalität des Animal rationale ist bloße Rationalisierungsinstanz gegenüber den nichtdaseinsmäßigen Primärprozessen unter dem Druck des nichtdaseinsmäßigen Über-Ich, bloß nachträglicher Kompromiß, Schnittpunkt, Steuerungsorgan und Vektorenresultante ohne Primärautonomie. Selbst der ichzentrierte Ansatz Hartmanns mißt dem Ich ja nur derivative Funktion zu, neutralisierte Primärprozeßenergie. Die allzu selbstunsichere Orientierung der Psychoanalyse an naturwissenschaftlichen Verifikations- und Rechtfertigungskriterien seit ihrem Überlebenskampf im positivistischen Klima des 19. Jahrhunderts, ihr notorisches „szientistisches Selbstmißverständnis" (Habermas, 1968) erleichtert es Heidegger, auch die den Menschen vermeintlich nur objektivierende Psychoanalyse aus seiner Daseinsanalytik herauszuhalten, die den Menschen nicht aus innerer oder äußerer Natur herleiten will. „Die existentiale Analytik des Daseins liegt *vor* jeder Psychologie, Anthropologie und erst recht Biologie."[16] Seit Dilthey und Scheler sieht Heidegger Fortschritte, das Irreduzible des auch psychologisch „nichtverdinglichten *Sein(s)* des Subjekts, der Seele, des Bewußtseins, des Geistes, der Person"[17] festzuhalten: „Akte sind etwas Unpsychisches. Zum Wesen der Person gehört, daß sie nur existiert im Vollzug der intentionalen Akte, sie ist also wesenhaft *kein* Gegenstand. Jede psychische Objektivierung, also jede Fassung der Akte als etwas Psychisches, ist mit Entpersonalisierung identisch ... Psychisches Sein hat also mit Personsein nichts zu tun. Akte werden vollzogen, Person ist Aktvollzieher. Aber welches ist der ontologische Sinn von 'vollziehen', ...?"[18] Diesen ontologischen Sinn nennt Heidegger : existieren. „Das Wesen des Daseins liegt in seiner Existenz."[19] Zwanzig Jahre später erläutert er: „Das ekstatische Wesen des

171

Menschen beruht in seiner Ek-sistenz ..."[20] „... die Ek-sistenz in ihrem existentialen, das heißt ekstatischen Wesen ..."[21] „'Ek-sistenz' ist ... die Sorge für das Sein."[22] Zurück zu SuZ, wo Fürsorge das einzige explizierte Existenzial des Mitseins mit anderem Dasein war: „Das Sein des Daseins bestimmten wir als Sorge. Deren ontologischer Sinn ist die Zeitlichkeit."[23] *„Zeitlichkeit ist das ursprüngliche „Außer-sich" an und für sich selbst. Wir nennen deshalb die charakterisierten Phänomene Zukunft, Gewesenheit, Gegenwart die Ekstasen der Zeitlichkeit." „Die Zeitlichkeit ist wesenhaft ekstatisch."[24] „Die ekstatische Zeitlichkeit lichtet das Da ursprünglich."[25]* Der Sinn des Seins des Daseins also ist sinnlich, ekstatisch, und die Welt, die Heidegger später die Öffnung und Lichtung des Seins nennen wird, „ist mit dem Außer-sich der Ekstasen „da"... Sie muß schon ekstatisch erschlossen sein, damit aus ihr innerweltliches Seiendes begegnen kann."[26]

Wesen und Sinn des Daseins liegen in seinen Ekstasen, aber was haben die Ekstasen der inneren Zeitlichkeit mit den erotischen zu tun? Erinnern wir uns, daß in der griechischen Mythologie, auf die MH so gern zurückgreift, die Zeit auftritt als Vater Chronos, der seine Kinder verschlingt. Etymologisch gehört „Zeit" im Sinne von „Abschnitt" zur indogerman. Wurzel *da-: teilen, trennen, zerreißen, abschneiden. Psychoanalytisch professionell interpretiert das kastrierend Kastrierte. Darin meldet sich bereits das „nichtende Nichts" der gefräßigen Venus dentata, also Heideggers berühmte „Kehre" vom abgeschnittenen Phallus zur genitalen Öffnung, von der klitorialen zur vaginalen „Epoche" der weiblichen Sexualität des Seins, vom kastrierten Penis der Mutter Natur zu jener kastrierenden Scheidenlichtung, die sich hinter der ontologischen Klitoris „verbirgt" und erst in der Pubertät „entdeckt" wird. Der kindlichen Sexualtheorie ist an der Frau nur der abgeschnittene Penis bekannt, nicht die Öffnung hinter diesem Nichts. Wenn es wahr ist, daß alle Theorie und theoretische Anstrengung sich herleitet von den frühkindlichen Sexualtheorien und ihrer „zudringlichen Neugier", dann richtete sich alle theoretisierende Neugier ursprünglich auf das „Aussehen" der Urszene zwischen Vater und Mutter und auf das Aussehen vor allem ihres Heiligtums: *„Thea* ist die Göttin. Als solche erscheint dem frühen Denker Parmenides die Aletheia ... *Thea* (vgl. Theater) ist der Anblick, das Aussehen, worin sich etwas zeigt, die Aussicht, in der es sich darbietet ... *Ora* bedeutet Rücksicht, die wir nehmen, die Ehre und Achtung, die wir schenken ... das verehrende Beachten der Unverborgenheit des Anwesenden."[27]

Ursprünglich wurde nun die Mutter, das Sein, theoretisch erkannt, um sie praktisch zu „erkennen" : „Der Charakter des eingeteilten, eingreifenden Vorgehens gegen das, was ins Auge gefaßt werden soll, macht sich im Erkennen geltend."[28] Wo bei den Griechen dieses „Erkennen" noch auf die Mutter gerichtet war, richtet es sich bei den Römern bereits nur noch nach dem Rationallicht der väterlichen Ideen, die theoretische Neugier wird unterm kastrierenden Diktat des Über-Ich paralysiert zur bloßen Kontemplation: „Die Römer übersetzen ... theoria durch contemplatio ... Denn contemplari heißt: etwas in einen Abschnitt einteilen und darin umzäunen. Templum ist das griechische *temenos*... *temnein* heißt schneiden, abteilen ... Das lateinische templum bedeutet ursprünglich ... die Himmelsrichtung nach dem Sonnengang. Innerhalb dieser stellen die Vogeldeuter ihre Beobachtungen an, um aus Flug, Geschrei und Fressen der Vögel die Zukunft festzustellen ,.."[29] Schließlich wird der mütterliche Tempelraum für das präödipal regredierende Kind auf der Flucht vorm Messer des Vaters zur Freistatt : sanctuary, inzesttabuiertes Heiligtum und Zufluchtsort zugleich. Beim späten Heidegger kommt die Zeit (und ihre Flucht) im mütterlichen Innenraum gleichsam zu Stillstand und Ruhe. Hier, im präödipalen Tempel, kann das regredierende Kind ungestört reifen und wachsen (insgeheim auch sein gefährdeter Penis): „Die Zeit zeitigt. Zeitigen heißt : reifen, aufgehen lassen." Aber nicht nur das Kind wächst und reift im Uterus, auch sein ekstatischer Phallus. Um ihr beizuwohnen, geht Dasein *auf* die Mutter *zu,* die sich *auf-* und zutut: „Die Phänomene des zu ..., auf ..., bei ..., offenbaren die Zeitlichkeit als das schlechthin."[24]

Nachweise

1   SuZ 385
2   SuZ 54
3   SuZ 19 f
4   SdD 91
5   SuZ 273
6   SuZ 282
6a   „Der Ruf kommt *aus* mir und doch *über* mich." (SuZ 275)
7   SuZ 278
8   SuZ 285
9   SuZ 284
9a   M. Heidegger: „Kant...", Bonn 1929, S. 212
9b   L.c., S. 206
9c   L.c., S. 213
10   „Ober den philosophiegeschichtlichen Ort Martin Heideggers". In: „Heidegger — Per spektiven zur Deutung seines Werks", Köln und Berlin² 1970, S. 95 ff. WEG 70 SuZ 266
11   WEG 70
12   SuZ 266
13   SuZ Kap. 27/38
14   SuZ 391
15   SuZ 96

16   Suz45
17   SuZ 46
18   SuZ 48
19   SuZ 42
20   WEG 157
21   WEG 163
22   WEG 173
23   SuZ 364
24   SuZ 329
25   SuZ351
26   SuZ 366
     „Dieses Begegnenlassen gründet in einer Gegenwart. Sie gibt überhaupt den ekstatischen Horizont, innerhalb dessen Seiendes leibhaftig *anwesend* sein kann." Horizont heißt soviel wie Ziel und Begrenzungslinie zwischen Himmel und Erde.
27   VuA 52 ff.
28   VuA 55
29   VuA 54

„Zunächst und zumeist" aber sei das Dasein nicht ekstatisch zu sich selbst „entschlossen", sondern an „Nichtdaseinsmäßiges" „verfallen", kulturell eingeschläfert, von Normen frustriert, durch Institutionen von der Verantwortung für das „eigenste Selbstseinkönnen" „entlastet". Zunächst und zumeist läßt man sich von der Welt leben, einem ominösen Selbst entfremdet, in the Swing of things. In „durchschnittlicher Alltäglichkeit" ist und treibt man, was das Über-Ich will, die innere Repräsentanz des Vaters als der äußeren Repräsentanz des gesellschaftlichen Willens. In Heideggers „Man"[1], der „öffentlichen Ausgelegtheit des Daseins", den sozial interpretierten Bedürfnissen, steckt der Doppelcharakter der Kultur: 1. Rationalisierung von Triebverzicht und 2. soziales Uterusäquivalent. Als physiologische Frühgeburt, als unfertiges Tier und instinktunsicherer Nesthocker ist der Mensch ins Nichts und nackte Da geworfen und auf „Fürsorge" angewiesen, auf ein soziokulturelles Surrogat für die vorzeitige Geworfenheit aus dem Mutterleib. Verständlich also, daß er sich zunächst und zumeist zu verstehen hat aus dem, was er besorgt, „besorgend seiner gewärtig aus dem, was das Besorgte ergibt oder versagt."[2] Von der Lebensnot getrieben, ist er ökonomisches „Sein bei dem, was zum alltäglichen Bedarf gehört"[3], sammelnder, jagender, fischender, viehzüchtender, ackerbauender Be- und Beiwohner der Mutter Erde, ein Wesen in seiner „innersten Bedürftigkeit"[4]. Unwillen seiner Selbsterhaltung ist es an die kulturelle Plazenta gefesselt : „Existierend ist es geworfen und als geworfenes an Seiendes überantwortet, dessen es bedarf, *um* sein zu können, wie es ist, nämlich *umwillen* seiner selbst."[5] „Besorgen von Nahrung und Kleidung, die Pflege des kranken Leibes"[6] um den Preis genitaler Unterversorgung, Tausch von Schutz gegen Gehorsam, Gewährung präödipaler Gratifikationen für den Entzug genitaler Befriedigungen. Das kompensierende Prinzip der Kultur erstreckt sich auf nutritive wie genitale Versagungen. Der zu früh wie zu spät Entwöhnte, später der materiell Zukurzkommende, werden abgespeist mit geistiger Nahrung, ideologischem Halt für orale Anklammerungs- und Sekuritätsbedürfnisse, und in ein und derselben Bewegung ist dieses Geistige Legitimationsprinzip inzestuös-phallischen Entzugs. Ersatz für einen Ersatz, tröstet Kultur über die verbotene Vagina mit der sozialen Nestwärme eines Uterussurrogats hinweg. Genauer : Die sexuelle Versagung wird kompensiert durch Gewährung von etwas, das bereits selbst Kompensation oral materieller Versagung ist, die materielle Ware und ihre Karikatur, die geistige. Heidegger will sich durchaus nicht mit Kultur abspeisen lassen. Aber warum man ans zivilisatorische Besorgen und Versorgen, an die Sorge überhaupt, verfallen ist, bleibt bei aller pathetischen Fragerei unbefragt. Aus einem zentrifugalen Hang des Menschen zum Verfallen an die Welt? Oder weil zu wenig da ist trotz aller nach Freud sozial höher zu bewertenden Tätigkeit, trotz aller Leistung qua Triebverzicht? Fassen wir zusammen. Das Man als Stimme des Über-Ich, des Nicht-Ich im Ich, oder des nichtinternalisierten gesellschaftlichen Kommandos selbst: „Wir geniessen und vergnügen uns, wie man geniesst ..."[7] „Das beruhigte 'Wollen'

unter Führung des Man ist auf das, was sich schickt und gehört, eingeschränkt."[8]
„... Das Dasein steht als alltägliches Miteinander in der Botmäßigkeit der Anderen
... Das Belieben der Anderen ... die alltäglichen Seinsmöglichkeiten des Daseins."[7]
Am besten, ich halte meine Heteronomie gleich für Autonomie, das Ich des
Übervaters für ‚jemeines". Entscheidend ist nur „die unauffällige, vom Dasein
als Mitsein unversehens schon übernommene Herrschaft der Anderen." Was
phallisch sich exponiert, wird „geglättet" zur „Durchschnittlichkeit dessen, was
sich gehört, was man gelten läßt und was nicht, dem man Erfolg zubilligt, dem
man ihn versagt. Diese Durchschnittlichkeit in der Vorzeichnung dessen, was gefragt werden kann und darf, wacht über jede sich vordrängende Ausnahme. Jeder
Vorrang wird geräuschlos niedergehalten."[7] Die ‚Einebnung' aller Seinsmöglichkeiten" des Knaben durch den rivalisierenden Vater läßt übrig den Konkurrenzkampf der Geschwister um die Gunst der Eltern. „Im Besorgen dessen, was man
mit, für und gegen die Anderen ergriffen hat, ruht ständig die Sorge um einen
Unterschied gegen die Anderen, sei es auch nur, um den Unterschied gegen sie
auszugleichen, sei es, daß das eigene Dasein — gegen die Anderen zurückblei-
bend — im Verhältnis zu ihnen aufholen will, sei es, daß das Dasein im Vorrang
über die Anderen darauf aus ist, sie niederzuhalten. Das Miteinandersein ist —
ihm selbst verborgen — von der Sorge um diesen Abstand beunruhigt."[7] Diese
„Entfremdnng", „Abständigkeit", „Reserve" der Konkurrenzpartner im struggle
for life and wife wird von Heidegger gar in den Rang eines anthropologischen
„Existenzials" erhoben, als eignete sie nicht den zwangssozialisierten Mitgliedern
der bürgerlichen Wettbewerbsgesellschaft, sondern jedem menschlichen Dasein
schlechthin. (Waren der erstgeborene Klassenprimus Martin und sein jüngerer
Bruder Fritz von der Sorge um diesen gegenseitigen Abstand beunruhigt, Vater
Friedrich gar?). -- Punkt 2. :
So verboten die Mutter als Vagina, so „freigegeben" ist ihre Imago als sozio-
kultureller Uterusersatz, als zivilisatorischer Schutz vor der „Verlassenheit",
„Überlassenheit" und „Überantwortung" des hilflosen Menschenkindes „an es
selbst". „Man ist in der Weise der Unselbständigkeit und Uneigentlichkeit."
Normen, Konventionen und Institutionen fuhren in „Versuchung" zur „Seinsentlastung" und „Beruhigung". Auf dieser Ebene ist das Menschenkind mit der elterlichen Imago noch nicht uneins, die Kategorie des „Anderen" entsteht erst
nach der Entwöhnung von der präödipal-symbiotischen Identität mit Vater und
Mutter. „'Die Anderen' besagt nicht so viel wie : der ganze Rest der Übrigen
außer mir, aus dem sich das Ich heraushebt, die Anderen sind vielmehr die, von
denen man selbst sich zumeist *nicht* unterscheidet, unter denen man auch ist ...
Das In-Sein ist *Mitsein* mit Anderen."[9] Umgekehrt ist das Mitsein ursprünglich
noch In-Sein im Anderen, und kaum zufällig wird als einzige Form des ursprünglichen Mitseins mit Anderen die Fürsorge genannt, bis hin zu jener
schizophrenogenen Form der „maternal overprotection", die seit Heideggers
Beschäftigung mit Hölderlin die Beziehung des Seyns zum Dasein ganz

auszeichnen wird: „Der Andere ist so zunächst in der besorgenden Fürsorge erschlossen."[10] „Diese Fürsorge übernimmt das, was zu besorgen ist, für den Anderen. Dieser wird dabei aus seiner Stelle geworfen, er tritt zurück, um nachträglich das Besorgte als fertig Verfügbares zu übernehmen, bzw. sich ganz davon zu entlasten. In solcher Fürsorge kann der Andere zum Abhängigen und Beherrschten werden, mag diese Herrschaft auch eine stillschweigende sein und dem Beherrschten verborgen bleiben. Diese einspringende, die „Sorge" abnehmende Fürsorge bestimmt das Dasein in weitem Umfang, und sie betrifft zumeist das Besorgen des Zuhandenen."[11] Das Kind also ist in der „Rücksicht und Nachsicht"[12] der Eltern gut aufgehoben, und die Welt wäre soweit in Ordnung, wenn es nicht die Angst gäbe, Angst davor, daß es mit dieser heilen Welt letztlich nichts ist. „Die Angst kann in den harmlosesten Situationen aufsteigen."[13] „Die Stimmung überfällt."[14] „Und gerade in der gleichgültigsten und harmlosesten Alltäglichkeit kann das Sein des Daseins als nacktes „Daß es ist und zu sein hat" aufbrechen. Das pure 'daß es ist' zeigt sich, das Woher und Wohin bleiben im Dunkel."[15] Bringen wir also diese „Faktizität", diesen „zunächst abgedrängte(n) Seinscharakter des Daseins" einmal ans Licht. Nach unserer Deutung des Man signalisiert diese „Grundbefindlichkeit"

1.) Trennungsangst aus einem Urmißtrauen in die Tragfähigkeit des kulturellen Uterusäquivalents (reaktivierte primäre Isolationsangst) und

2.) Kastrationsangst vor einer Rückkehr unwirksam abgedrängter inzestuösphallischer Regungen, der Fucktizität gleichsam.

Beides schließt einander nicht aus: Kastrationsangst davor, durch verdrängte Insistenz auf inzestuöses „eigenstes Selbsteinkönnen" gegen die „öffentliche Ausgelegtheit des Daseins" sich zu vergehen, reaktiviert immer auch zugleich oraldepressive Vernichtungsangst vor dem Hungertod, vor der Abnabelung vom nutritiven Sozialuterus der Zivilisation.

3.) Paranoide Absoptionsangst vor dem „Man" selbst, symbiotisch sich zu verlieren in der Mutter-Kind-Union, an sie zu „verfallen", Angst vor dem „Absturz" in einen Wirbel, vor dem „Sichverfangen(s) (das Verfängnis)."[16]
Die Angst bei Heidegger ist zwei- bis dreideutig, Trennungs-, Kastrations- und Absorptionsangst. Und die Isolationsangst vor der Abnabelung von der oraluterinen Mutter, diese Angst auf dem Grunde der Angst vor der „Entwöhnung von den Üblichkeiten des Man"[17] steigt in SuZ immer nur auf im Gefolge der Kastrationsangst vor der eigensten genitalen Courage, vor der schuldbeladenen existential-ekstatischen „Entschlossenheit" zur inzestuösen Wiedervereinigung mit der vaginalen Mutter. Daß Angst nicht von ungefähr auftaucht, verrät Heidegger übrigens selbst: „Eigentlich aber kann die Angst nur aufsteigen in einem entschlossenen Dasein."[18] „Die Angst entspringt aus

177

der Zukunft der Entschlossenheit, „.."[18] „... *das verschwiegene, angstbereite Sichentwerfen auf das eigenste Schuldigsein* — nennen wir die *Entschlossenheit."*[19] Die Entschlossenheit zur inzestuösen Erschließung der Mutter, es ihr doch noch zu besorgen und an Vaters Stelle für sie zu sorgen, nimmt die Kastrationsangst und in ihrem Gefolge die Trennungsangst, die Ohnmacht der Verlassenheit, beherzt auf sich. Was bei Heidegger unter dem Titel „Furcht" firmiert, ist nicht nur Angst vor etwas (Bestimmtem), wie die Angst nicht nur Furcht vor nichts (Bestimmtem) ist. Furcht ist primär Angst vor der Kastrationsdrohung, Angst auf der Flucht vor sich selbst, auf der Flucht zu oraler Anklammerung an Seiendes, und Angst ist Furcht, aber ohne Furcht vor der Furcht, entschlossen übernommen gegen alle Hemmungen. „Das Wovor der Furcht, das 'Furchtbare', ist jeweils ein innerweltlich Begegnendes von der Seinsart des Zuhandenen, des Vorhandenen oder des Mitdaseins."[20] „Zunächst und zumeist *ist* das Dasein aus dem her, was es besorgt. Dessen Gefährdung ist Bedrohung des Seins bei. Die Furcht... macht 'kopflos'. Die Furcht verschließt zugleich das gefährdete In-Sein, indem sie es sehen läßt,"[20] „Das Fürchten um als Sichfürchten vor erschließt immer ... das In-Sein hinsichtlich seiner Bedrohtheit."[20] Das Messer des Vaters: „Als Herannahendes in der Nähe ... ist das Abträgliche drohend, es kann treffen und doch nicht." „Hat dagegen das Bedrohliche den Charakter des ganz und gar Unvertrauten, dann wird die Furcht zum *Grauen."*[20] Freud hat dieses Grauen als projizierte Angst vor der Rückkehr verdrängter Triebregungen in dem Aufsatz „Das Unheimliche" analysiert. „Weitere Abwandlungen der Furcht kennen wir als Schüchternheit, Scheu, Bangigkeit, Stutzigwerden." Die „Scheu" wird erst in Heideggers Spätphilosophie wieder aufgegriffen.[21]
Während Furcht noch Angst *vor* etwas Bestimmtem (wie dem väterlichen Messer) *um* etwas Bestimmtes (wie den eigenen Penis) meint, ist Angst schon Furcht *vor* allem *um* alles und nichts (Besonderes), *vor* der Allmacht des Vaters, die in seinem Messer nur symbolisiert ist, und um jenes Eins und Alles, *hen kai pan*, das die Mutter fürs Kind ist, Furcht vor dem Verlust der Welt, die sie repräsentiert, *um* das eigene Sein i. G., das im Penis nur symbolisiert ist. „Furcht" meint neben der Angst vor Gefährdung der materiellen Versorgung, aus dem das Dasein sich zunächst und zumeist verstehe, vor allem immer auch Angst vor der Kastrationsdrohung. „Angst" meint vor allem immer auch die präinzestuöse Angst vor dem Vernichtetwerden im Gefolge des Grauens, das in der Rückkehr verdrängter inzestuöser Regungen liegt, im Gefolge der „Unheimlichkeit", die in der „Wiederholung" der ekstatischen Entschlossenheit liegt.[22] Ist doch die Angst ums Genital immer auch Angst um das prägenitale In-sein im Ganzen und Drinbleibendürfen des Kindes. Angst bedroht das In-sein sowohl des Kinderpenis in der mütterlichen Vagina als auch des präödipalen Peniskindes im Uterus. Für den Heidegger von SuZ wenigstens droht dem inzestuösen Kind mit der Abtrennung des Penis die eigene Abtrennung von der Mutter, die „Verlassenheit

und Überlassen-heit an es selbst". Angst ist „Aphanisis" *(Ernest Jones).*

Dagegen ist nur ein Kraut gewachsen, das Heidegger in der „Kehre"[24] finden wird: die der Inzestuosität unverdächtige Rückkehr zur ausschließlich oralnutritiven Mutter. Und wenn dieser Regreß wo nicht mehr massive Angst auslöst so doch immer noch „Scheu" eines Schüchternen vor einem „Abgrund", dann deshalb, weil das Dasein vor sich selbst verbirgt, das Inzestuöse vielleicht nicht wirklich aufgegeben, sondern nur verdrängt zu haben. Oder „Scheu" vor dem paranoid lockenden Abgrund, der das Ich mit symbiotischer Absorption bedroht, mit dem Tod wo nicht durch Kastration so durch schizoide Dekomposition.

„Die Angst ängstet sich um das nackte Dasein als in die Unheimlichkeit geworfenes. Sie bringt zurück auf das pure Daß der eigensten, vereinzelten Geworfenheit."[25] „Das, worum die Angst sich ängstet, enthüllt sich als das, wovor sie sich ängstet: das In-der-Welt-sein."[26] Heidegger hatte das Urvertrauen, das präödipal bergende „In-Sein" im Uterus bzw. kulturellen Uterusäquivalent „bestimmt als Wohnen bei ..., Vertrautsein mit ,.."[26]

„Die Angst dagegen holt das Dasein aus seinem verfallenden Aufgehen in der 'Welt' zurück. Die alltägliche Vertrautheit bricht zusammen ... Das In-sein kommt in den existenzialen 'Modus' des *Un-zuhause" .[21]* „Diese Unheimlichkeit setzt dem Dasein ständig nach und bedroht, wenngleich unausdrücklich, seine alltägliche Verlorenheit in das Man."[27] „Die verfallende Flucht *in* das Zuhause der Öffentlichkeit ist Flucht *vor* dem Unzuhause, das heißt der Unheimlichkeit, ..." „Das beruhigt-vertraute In-der-Welt-sein ist ein Modus der Unheimlichkeit des Daseins, nicht umgekehrt." Das Urmißtrauen gegen uterine Geborgenheit ist früher als der kulturelle Uterus: „Das Un-zuhause muß existenzialontologisch als das ursprünglichere Phänomen begriffen werden."[21] „... Seiendes, daran sich das Dasein zunächst und zumeist klammert"[28] wird „unbedeutsam" und „nichtig". Das orale Sicherheitsstreben „greift ins Nichts der 'Welt'",[25] übrig bleibt „das Dasein in seiner Unheimlichkeit, das ursprüngliche geworfene In-der-Welt-sein als Unzuhause, das nackte 'Daß' im Nichts der Welt". „Die 'Welt' vermag nichts mehr zu bieten, ebenso wenig das Mitdasein Anderer."[29] Sie zeigen „sich in einer leeren Erbarmungslosigkeit".[25]

Die Vernichtungsangst vor der Trennung von der prägenital-nutritiven Mutter, und darin besteht Heideggers verblüffende These, mache gerade frei für den Entwurf, sich inzestuös mit ihr wiederzuvereinigen, mache das Kind frei *von* der oralen Abhängigkeit *zur* genitalen Entschlossenheit. Die Trennungsangst (im Gefolge der Kastrationsangst) mache paradox frei für die Kastrationsangst im Gefolge des ekstatischen eigensten Sein-könnens: Die Angst *„ nimmt* aber das Dasein nicht nur zurück aus den 'weltlichen' Möglichkeiten, sondern *gibt* ihr zugleich die Möglichkeit eines eigentlichen *Seinkönnens."[30]* Aus Angst, die *versorgende* Mutter zu verlieren in der Entwöhnungsphase, sucht die Existenz sich *inzestuös* mit ihr wiederzuvereinigen, d. h. genauer: ihr Phallus zu *sein,* statt ihn zu *haben*

179

und inzestuös zu gebrauchen. Der Aufbruch aus der „Weltvertrautheit", aus dem „Behagen in der Gewohnheit", der Schritt vom „Aufgehen in der Welt" zur ekstatischen „Entschlossenheit" ist kein Wechsel der Bezugsobjekte, sondern ein Schritt vom präödipalen zum ödipal-phallischen Entwurf : „... der Kreis der Anderen wird nicht ausgewechselt ... Aus dem eigentlichen Selbstsein der Entschlossenheit entspringt allererst das eigentliche Miteinander, nicht mehr aus zweideutigen und eifersüchtigen Verabredungen und den redseligen Verbrüderungen im Man, und dem, was man unternehmen will."[32] Mit dem Inzestwunsch steht man allein, aber wer entschlossen die Gewissensangst vor dem Über-Ich auf sich nimmt, wird mit inzestuösen Liebesfreuden aus phallischem Rüstzeug, nicht mehr oralem Eßwerkzeug, belohnt: „Mit der nüchternen Angst, die vor das vereinzelte Seinkönnen bringt, geht die gerüstete Freude an dieser Möglichkeit zusammen."[33] Aber „Wohnen bei ..." der Mutter ist, anders als das prägenitale Sein in ihr, Sein zum Tode. „Das Sein zum Tode ist wesenhaft Angst."[34] Die Kastrationsangst des Inzestwunsches ist Erbin der Trennungsangst in der Entwöhnungsphase. Man hat Heidegger ähnlich wie Rilke und Malraux eine romantische Auffassung vom je eigenen Tod als einem Teil des Lebens nachgesagt. „Der Tod wird dem Dasein nicht bei seinem 'Ende' angestückt, sondern als Sorge ist das Dasein der geworfene (das heißt nichtige) Grund seines Todes."[35] Der Tod scheint nicht grundlos und unverschuldet. „Man-selbst" lebt ewig, sofern die symbiotische Beziehung des Kleinstkindes zur Mutter noch keinen Begriff vom Tod aufkommen läßt und die Kultur als Uterussurrogat ihn ebenso verdrängt hält. Der Tod ist immer nur Strafe für die ekstatische phallische Entschlossenheit, es der Mutter doch noch zu besorgen. „Man selbst" bleibt unentschlossen, aber das Man ist auch eigentlich unsterblich.

Der Tod der anderen wie der eigene Tod als medizinischer, biologischer, soziopsychologischer Fakt ist für Heidegger sekundär. Erst wo er abhängig ist von meinem Entschluß, inzestuös schuldig sein zu wollen, gehört er ja allerdings zu meinem Leben, als wählbare oder verdrängbare Möglichkeit. Wer nicht genital zur Mutter entschlossen ist und also nicht ihre orale Fürsorge zu verlieren riskiert, „man-selbst" verzichtet und stirbt nicht: Es gibt „Freiheit zum Tode". Die inzestuöse Entschlossenheit „enthüllt dem Dasein die Verlorenheit in das Man-selbst und bringt es vor die Möglichkeit, auf die besorgende Fürsorge primär ungestützt, es selbst zu sein, selbst aber in der leidenschaftlichen, von den Illusionen des Man gelösten, faktischen, ihrer selbst gewissen und sich ängstenden *Freiheit zum Tode.*"[34] Existenz kommt vom Regen der Trennungsangst in die Traufe der Kastrationsangst. „... das Dasein ist ihm selbst in seinem Sein je schon *vorweg.* Dasein ist immer schon 'über sich hinaus',"[36] über sein Alter hinaus auf etwas aus. Das Sein des Kindes ist potentielles Potent-sein: „Dasein ist je das, was es sein kann und wie es seine Möglichkeit ist. Das wesenhafte Möglichsein des Daseins betrifft die charakterisierten Weisen des Besorgens der 'Welt', der Fürsorge für die anderen und in all dem und immer schon das Seinkönnen zu ihm selbst, umwillen seiner."[37] Nicht mehr furchtsam umwillen seiner Selbsterhaltung, sondern seines Lustgewinns. Das Selbst ist nicht mehr das klug lavierende Ich, das sich mit dem Über-Ich gegen das Es zu dem arrangiert, was man darf, sondern ein Ich, das dem Es sich hingibt : Sorge meine neben „Lebenssorge" auch „Hingabe",[38] „Triebe wie Wollen und Wünschen oder Drang und Hang."[39] Der Knabe versteht sich in seinem 'fucktischen' Seinkönnen zu und auf Es: „Einer Sache vorstehen heißt ihr gewachsen sein."[40] Er wächst über sich hinaus, weil er ihm gewachsen ist: *„Physis, phyein* bedeutet das Wachstum."[403] Das Dasein ist zwar in die Welt ausgesetzt, aber aus der Mutter geworfen ist es (sofern es nicht unter den Rock der Kultur dem Vater in den cul kriecht) ins triebhafte, ek-statische Ent-werfen, E-jakulieren: „Und als geworfenes ist das Dasein in die Seinsart des Entwerfens geworfen."[41] In seinem Schwung auf halbem Weg aus dem Uterus heraus in die mütterliche Vagina hinein bleibe „man" mit seinem Ständer „zunächst und zumeist" in der Kultur stecken, vergesse unterwegs, was man eigentlich wollte, lasse sich mit der Lebensnot erpressen, von Ihr abzulassen: „Der Wurf der Geworfenheit in die Welt wird zunächst vom Dasein nicht eigentlich aufgefangen; die in ihm liegende 'Bewegtheit' kommt nicht schon zum 'Stehen' dadurch, daß das Dasein nun 'da ist'. Das Dasein wird in die Geworfenheit mitgerissen, das heißt, als in die Welt geworfenes verliert es sich an die 'Welt' in der faktischen Angewiesenheit auf das zu Besorgende."[42] Aus der Mutter heraus in die Welt, ist das Dasein eigentlich darauf aus, auf der Mutter zu sein, sie zu stoßen. Stattdessen stößt der Ständer auf Widerstand, muß und darf alles besorgen außer es ihr: „Realität ist *Widerstand,* genauer Widerständigkeit... Widerstand begegnet in einem Nicht-durch-kommen, als Behinderung des Durchkommenwollens. Mit diesem aber ist schon etwas erschlossen, worauf Trieb und Wille *aus sind* ... Das Aussein auf ... das auf Widerstand stößt und einzig 'stoßen' kann, ist selbst schon bei einer Bewandtnisganzheit."[43] Das ist jene Welt, die später „Öffnung des Seins" genannt werden wird. Das menschliche Leben ist hier viel zweckrationaler konstruiert, instrumentalistischer und pragmatischer angelegt, als man zunächst glauben möchte. Es besteht aus Zukunftsprojekten und stößt beim Versuch, die projektierten (entworfenen) Möglichkeiten zu realisieren, sowohl auf die Gegenwart, die Außenwelt des innerweltlichen Seienden, das Ensemble von dienlichen Werkzeugen und hinderlichen Widerständen, als auch auf seine Vergangenheit, das Überich, Tradierte, die Innenwelt der hemmenden Ängste. Primär hat jeder sich identifiziert mit seinen Projekten, deren Realität er in die Zukunft projiziert, und im Lichte dieser Zielprojektionen taucht die äußere Natur (Realitätsprinzip, Fakten, Gegenwart) und die innere Natur (Gewesenheit, Stimmung) erst auf. Erst dem Dasein, das sich zu etwas und darin zu sich entschließt, erschließt sich Welt als dafür oder dagegen, in ihrer Zuhandenheit oder Aufsässigkeit. Was Heidegger das 'nichtdaseinsmäßige Seiende' nennt, ist eigentlich das, was nicht dem Dasein gemäß sich verhält, wenn das Dasein etwas für sich will und entdecken muß, daß die Welt ihm nicht eo ipso zu Willen ist, daß sie nicht dem Prinzip Es gehorcht. Was nicht ich bin, ist zunächst das, was ich nicht will, was nicht prompt zur Stelle ist, wenn mein Trieb oder Wunsch danach verlangt: Das Nicht-Ich ist das, was nicht so will, wie ich wohl will. Die Welt ist wohl relativ aufs Subjekt, aber im Modus ihrer Aufsässigkeit und Abträglichkeit gegenüber seinen Wünschen. Wir sehen die Welt nicht so, wie wir sie sehen wollen und sind, sondern gerade so, wie wir sie nicht sehen wollen. Daß wir mit unseren Inter-essen (In-der-Weltsein) auf Widerstände stoßen, sei ein Beweis dafür, daß wir es bei den unzuhandenen, unverfügbaren Dingen mit Dingen an sich zu tun haben, anderen als sie für mich wären, ginge es nach mir. Gleichzeitig halte jedes Ding gerade an sich, soweit es sich unseren Absichten bruchlos füge. An sich halte und sei es gerade dort, wo es sich besonders glatt mir anbequeme. Für mich sei es im Gegenteil erst dort, wo es gegen mich sei in der Aufsässigkeit, Aufdringlichkeit, Auffälligkeit seiner jeweiligen Nichtzuhandenheit, relativ zu meinen jeweiligen Entwürfen. Neben der Furcht vor dem drohend abträglichen Realitätsprinzip erschließe sich mir in der Angst die Tatsache, daß ich auch mich selbst nicht zu einem reinen gefügigen Werkzeug meiner Entwürfe machen kann, daß ich mir bei aller Hingabe an Ziele auch immer selbst im Wege bin, mir eine „Last" sei. Wie ich auf meine Werkzeuge erst dann recht eigentlich aufmerksam werde, wenn sie kaputt oder nicht zur Hand sind, stoße ich auch auf mich selbst erst, wo ich zu etwas entschlossen bin und feststellen muß, daß etwas in mir mich hemmt, jenes Nicht-Ich im Herzen des Ich, das mich hindert, auch nur Herr im eigenen Hause zu sein. Ich sei immer schon dort, wo ich hinmöchte, im siebenten Himmel, aber Angst beweist mir, daß ich in ein und derselben Bewegung auch noch hier zu sein habe, down to earth. In Angst und Furcht realisiere ich, daß die Welt samt meiner selbst nicht meinen Sehnsüchten sich füge, und nur dort, wo sie sich mir sperre, entdecke ich sie überhaupt erst. Heidegger will uns überreden, uns selbst in dem wiederzuerkennen, was *in* der Angst gegen uns votiert. Wir sollen uns mit den 'Befindlichkeiten' nicht nur abfinden, sondern uns identifizieren mit dem, was sie über uns befinden. Die alltäglichen Ziele seien Hindernisse auf dem Wege zu jenem Ziel, das im alltäglichen Hindernis sich maskiere. Die ekstatische „Vorhabe" mit der Mutter sei in die Stimmung der Angst getaucht, sofern diese Entschlossenheit Grenzüberschreitung sei, der Grenze des zugelassenen Seienden i. G. samt dem Dasein selbst, das sich selbst übertreffe. Das Dasein sei Angst, weil es übersteige, transzendiere, was es sei und was überhaupt sei. Mit dem Seienden i. G. werde ein Verbot überschritten, und Schuldangst werfe das Dasein auf das zurück, was es von alters her gewesen sei: „gering".[44] Vorrang wird der Ekstase der Zukunft gegeben, obwohl sie nur als das bevorzugte Medium zu dienen scheint, nicht nur hinterrücks von der Vergangenheit determiniert zu werden, sondern ganz ausdrücklich auf die faktische Herkunft zurückzukommen, auf die „Wiederholung gewesener Möglichkeiten".[45]

„Seine eigene Vergangenheit — und das besagt immer die seiner 'Generation' — *folgt* dem Dasein nicht *nach,* sondern geht ihm je schon vorweg." (SuZ 20) Lebens-„Geschichte als 'Wiederkehr des Möglichen'"[45], „Entschlossenheit wird dann zur Wiederholung einer überkommenen Existenzmöglichkeit."[46]

In der Schwebe bleibt, ob Dasein in SuZ auf seine prägenitale Geworfenheit zurückkommt (bzw. durch Kastrationsangst zurückgebracht wird) oder verdrängte inzestuöse Möglichkeiten wiederholt, „wiedervorholt",[47] wiederaufnimmt. Auf jeden Fall habe es vor sich, was vor ihm war und was und wie es vorher gewesen sei, und d. h. immer, gekonnt habe. Und es habe sein Vorher vor sich zu haben. Es sei sich vorweg, über sich hinaus, auf etwas aus, und das alles umwillen seiner selbst, seines Lustgewinns. Aber was ihm da bevorstehe, sei seine Vorgeschichte. Einst werde es sein, was es einst war, was auch immer, Vater, Mutter, Baby.

Der Zielentwurf sei ein Vor-Bild, dem das Dasein „entgegenwartet", in dessen Licht das Gegenwärtige sich zeitige. Alles „Besorgen", „Hantieren", „Erkennen", „Forschen", „Neugier" etc. sei vergegenwärtigendes Verhalten und Verhältnis zu einem besonderen Seienden, sei's dem Mitdasein anderer, sei's einem genitalen Spiel- und Werkzeug, einem „Um-zu". „Die Ekstasen sind nicht einfach Entrückungen zu ... Vielmehr gehört zur Ekstase ein 'Wohin' der Entrückkung. Dieses Wohin der Ekstase nennen wir das horizontale Schema." „Das horizontale Schema der Gegenwart wird bestimmt durch das Um-zu." Das genitale Um-zu sei Sein zum „Sein bei ..." „Mit dem faktischen Da-sein ist je im Horizont der Zukunft je ein Seinkönnen entworfen, im Horizont der Gewesenheit ein 'Schon-sein' (ergänze: 'Schon-sein-in') erschlossen und im Horizont der Gegenwart Besorgtes entdeckt. Die horizontale Einheit der Schemata der Ekstasen ermöglicht den ursprünglichen Zusammenhang der Um-zu-Bezüge mit dem Um-willen."[48] „Das Dasein hat sich selbst gewählt."[483] - „Dasein wählt sich seinen Helden".[46] Dieser Satz bleibt so zweideutig, wie Heidegger es haßt, wenn das Eigentliche und das Unechte verwechselbar werden. Wenn Dasein seinen Helden wählt, d. h. sich identifiziert mit dem väterlichen „Vor-Bild", identifiziert es sich dann mit dessen Privilegien oder mit dem Verbot des Vaters, dessen Privilegien sich anzumaßen? Kommt es zurück auf seine Ohnmacht vor dem Vater oder auf seine verdrängten Inzestwünsche nach dem Bilde des väterlichen Monopols? Will es die oralen Möglichkeiten, bei der nutriven Mutter zu liegen, genital wiederholen oder im Gegenteil die genitalen Chancen bei der Mutter auf ermäßigter, nur noch präödipaler Ebene wiederaufnehmen? Mutter oder Frau, Uterus oder Vagina, Fürsorge oder horizontales „Gunst"-Gewerbe?

Das „nichtende Nichts" der Isolation von der inzestuös begehrten Mutter unter der Kastrationsdrohung sei „nicht nichts", sondern im Gegenteil die Lichtung des Seins selbst, das Ein und Alles, die verbotene Vagina als vor väterlichem Messer und Trennungsängsten rettende Uterusöffnung fürs präödipal regredierende, prägenital sich bescheidende Kind.

'Wohnen' im 'Haus', 'Aufenthalt' und 'Bleibe' in der Lichtung des Seins beim späten Heidegger ist Fortschreibung nicht des ekstatischen Entwurfs, sondern dessen, was in SuZ stimmungsmäßiges Schon-sein-in-der-Welt, Geworfenheit ins nackte Da, Verlassenheit war, Angewiesenheit auf besorgbare Welt, 'Hineingehaltenheit ins Nichts'. Aus der Last ist Lust, das Mutige ist gemütlich, das Unzuhause wohnlich geworden. Die spätere „Lichtung des Seins" ist Erbin der „Lichtung des Daseins"[49], die „Offenheit des Seins" entwickelte sich aus der 'Erschlossenheit', nicht der inzestuösen 'Entschlossenheit des Daseins'. Das Sein, das dem Dasein sich entziehe, hieß einmal „Faktizität des Daseins", die seinem Entwurf fucktische Möglichkeiten entzog, „da-Sein" der Mutter.

Das Seyn, so unsere Vermutung, ist nichts anderes als das Dasein, nur anderes Dasein, Dasein eines Anderen. Dieses Nicht-Ich ist ein anderer als ich, ein anderes Ich, das Ich eines Anderen. Sartre hat Heidegger durchaus nicht mißverstanden, wenn er in dem primären Bezugsobjekt, das allein das Ego vor dem Solipsismus soll bewahren können, das alter ego entdeckte. Und da in der Tat mein Dasein nur dann über nichtdaseinsmäßiges Seiendes mit je sich selbst vermittelt ist, wenn dieses Nichtdaseinsmäßige das Dasein Anderer ist, dann bedeutet die Kehre vom Dasein zum Seyn die vom Dasein zum Mitdasein Anderer. Mit der Angewiesenheit auf die Umwelt als Mitwelt ist Dasein als Dasein eines Kindes erschlossen, und die Welt, die entdeckte und erschlossene Lichtung des nichtdaseinsmäßigen Seins, ist identifiziert als aufgeschlossene, aufgedeckte, deckbare Lichtung eines anderen Daseins, als Liebeshöhle der Mutter.

Die „ontologische Differenz von Sein und Seiendem"[50] enthüllt sich als petite différence zwischen Dasein und Dasein, und dieses andere Dasein, auf dessen Sein hin das Kind sich entwirft, wandelt sich vom väterlichen „Gestell" zur Lichtung der Mutter. Aus dem Sein, dem schlechthin Anderen, wird zunehmend verdrängt, daß es Dasein eines Anderen ist, je mehr es sich die Züge des Daseins zueignet und das Dasein selbst infantilisiert zurückläßt.

Heideggers notorische Tiefe wird Tiefe einer philosophischen Regression. Die genitale Reife, die das Dasein in SuZ bereits erreicht hatte, geht zusehends ans Seyn über. Am Ende hat das Seyn alle Male eines erwachsenen Daseins; darüber ist das Dasein von SuZ vollends wieder zum Kind geworden : Präödipale „Wiederholung" des phallischen Inseins, wo in SuZ bereits umgekehrt zur geni-talen „Wiederholung" prägenitalen Inseins ermuntert worden war. Nach Sartre, dem Schüler des Heidegger von SuZ, ist dem Ego die Existenz der Außenwelt unmittelbar evident im Blick der Anderen. Objekt unterm Blick eines

Anderen, erfahre ich die Existenz der Außenwelt als unmittelbar evident, als freie Subjektivität des Anderen, als seine Macht, mich zum Objekt zu machen. Heidegger nennt das primäre Band zwischen Dasein und Seyn „Ereignis" und verweist auf die etymologische Bedeutung von Er-eignis, Einblick, Einblitz.[51] Das Seyn blicke und blitze das Dasein „je und jäh" an, wir seien dem Wesen nach eigentlich die vom Sein Erblickten, unsere Subjektivität bestehe darin, gleichsam Objekte unterm Blick des Seins zu sein und deshalb unsererseits Seiendes anblicken, „objizieren", zu können im Lichtblick dieses Seins. Das Seyn ist das Mitsein des Uranderen : In „Das Sein und das Nichts" (1943) kommt „Sein und Zeit" (1926) zu sich selbst. Der „Blick des Seins"[51], der mein Dasein wie ein Blitz trifft, ist bei Sartre enträtselt als der Blick des Anderen, der mich sieht, und er sieht mich, wie ich bin, weil ich das bin, was er sieht. Was MH ontologisch verbrämt hat in der „Möge" des Seins, sagen die Passagen in „L'Etre et le Néant" auf gut ontisch und nennen es beim Namen. Heideggers „Seyn", das ist genau jenes Sein des „Anderen", der das Geheimnis meines Seins ist und meinen cartesianischen Solipsismus immer schon aufgebrochen hat. An SuZ monierte Sartre, Heidegger habe das Dasein nicht wirklich durch das „Mitdasein" der anderen sich konstituieren lassen. Das holte MH in der späteren Ontologie nach, wo das Dasein sich unterm „Blick des Seins" des Uranderen erst „er-eignet". Wie erreicht das Subjekt sein Objekt, fragt Cartesianer Sartre. Indem es sich als Objekt für die Subjektivität des anderen erfahre. Für mich selbst sei ich, was ich für ihn sei, in seinen Augen, unter seinem Blick. Mit mir je selbst sei ich über und durch den anderen vermittelt. Die reversible Reziprozität dieses Verhältnisses ist bei MH allerdings geleugnet. Eltern und Kinder sind allzu ungleiche Partner, als daß das objektivierte, vom Seyn transzendierte Dasein des Kindes nun seinerseits das Seyn transzendieren und zu seinem Objekt machen kann. Da das, was ich bin, beim anderen liegt, muß ich der andere werden, um ich selbst zu werden, um mir also anzueignen, was ich für ihn bin und für mich sein will. Und wenn ich bin, was der andere aus mir macht und sich aus mir macht, will ich der andere sein, um Grund dessen zu sein, was ich in seinen Augen bin, allwissende und allmächtige causa sui, Gott höchstselbst, Gottvater persönlich. An dieser Möglichkeit verzweifelt MH aber nicht mehr als der vaterlos aufgewachsene Sartre, der sich von Psychoanalytikern bescheinigen ließ, kein Über-Ich zu haben. In der Liebe identifiziere sich das werbende Subjekt mit seinem Objektsein für den anderen, wie das Dasein sich bei MH damit identifiziert, als „Gegenwurf" des Seins vom Sein „gebraucht" zu werden, als verführerischer Zugang, den ich dem anderen zur Welt eröffne, um in seinen Augen also „gerechtfertigt" zu sein durch die „Potentialität" dessen, was ich für ihn tun kann, in der Hoffnung, von ihm nicht als Werkzeug mißbraucht zu werden, bei ihm in Sicherheit zu sein, „geborgen" durch das, wozu er mich „braucht".

Aber jeder liebe nur, um geliebt zu werden, und wenn ich will, daß der andere mich liebt, muß ich nach Sartre wohl oder übel wollen, daß der andere von mir geliebt, also gebraucht und gerechtfertigt und von seiner eigenen Überflüssigkeit befreit werden will. Der andere gibt nur vor, mich zu rechtfertigen, um von mir sich rechtfertigen und begründen zu lassen -- wie ich. So lasse ich mich in der Liebe, also dem Geliebtwerdenwollen, von jemandem rechtfertigen, der seinerseits gerechtfertigt werden will von mir. Das Seyn kann das Dasein nicht begründen, weil das Dasein der Grund des Seyns ist. So bleibt bei Sartre das Subjekt mit sich allein, mit seiner sinnlosen Freiheit und „nutzlosen Leidenschaft", ungerechtfertigt und überzählig. Liebe sei Betrug, weil jeder nur so tue, als wolle und könne er den anderen rechtfertigen, und er tue so, um von ihm gerechtfertigt zu werden. Aber der andere, von dem ich mich rechtfertigen lassen möchte, ist genau derjenige, der sich von mir rechtfertigen lassen will, indem er mich zu lieben verspricht. So bleibt jeder mit seiner grandiosen, unnützen Freiheit allein und „seinsverlassen". Dieser Ausweglosigkeit entgeht Heidegger, weil die Liebe des Seins keine Liebe von Gleich zu Gleich ist bei ihm, sondern Liebe zwischen Eltern und Kindern, nicht zwischen Mann und Frau. Das Seyn „mag" das Dasein nicht, um von ihm wiedergeliebt, also gerechtfertigt und begründet zu werden. Das Dasein hat seinen Grund im Seyn gefunden, wenn das Seyn nicht umgekehrt seinerseits durch das Dasein begründet werden kann und „will". Bei MH hält die Seinsliebe, was sie verspricht, weil Dasein und Seyn nicht gleichberechtigt sind, nicht gleich stark. Das Dasein erhält seine Rechtfertigung, büßt aber seine Freiheit „eigentlich" ein an das Seyn des Uranderen, wird zur „transzendierten Transzendenz", zum überschrittenen Werkzeug des Geschicks, nicht zu jener vom Sein „gebrauchten", von Sartre dann so genannten „Objektganzheit", bei der die Freiheit des Seins fasziniert und freiwillig haltmacht. Dasein bleibt bei MH weder frei, noch legt es dem Seyn die Welt zu Füßen. Freiheit und „Welteingang des Seienden" bleiben Privilegien der „Autorität", dem Bund der beiden „Antiautoritären" bleibt der kleine Spielplatz zwischen den Mutterarmen.

Sein und Zeit des Ödipus

„Heraklit denkt das Sein als die Weltzeit und diese als das Spiel des Kindes (Frg. 52): ... 'Weltzeit, Kind ist sie spielen des das Brettspiel; eines kindlichen Spiels ist die Herr schaft.'" (HOLZ 258)

„Das Seinsgeschick: ein Kind, das spielt. Somit gibt es auch große Kinder. Das größte, durch das Sanfte seines Spiels königliche Kind ist jenes Geheimnis des Spiels, in das der Mensch und seine Lebenszeit gebracht, auf das sein Wesen gesetzt wird ... Es spielet, weil es spielet. Das „Weil" versinkt im Spiel. Das Spiel ist ohne „Warum". Es spielt, die-weil es spielt. Es bleibt nur Spiel: das Höchste und Tiefste. Aber dieses „nur" ist Alles, das Eine, Einzige. Nichts *ist* ohne *Grund*. Sein und Grund das Selbe ... Die Frage bleibt, ob wir und wie wir, die Sätze dieses Spiels hörend, mitspielen und uns in das Spiel fügen." (SvG 188)

Lesen wir das frühe Hauptwerk von 1926, das seinen Ruhm begründete, von 1935 aus, von Heideggers Ödipus-Deutung her. In „Sein und Zeit" ist der Sinn des Seins ein „Entwurf" des menschlichen Daseins, etwas genauer: „Seinsverständnis" ist ein Privileg der „Existenz". Der Mensch sei nicht geradehin ein Ding unter anderem, sondern Philosophie expliziere nur, daß der Mensch implizit und unausdrücklich immer schon verstehe, was es heiße zu sein und was das Wort „sein" bedeute. Sich aufs Sein verstehen heiße sein können, zu sein vermögen. Der Mensch „ist seine eigenste Möglichkeit", ein Zukunftsprojekt seiner selbst. Sein Sein sei „Vorwegnahme" seiner selbst: Noch-nicht-sein. Nun enthüllt das Ödipus-Zitat, was das Dasein sei in der Weise, es eben noch nicht zu sein, es als „eigenstes Sein-Können" erst nur „vorwegzunehmen". Und nach Heidegger ist ja dieser frühgriechische Seinsentwurf kein willkürlicher, beliebig wählbarer u. a., sondern der ursprüngliche und eigentliche, von dem seither eigentlich nur abgefallen wurde in die „defizienten Modi" dessen, was „man" so tut und will und treibt und ist. 1929 erinnert er daran, daß Kant als gemeinsame Wurzel von Verstand und Sinnlichkeit die Einbildungskraft genannt habe, das Vermögen zur Antezipation von Möglichkeit, eines erträumten Seins im „Vor-'Bild'", in dessen Licht das Gegenwärtige als ein Noch-nicht erst aufscheint und das als „kategoriale Bedingung der Möglichkeit von Gegenständlichkeit" diese erst konstituiere. Kurz : Sein enthüllt sich bei den frühen Griechen als Sein des inzestuösen Triebwunsches, dann als Sein dessen, der den Inzest vorwegnehmend träumt und in erotischer Imagination immer schon je wieder bei der Mutter liegt, ihr beiliegt und ihn *tötet,* um selbst der Vater zu sein.

187

Im weiteren heißt „Sein" so viel wie das Sein des wirklichen „Vatermörders und Mutterschänders" selbst. Wir werden sehen, wie und warum für den „reifen" Heidegger sich das „Sein" des Ödipus und der ödipalen Phantasie zum „Seyn" der ebenso inzüchtig begehrten, wie unter der Kastrationsdrohung sich dem Kind „züchtig" entziehenden Mutter „verkehrt", d. h. pervertiert. Der kleine Ödipus „steht aus", daß er noch nicht (wie) sein eigener Vater ist, aber ist „sich selbst immer schon je vorweg bei" der Mutter, die er zurückerobern und heiraten will. Sein Sein besteht darin, „außer sich" und seinem Alter voraus zu sein. Das Kind läuft seiner insuffizienten Vorläufigkeit voraus und weg in ein „Vorlaufen zum Tode" durch den drohenden Vater, „so daß es frei für seinen Tod an ihm zerschellend auf sein faktisches Da sich zurückwerfen lassen kann."[1] Das konvergiert mit der psychoanalytischen Theorie, nach der alle Todesangst letztlich Angst vor der im Über-Ich internalisierten Kastrationsdrohung ist.

Platon überliefert den Mythos, Liebe ergänze bloße Hälften zum ganzen Menschen. Heidegger expliziert das „Sein-zum-Tode" als Entwurf des im Gewissen „bezeugten" „eigensten Ganz-sein-könnens". Wie ist diese Koexistenz von Koitus und Exitus zu denken? Erstens ist der Entwurf, liebend zur „Ganzheit" zu verschmelzen, ein „Sein-zum-Ende", weil ständig von Kastration tödlich bedroht. Zum anderen interpretierte Freud in „Jenseits des Lustprinzips" jeden Trieb als konservativ, als Detumeszenztrieb, als Drang, das Leben, unlustvolle Vitalspannung, in Leichenruhe zurückzunehmen. Im Orgasmus klappe der Trieb thanatophil in jenes tote Anorganische wieder zusammen, aus dem sich die sexuelle Irritation erhob : Tod als Triebziel.

Der existentialistische „Ent-Wurf", der sich aus sich heraus auf sein Bezugsobjekt wirft, Aus-Wurf, ist wörtlich die E-jakulation. Der Akt als Realisierung von Potenz ist das *ergon* einer koitalen *kinesis,* seit Aristoteles : Entelechie, Bewegtheit vom antezipierten Triebziel her. Heideggers „Entwurf", das primäre „Sichrichten auf..." das Sein, ist radikalisierende Eindeutschung der „Intentionalität" seines Lehrers Husserl. Die E-rektion der phänomenologischen intentio recta spannt auf ihr Ziel hin, das Genital richtet sich auf, richtet sich auf sein Objekt. Rektion heißt Abhängigkeit, E-rektion Unabhängigkeit. Bevor „Ek-sistenz" sich nun mit der Richtigkeit von „Erkenntnis" nach ihrem Objekt abhängig richten kann, muß sie sich zuvor (in) einen offenen Bereich eingerichtet haben, in dem dieses Objekt sich ganz zeigen und sehenlassen kann. Vom immer schon je antezipierten „Worumwillen", vom orgastischen „Augenblick" her, auf ihn hin entworfen und intentional und intensiv hingespannt, scheint die hierarchische Struktur ontischer Vorluststufen und Widerstände auf dem Weg zum „ekstatischen Sein" allererst auf. Man muß im Übrigen die Mutter schon gewählt haben, um auf den Vater als Hindernis und Rivalen zu stoßen, um ihn in seiner „Abträglichkeit" entdecken zu können. Das Kind will der Mutter ein Kind machen. Sinnlichkeit sinnt auf „In-die-Welt-setzen" als seinen unsinnlichen Sinn. „Sein" soll mit lat. Habitare wohnen, zusammenhängen.[2] Das „Mitsein" mit anderen wäre dann Kohabitation, Beiwohnen. Die nur ontischen Partialtriebe werden koordiniert und subsumiert unters phallische Primat, der Vorwegnahme des punktuellen ekstatischen Augenblicks. Versteifung auf Ontisches wird als perverse Fixierung auf erogene Fetischzonen gebrandmarkt, Ontisches nur als Durchgangsphase geduldet, als Gefälle hin zur „Ekstase". Aber dieser moment heureux ist vom Tode mindestens zweifach bedroht: durch 1) Post-Tristesse und 2) durch Kastration.

ad 1) Im Nietzschebuch definiert Heidegger Gefühl und Rausch einmal als Außersich-Sein, als Überschwang, der alles Seiende überschwingt, und doch fällt dieses Transzendieren in die tote Immanenz seines Zieles zurück. Der Trieb konserviert nackte Existenz, sowohl die fortgepflanzte Gattung durch den Arterhaltungstrick der Lust hindurch als auch das isolierte Individuum, das aus dem Himmel heruntergeholt wird auf den Teppich ernüchterter Müdigkeit. Existenz läßt sich und das Seiende i. G. in einer „Ekstase" hinter sich, die mit dem Tod ihr Verhältnis hat, dem Absturz des Überschwangs in den ausgepreßten Leib, zerschellend zurückgeworfen auf „nacktes Da". Der hochfliegende Entwurf des Zukünftigen endet im Wurf der Nachkommen, und der abgeschlafft gravide Leib quittiert den Genuß mit notorischer Schwermut post festum. Das onto-logische Triebziel, nach Heideggerschüler Sartre ein vom Sein absorbiertes Bewußtsein, das darum nicht aufhöre, dieses Seins sich bewußt zu sein, wird jener totenähnlich vegetabile Schlaf nach dem Beischlaf, in den der abgespannte Trieb kollabiert.

ad 2) Von der immer mitvergegenwärtigten ständigen „Möglichkeit der Unmöglichkeit aller Möglichkeiten" her, vom letalen Apriori aus, d. h. vom immer vorweggenommenen Sanktionshorizont der Todesstrafe durch drohende Kastration her, scheinen die dann noch verbleibenden Möglichkeiten erst auf: Arrangement mit der verbietenden Autorität oder Regression auf prompte prädipale Befriedigungschancen, kurz: Identifikation mit dem Vater oder mit der Mutter.

Das ödipale Dasein des Kindes ist immer je schon „zurückgeworfen" auf die „Last" der „Faktizität" seiner Kindlichkeit, die es „zu übernehmen" hat, um sich nicht zu übernehmen. „Geworfen" in das, was er immer schon „gewesen" ist, ein kleiner Junge, hat er zu sein, daß er noch nicht der Vater, daß der Penis noch zu klein und sein Gebrauch verboten ist. „Seinsvergessenheit" meint dann die unterm Kastrationsbann erzwungene Verdrängung der inzestuösen und patriziden Triebwünsche in der Latenzperiode, in der der eigentliche Seinsentwurf latent, „verborgen", wird und durch philosophische „Existentialanalytik" anamnestisch unter allen Rationalisierungen der Ontogenese durch „Destruktion der Geschichte der Ontologie"[3] erst wieder freizulegen ist. Heidegger entmythologisiert nicht den Ödipusmythos, sondern remystifiziert ihn abermals zur „Sage", der weltstiftenden Sprache eines Urmuttermundes, wie wir sehen werden.

Ödipus, Urbild aller Existentialität in „Sein und Zeit", *ist* (im Entwurf immer schon), *was er* (faktisch noch) *nicht ist,* Vater, und *er ist* (in ein und demselben Entwurf schon) *nicht* (mehr), *was er* (ontisch und realiter ja noch) *ist,* ein kleiner Junge, der will, aber nicht kann, oder kann, aber nicht darf. Der Ödipusmythos ist die „Sage" der anfänglichen Wahrheit. Was ist Wahrheit? Heidegger greift zurück auf das griechische Aletheia, das er ja mit „Unverborgenheit" übersetzt. Ursprünglich sei nun Wahrheit nicht die Richtigkeit von Aussagen über das „Aussehen" *(eidos)* des „sich präsentierenden Seins" gewesen, sondern die „Entborgenheit des Seins selbst". Bevor der Erkennende sich am und mit dem zu Erkennenden „messen" könne, um Wahrheit von Sätzen als „Übereinstimmung", adaequatio rei et intellectus, „herzustellen", müsse zuvor das Sein sich von ihm selbst her gezeigt haben in dem und als das, was es ist. Das aber sei nur geschehen in der frühesten Kindheit des abendländischen Geistes, bei Parmenides und Heraklit etwa. A-letheia enthalte das alpha privativum zum mythischen Fluß des Vergessens, zum Lethe, und heißt also wörtlich Unvergessenheit. Wie der Psychotherapeut die Lebensgeschichte des Patienten, will Heidegger die Geschichte der Philosophie als Geschichte einer einzigen Seinsvergessenheit wieder aufrollen und durch wiederholende „Destruktion" ihre verschüttete Wahrheit rekonstruieren. Das wahre Sein sei verdrängt wie nach Freud nur das unbewußt gewordene Es. Philosophie als Anamnese ist Erinnerung, Mnemosyne, „Gedächtnis". Gleich nach ihrem frühen „Aufblitzen" bei den vorsokratischen Griechen sei Wahrheit aber abgewehrt worden, weil das Sein selbst sich entzogen und verborgen habe. Warum, wird von Heidegger nie erklärt. Jedenfalls wurde aus der „Wahrheit des Seins selbst" spätestens seit Plato bloße Wahrheit über das Sein, bloße Vorstellung. Der Mensch sei es, der ein Objekt für ein Subjekt fortan „enthüllt", nicht das Sein decke sich von ihm selbst her auf; es verstecke sich dahinter, sich als Idee darzubieten, als maßgebendes Vorbild aller Erscheinungen. Sein sei rationalisiert worden zur „Seiendheit", zur „Vorgestelltheit des Seienden im Ganzen" für und vor ein Subjekt. Im Klartext : „Man" stellt sich den Vater, der man sein will, und die Mutter, die man haben will, nur noch vor. „Man" *ist* nicht als Er bei und in Ihr, „man" hat bei dem späteren, abgebogenen Versuch, Sie als Er in einer anderen Frau wiederzuerkennen und wiederzufinden, nur noch eine platonische Idee von ihrer *idea,* ihrem „Gesicht" und seinem „Vor-Bild" als „Woraufhin" des Entwurfs. Was das Kind vom Sein des Vaters bei der Mutter trennt und dieses Sein zu einem nur erst „Vorgestellt-Sein" macht, ist die Angst. Der berühmte § 40 von „Sein und Zeit" versetzt in diese rechte Stimmung. Angst ist Angst vor diesem Sein, vor seiner Unverborgenheit, vor der Wahrheit, es komme ans Licht, daß der kleine Ödipus sein eigener Vater zu sein „entschlossen" ist, um die Mutter zu „erschließen" und sich „aufzuschließen". Angst als Angst vor der „Enthüllung" des usurpierten Vater-Seins ist Angst um jenes „eigenste"

Seiende, das zu „entgleiten" und „zunichte" gemacht zu werden droht, der genitale Schlüssel zur „Erschlossenheit" jenes Seins, in das der späte Heidegger die Mutter selbst verschlüsselt. Die Kastrationsangst des Kindes vor dem Vater ist Angst vor der „Entdeckung" seines eigenen phallischen Seinsentwurfs, vor der „Enthüllung", daß es der Vater zu sein prätendiert. Heideggers „Angst vor dem Entgleiten" aller ontischen Sicherheiten schillert ambivalent: Als Angst *vor* dem „nichtenden Nichts" ist diese Angst vor nichts (ontisch Bestimmtem) die Angst vor der Sanktion, die auf dem Ursakrileg steht, davor, daß es dann „mit dem (genitalen eigenen) Sein nichts ist". Weiter ist die Angst *vor* dem Vater *um* den eigenen Penis in sich gleichzeitig als Angst *vor* diesem eigenen kastrablen phallischen Sein auch Angst *um* das Sein in und bei der Mutter, *um* die damit gefährdete narzißtische Ursymbiose. Und die Straf- und Gewissensangst *vor* dem Sein des Vaters *um* das eigene Sein (als Angst *vor* diesem eigenen kastrierbaren Sein *um* die Ureinheit mit der Mutter) ist nicht zuletzt eine Angst vor dieser absorbierenden Ureinheit mit der Mutter selbst und davor, daß sie nicht aus der Ursymbiose freigibt, Angst vor der selbst kastrierenden Venus dentata, vor der projizierten Aggression ihres oralkaptativen Schoßes, seines verschlingenden kloakalen Nichts. Das vielfältige „Worum" der Angst gilt auch für Heideggers Hauptexistential, die Sorge. Das Kind in der „einspringenden" und „vorausspringenden" „Fürsorge" seiner Mutter will es ihr „besorgen" und lebt daher in ständiger Sorge um seinen Penis.

Die Kastrationsangst ist nur dadurch zu mildern, daß das Kind Vernunft annimmt, durch Identifikation mit dem Vater, durch Interiorisierung der *Kastrationalität* des Inzesttabus. Oder durch Regression hinter die ödipale Konfliktsituation zurück. Wir sehen, daß „Existenz" in „Sein und Zeit" bei aller Sorge um sich selbst in seiner Entschlossenheit zu sich selbst recht phallisch-aggressiv daherkommt, Entwurf seiner Autonomie gegen den Vater, aber bei aller Selbständigkeit des eigenen Ständers, doch auch immer wieder eigentümlich „zurückgeworfen" auf die unbeschwichtigte „Sorge um das je eigene Sein-können". „Sein und Zeit" ontologisiert die ontogenetische Bildungsgeschichte der Existenz bis zur ödipalen Krise, ohne ihren Ödipuskomplex aufzulassen. „Der Verfasser fühlte sich damals einer zureichenden Ausarbeitung nicht gewachsen."[4] Die Veröffentlichung von „Sein und Zeit" wurde an dieser Stelle abgebrochen. Der letzte Satz lautet: „Offenbart sich die Zeit selbst als Horizont des Seins?"

Sein *Sein* ist die Zeit, die das Kind noch davon trennt, erwachsen zu werden, die Zeit, die es braucht, wie der Vater zu sein, um die Mutter doch noch freien zu können. Das Sein ist verstanden aus der Zeit, aus der Zeit bis zum Sein wie der Vater bei der Mutter. „Seinsverständnis" heißt Verständnis für das Sein zwischen Kindheit und Pubertät gleichsam, Verständnis für das Sein als Zeit seit dem Sein-in-Ihr bis zum Wieder-sein-bei-Ihr. Aber Existenz bleibt in jener Schwebe, von der Jaspers sich so wahlverwandt angezogen fühlte.

Gibt oder schiebt Existenz unter Angstdruck ihren ursprünglichen Seinsentwurf auf, um das Inzesttabu als Über-Ich zu seinem „Eigensten" zu machen? Verspricht das Kind, nicht eher bei der Mutter sein zu wollen, als es wie der Vater ist? Wenn Sein Zeit bis zum Sein ist, „Vorgriff" auf das Großsein, wenn das Sein des Kindes aus der „Vorwegnahme" seines „Sein-könnens" besteht, mündet dann die innere „Zeitlichkeit" des Daseins in die „Latenzperiode" oder in Regression auf prompte prädödipale Befriedigungen? Trennung ist sowohl die Zeit bis zum Sein-wie-der-Vater als auch die Zeit seit dem Sein-in-und-an-der-Mutter.

„Der Entwurf ist die existenziale Seinsverfassung des Spielraums des faktischen Seinkönnens."

„Der Entwurf eröffnet erst einen Spielraum, darin die Dinge, d.h. die Tatsachen, sich zeigen."

Aber die Mutter empfängt ihre Attraktivität für den Sohn gerade dadurch, daß sie für ihn verboten und ihm vom Vater entzogen ist. Das Inzesttabu ist die Ursache ihrer Schönheit.

„Wenn wir in das Ziehen des Entzugs gelangen, sind wir auf dem Zug zu dem, was uns anzieht, indem es sich entzieht." (VuA 135)

Wenn das Kind dieser Anziehungskraft der Mutter nachgibt, verliert es den Schutz der Eltern und geht das Kastrationsrisiko ein, wenn es sich gegen den Vater durchsetzen will: „Der Mensch ist dagegen als der vorsätzlich Sichdurchsetzende in das Schutzlossein gewagt." (HOLZ 289)

„Was ist das, was die Phänomenologie 'sehen lassen' soll? Offenbar solches, was sich zunächst und zumeist gerade *nicht* zeigt, was gegenüber dem, was sich zunächst und zumeist zeigt, *verborgen* ist, aber zugleich etwas ist, was wesenhaft zu dem, was sich zunächst und zumeist zeigt, gehört, so zwar, daß es seinen Sinn und Grund ausmacht." (SuZ 35) Dann gilt aber nicht nur: „Ontologie ist nur als Phänomenologie möglich." Wir fügen hinzu, wenigstens in Sachen Heidegger: Phänomenologie ist letztlich nur als Psychoanalyse möglich. Das unbewußte, weil verdrängte, also sprachlich exkommunizierte und pseudophilosophisch resymbolisierte Mater-ial strukturiert das fassadäre Material. Nehmen wir also Heidegger beim Wort und beginnen wir mit dem „Wegräumen der Verdeckungen und Verdunkelungen, als Zerbrechen der Verstellungen, mit denen sich das Dasein gegen es selbst abriegelt." (SuZ 129) Was ist „eigentlich" gemeint, „wenn das Dasein die Welt eigens entdeckt und sich nahebringt, wenn es ihm selbst sein eigentliches Sein erschließt"? „Dieses Entdecken von 'Welt' und Erschließen von Dasein" ist selbst eine Verdeckung, Verdunkelung und Verstellung, mit der Heidegger sich gegen sich selbst abriegelt. Weder der, der Welt entdeckt und Dasein erschließt, noch derjenige, der das als Denker vom Menschen behauptet, räumt die Verdeckungen weg, sondern der, welcher entdeckt, daß dahinter das 'Decken' mit dem phallischen Schlüssel verborgen ist.

In ihrem Buch „Das andere Geschlecht" („Le deuxième sexe") beklagt Simone de Beauvoir, daß alles, was die Existenzphilosophen, also auch Heideggerschüler Sartre, von der „Transzendenz des menschlichen Daseins" sagen, vorerst nur das Dasein des Mannes kennzeichne, während die Frau eher passiv rezipierende Immanenz geblieben sei. Der Mann transzendiere sich in Richtung auf gewählte Ziele in der Zukunft, überschreite sein Sein durch seine Projekte, während die Frau sich leider immer noch in das einschließen lasse, was sie nun einmal sei, wenigstens in den Augen der Männer, in ihr ewiges Wesen, das ihr vermeintlich im Himmel vorgezeichnet sei. Gottvater ist Transzendenz, und sein Sohn Adam ahmt ihn nach, indem er sich selbst (und die autoerotische Fixierung auf sein Genital) überschreitet in Richtung auf Frau Welt und deren Scheide: „'Welt' ist die Lichtung des Seins" (WEG 180).

„Wir nennen das, *woraufhin* das Dasein als solches transzendiert, die *Welt* und bestimmen jetzt die Transzendenz als *In-der- Welt-Sein.*" (WEG 35)

Das Dasein steigt über die Frau und besteigt sie:

„Die Transzendenz jedoch ist der Überstieg, der so etwas wie Existenz überhaupt und mithin auch ein 'Sich'-bewegen-im-Raume ermöglicht." (WEG 34) „Das Dasein ist so, daß es *umwillen seiner* existiert. Wenn aber die Welt es ist, im Überstieg zu der sich allererst Selbstheit zeitigt, dann erweist sie sich als das, worumwillen Dasein existiert." (WEG 53) „Der Überstieg zu Welt ist die Freiheit selbst." (WEG 59) Hier, 1926, ist die Freiheit noch die Freiheit des Mannes gegen die „zu Grunde liegende" Frau. „Freiheit ist Freiheit zum Grunde" (WEG 60). „Die Freiheit ist der Grund des Grundes." (WEG 69. Über 'Grund' vergleiche : SvG 162) Erst beim späten Heidegger wird der „Übersteigende und so sich Erhöhende" (WEG 61) dann sehr klein, klein wie ein Säugling.

Schon das Kleinkind, noch von den bergenden Armen der Mutter Natur umfangen, will sie besteigen: „Obzwar inmitten des Seienden und von ihm umfangen, hat das Dasein als existierendes die Natur immer schon überstiegen." (WEG 35)

„Das Innehalten der exzentrischen Mitte des menschlichen Seins, der selbst 'zentrische' und 'zentrale' Aufenthalt im Exzentrischen hat seine Vorstufen in der Liebe. Die eigentliche Sphäre des Stehens in der exzentrischen Mitte des Lebens ist der Tod." („Hölderlins Hymnen": ungedruckte Vorlesung vom Sommersemester 1942, zitiert aus *Otto Pöggeler*, Der Denkweg Martin Heideggers, Pfullingen 1963, S. 302).

Wenn die eigentliche Sphäre der Tod ist, muß die Intimsphäre die uneigentliche sein, die in SuZ ja als „Verfallenheit" an Frau Welt pejorisiert und später, prägenitalisiert, zur Seinshörigkeit aufgewertet ist. Aber nicht erst in der Mitte des Lebens ist der Mensch exzentrisch auf den Tod hin, sondern der pubertierende Adoleszent, nicht mehr Kind und noch nicht erwachsen, hat etwas, das exzentrisch auf die zentrale, vaginale Mitte des Lebens hinsteht und das ist kastrationstodbedroht. Die Vorstufen der Liebe müssen die prägenitalen

Vorluststufen der Partialtriebe sein, und diese Vorstufen samt ihrer Endluststufe, die Liebe selbst bis zum Genitalprimat, ist selbst nur Vorstufe des Todes genannt. Eine Liebe aber, der der Tod folgt, muß eine verbotene sein : der Vatermord und Mutterinzest, wie wir sahen. Die Exzentrizität ist räumlich und zeitlich zu verstehen. Das Dasein entwirft sich nach außen, nach vorn, in die Zukunft hinein und auf ein Liebesobjekt hin. Der Sohn will so groß und so stark werden wie der Vater, um dann aus sich heraus gehen und in die Mutter „hineinstehen" zu können. Heidegger sieht für das Dasein zwei Möglichkeiten, dem autoerotischen Narzißmus und cartesianischen Solipsismus zu entgehen: Liebe und Tod, das romantisch-expressionistische Zwillingspaar. Und er spricht von jener Liebe, auf der der Tod steht. Wenn der Knabe „ek-statisch"-exzentrisch „außer sich" gerät, aus sich herausgeht und auf die Mutter aus ist, muß er eingehen oder in sich gehen. Der Tod ist aber auch noch in jenem anderen Sinne die Endstufe zu den sexuellen Vorstufen, als er „jenseits des Lustprinzips" nach Freud ja das eigentliche Sexualziel darstellt, die Detumeszenz, die Rückkehr zur totenähnlichen Ruhe des Anorganischen, die völlige Entropie. Der Sexualtrieb tritt in den späten Spekulationen Freuds als Todestrieb auf, nicht als dessen Antagonisten, als Todestrieb, der den Selbsterhaltungstrieb des Ich bedroht, nicht mehr über den Umweg des Über-Ich, sondern tendenziell durch Auflösung der Ichgrenzen, der aus der diffusen Um- und Unterwelt spannungsvoll heraus-differenzierten Selbstidentität des relativ autonomen Ich. Das Ich kann die Regression, die ihm im genitalen Orgasmus angesonnen wird, zwar zu einer Regression in Dienste des Ich machen, aber das Es selbst ziele darauf ab, das Ich rückgängig zu machen und in die Primärprozesse zurückzuverwandeln, aus denen es sich herausindividuiert hat. Beim späten Heidegger läßt sich das Ich, die Subjektivität, nicht auslöschen mehr vom genitalen Orgasmus, sondern (als regredierter Delegierter der analsadistischen und oral-bergenden Mutter) von der schizophrenogenen, paranoidalen Resymbiotisierung mit ihr, weil der Tod nicht nur so angenehm droht als orgastisches Erlöschen der Lebensspannung, als „eigenste Möglichkeit des Daseins selbst", sondern als Kastrationstod durch den Vater, solange am Inzest festgehalten wird, und Dasein hält in der Tat bei MH ja am mütterlichen Seyn fest.

Der homosexuelle Platoniker ist stolz auf seinen überwertigen Phallus, der ihm Abstand von der frühen Mutter in allen Frauen gibt, ein Gegengewicht gegen die phantasierte Allmacht ihrer analpossessiven Schließmuskeln.

Die große Möge

Der philosophische Eros

Daß der Bezug des Denkens zum Sein als Liebe zu verstehen ist und daß das Verhältnis des Menschen zu und mit dem Sein die Liebe des Seins voraussetzt, spricht Heidegger im „Humanismusbrief" aus. Der Mensch als Mann *ist,* was er imstande ist, d. h. im Bett kann. Aber was er zustande und zum Ständer bringe, setze voraus, daß die Frau ihn lasse. Er vermag nur, was und wenn sie mag. Sie hat Macht über sein „Gemächte". Sein Vermögen reicht nicht weiter als ihr entgegenkommendes „Mögen", das es ihm ermöglicht. Seine „ek-sistentiellen" Möglichkeiten, das „eigenste Sein-können" seines Dingsbums, sind „bedingt" durch das, was die Frau mag und ihm ermöglicht, indem sie sich „lichtet", ihr eigenes Ding öffnet und ihn da-sein, „hereinstehen" und „innestehen" läßt. „Doch wir vermögen immer nur solches, was wir mögen, solches, dem wir zugetan sind." (VuA 129)

„Sich einer 'Sache' oder einer 'Person' in ihrem Wesen annehmen, das heißt, sie lieben, sie mögen. Dieses Mögen bedeutet, ursprünglicher gedacht: das Wesen schenken. Solches Mögen ist das eigentliche Wesen des Vermögens, das nicht nur dieses und jenes leisten, sondern etwas in seiner Herkunft 'wesen', das heißt sein lassen kann. Das Vermögen des Mögens ist es, 'kraft' dessen etwas eigentlich zu sein vermag. Dieses Vermögen ist das eigentlich 'Mögliche', jenes, dessen Wesen im Mögen beruht. Aus diesem Mögen vermag das Sein das Denken. Jenes ermöglicht dieses. Das Sein als das Vermögend-Mögende ist das 'Mögliche'. Das Sein als das Element ist die 'stille Kraft' des mögenden Vermögens, das heißt des Möglichen .... Etwas vermögen bedeutet hier: es in seinem Wesen wahren, in seinem Element einbehalten."[53]

Dieses Element ist die „Lichtung" ihres Schoßes. Sie schenkt dem Mann, den sie mag, das Wesen. D. h. sie macht ihn zum Mann, indem sie ihm jenes Wesen schenkt, das ihn zum Mann macht, weil er es ihr macht, das Kind. Auch ihren Penisersatz behält sie in ihrem Element ein.

Nicht von ungefähr kommt Heidegger vor und nach den zitierten Sätzen über die große Möge des Seins, das den Menschen liebt, um von ihm geliebt zu werden, auf das Wesen der Sprache zu sprechen. Eine nur abgeleitete und überdies sehr defiziente Bedeutung mißt er ihrer instrumentalen Funktion als einem nominalistischen Kommunikationsorgan bei, das bei Freud etwa ein symbolisches, also ökonomisches Probehandeln unter minimalem Energieaufwand erlaubt. Das distanzierende Moment von Verzögerung und Aufschub unmittelbarer Abfuhr eines Triebstaus gehe nicht von einem daran erstarkenden Ich mittels der Sprache, sondern bestenfalls von einem mysteriösen Selbstentzug des Seins selbst aus.

Wo ich es bin, der durch die Sprache als einem „Instrument der Herrschaft über das Seiende"[54] dem „Zuspruch" und „Andrang" das Seins sich entziehe, erliege ich der „Verführung durch die Öffentlichkeit"[54] statt durch die Öffnung des Seins. Die Diktatur des Überich hat offensichtlich Verständnis nur für genitale Promis-kuität, während der Denker den üblichen Verkehr für verkehrt, für pervers hält: „Deshalb gerät die Sprache in den Dienst der Vermittlung der Verkehrswege, auf denen sich die Vergegenständlichung als die gleichförmige Zugänglichkeit von Allem für Alle unter Mißachtung jeder Grenze ausbreitet. So kommt die Sprache unter die Diktatur der Öffentlichkeit. Diese entscheidet im voraus, was verständlich ist und was als unverständlich verworfen werden muß."[55] Für welche Abart von Verkehr wirbt Heidegger, für welches Verständnis für welche Grenze der Zugänglichkeit von wem für wen und weshalb? Und wenn alle Sprache, wie Sartre weiß, ursprünglich Sprache von Verführung ist, in welcher „schicklichen" Sprache nähere sich der Mensch dem Sein oder gebe die „Gunst" des Seins dem Dasein einen „Wink"? - „Die Sprache ist das Haus des Seins. In ihrer Behausung wohnt der Mensch. Die Denkenden und Dichtenden sind die Wächter dieser Behausung. Ihr Wachen ist das Vollbringen der Offenbarkeit des Seins, insofern sie diese durch ihr Sagen zur Sprache bringen und in der Sprache aufbewahren."[56] Unsere „alles tragende Vermutung" zielt darauf ab, daß hier der Muttermund spricht und der Favorit des Seins betet: Vaginal-uterines „Sesam, öffne dich".

Nachweise

[1] SuZ § 25-27
[2] SuZ 337
[3] SuZ 352. Ökonomie als Wissenschaft vom Zeug, SuZ 361
[4] Siehe Heideggers Kantbuch, Bonn 1929
[5] SuZ 364
[6] SuZ 121
[7] SuZ 126
     „Das Miteinandersein im Man ist ganz und gar nicht ein abgeschlossenes, gleichgültiges Nebeneinander, sondern ein gespanntes, zweideutiges Aufeinander-aufpassen, ein heimliches Sich-gegenseitig-abhören. Unter der Maske des Füreinander spielt ein Gegeneinander." (SuZ 175)
[8] SuZ 195
[9] SuZ 118
[10] SuZ 124
[11] SuZ 122
[12] SuZ 123
[13] SuZ 189

[14] SuZ 136
[15] SuZ 134
[16] SuZ 178
[17] SuZ 391
[18] SuZ 344
[19] SuZ 297
„Die Entschlossenheit ... als verstehendes Sein zum Ende, d.h. als Vorlaufen in den Tod." (Suz305)
„Aber das Wesen der Entschlossenheit liegt in der Ent-borgenheit des menschlichen Daseins *ßir* die Lichtung des Seins und keineswegs in einer Kraftspeicherung des 'Agie-rens'". (META 16)
[20] SuZ § 30, S. 140 f.
[21] WEG 99 ff. (1943)
[22] SuZ § 68 b
[23] Siehe: „Was ist Metaphysik?" (1929). In: WEG l ff.
[24] siehe TuK
[25] SuZ 343
[26] SuZ 188. „Erkennen ist eine Seinsart des In-der-Welt-seins." (SuZ 61)
[27] SuZ 189
[28] SuZ 191
[29] SuZ 187
[30] SuZ 344
Existenz entscheidet sich für die tabuierte Scheide und damit fürs „Sein zum Tode", vergeht dort, woraus es entstand, vor Glück und Kastrationsangst. „Der Tod ist als Schrein des Nichts das Gebirg des Seins." (VuA 177) „Das Nichts ist der Schleier des Seins." Also: der mons veneris der Mutter ist der Schrein eines Schleiers, hinter dem der Tod fürs Kind lauert. Das Venusgebirge ist für den Sohn unübersteigbar, untranszendierbar. „Die Hineingehaltenheit des Daseins in das Nichts ... ist das Übersteigen des Seienden im Ganzen: die Transzendenz." (WEG 15)
[31] SuZ 54
Dieses pejorativ gezeichnete „Aufgehen in der Welt" wird später aufgewertet zum Aufgehen der Welt(öffnung) selbst, zur Physis in den 3 Bedeutungsmomenten:
1. Aufgehen des Kindes im Uterus
2. Aufgehen des Phalls in der Vagina (Erektion des Phänomens)
3. Aufgehen (Sichöffnen) der Vagina selbst bei Entbindung und Koit. „, <*bvm*<; ist das auf gehende m-sich-zurück-Gehen..." (HOLD 55) Wenn der Uterus aufgeht und das Kind aus ihm hervorgeht, wird es zwar in die Welt gesetzt und bleibt doch bei der Mutter als ihr Phallus. Nur scheinbar wird das Kind in die Freiheit und Selbständigkeit entlassen; genauer: die Mutter Natur trennt sich von ihrem Geschöpf nur, um es als ausgewachse nen Phallus zurückzubekommen. Das Baby ist ein zu kleiner Phall für die Mutter, sie muß ein Interesse daran haben, daß es wächst und erwachsen wird, um ihren Penisneid kompensieren zu können. Der damit verbundene Gefahr, daß das Kind kastriert wird, indem das Kind sich von ihr löst und trennt und befreit, begegnet sie dadurch, daß sie ihre phallischen Kompensationsbedürfnisse an das Kind delegiert, d.h. es in die Welt hinaus schickt, aber mit der Mission betraut, als ihr glänzender Phallus von ihr zu künden, zu ihrem höheren Ruhm. In-die-Welt-gesetzt, ist es in ihren uterinen Weltraum immer zu rückversetzt. Seine phallische Eigentlichkeit und Selbständigkeit soll das Kind nur geeignet machen, ihr phallisches Eigentum zu werden. Gerade *im* „Aufgehen in der Welt" geht es

in den uterinen Weltraum zurück, und ein Kind, das nicht zu voller Selbständigkeit erigiert, befriedigt nicht das Bedürfnis der Mutter nach einem Penis. Das Kind darf erst in den Uterus zurück, wenn es erwachsen, d.h. Penis *ist,* statt ihn zu haben; denn selbst einen Penis zu entwickeln, ist fürs Kind verboten auch deshalb, weil es dann durch den Vater von der Mutter getrennt würde. Ein eigener Phallus ist dem Kind also von der Mutter nicht weniger als vom Vater untersagt.

„Die Verfallenheit an diese 'Welt' meint das Aufgehen im Miteinandersein, sofern dieses durch Gerede, Neugier und Zweideutigkeit geführt wird." (SuZ 175)

32 SuZ 297 ff.

33 SuZ 310
„Die Angst des Verwegenen ... steht... im geheimen Bunde mit der Heiterkeit und Milde der schaffenden Sehnsucht." (WEG 15)

34 SuZ 266
„Das Man stirbt nie, weil es nicht sterben *kann,* sofern der Tod je meiner ist und eigentlich nur in der vorlaufenden Entschlossenheit existentiell verstanden wird."
(SuZ 424 f)

35 SuZ 306

36 SuZ 191 f.

37 SuZ 143

38 SuZ 199:
Diese erotische Hingabe des Daseins, voll Sorge ums kastrable Sein, wird später auch zur Hingabe der Mutter selbst und an das Dasein: ES gibt Sein = ES, das Sein, gibt sich hin und her. Siehe: WEG 166

39 SuZ 194 f.

40 SuZ §31

41 SuZ 145

42 SuZ 348

43 SuZ § 43 b
Dem Sohn Widerstand leistet nicht die Mutter, sondern der Vater, nicht die Vagina, sondern sein Phall in ihr: „Widerstand charakterisiert die 'Außenwelt' im Sinne des innerweltlichen Seienden, aber nie im Sinne der Welt". (SuZ 211)

44 VuA 179

45 SuZ 391

46 SuZ 385

47 SuZ 339

48 SuZ 365

48a SuZ 287

49 SuZ 133 und 351

50 Siehe WEG 21 ff.

51 TuK 43 f.

52 SdD

53 WEG 148
„Doch wir vermögen immer nur solches, was wir mögen, solches, dem wir zugetan sind, indem wir es zulassen. Wahrhaft mögen wir nur jenes, was je zuvor von sich aus uns mag und zwar uns in unserem Wesen, indem es sich diesem zuneigt. Durch diese Zuneigung ist unser Wesen in den Anspruch genommen. Die Zuneigung ist Zuspruch. Der Zuspruch

spricht uns auf unser Wesen an, ruft uns ins Wesen hervor und hält uns so in diesem. Halten heißt eigentlich Hüten. Was uns im Wesen hält, hält uns jedoch nur solange, als wir, von uns her, das uns Haltende selber behalten. Wir behalten es, wenn wir es nicht aus dem Gedächtnis lassen." (VuA 129)

[54]   WEG 150
[55]   WEG 149
[56]   WEG 145

Zen und Seyn — Heidegger und Adorno

„Die Philosophie des Zen-Buddhismus" von *Izutsu* vertritt die schon westliche These, Zen gehe es um das reine Ansich-Sein noch vor jeder Begrifflichkeit, Gegenständlichkeit und Nützlichkeit.

Hans-Peter Hempel begründete in „Heidegger und Zen" die These, daß die Erfahrung des „unverfügbaren Ereignisses" und des „Gevierts" den späten Heidegger „fast gegen seinen Willen auf den Zen-Weg zwang." (Monographien zur philosophischen Forschung Band 236, Königstein 1986). — Plagiat? Reinhard May „zeigt, daß Heidegger Hauptgedanken seines Werkes teilweise fast wörtlich aus deutschen Übersetzungen taoistischer und zen-buddhistischer Klassiker übernommen hat. Die im Weiteren auf verschlüsselte Präsentation bedachte Aneignung ostasiatischer Denkweisen wurde auch durch seine lGespräche mit chinesischen und japanischen Gelehrten, von diesen unbemerkt, gefordert."
(„Ex Oriente lux", Stuttgart 1989)

Ohne seinen bedeutendsten Gegner Adorno ist Heidegger kaum noch zu verstehen. „Licht fällt auf die restaurativen Philosophien von heutzutage vom kitschigen Exotismus kunstgewerblicher Weltanschauungen her, wie dem erstaunlich konsumfähigen Zen-Buddhismus. Gleich diesem simulieren jene eine Stellung des Gedankens, welche anzunehmen die in den Subjekten aufgespeicherte Geschichte unmöglich macht. Einschränkung des Geistes auf das seinem geschichtlichen Erfahrungsstand Offene und Erreichbare ist ein Element von Freiheit; das begrifflos Schweifende verkörpert deren Gegenteil. Doktrinen, die dem Subjekt unbekümmert in den Kosmos entlaufen, sind samt der Seinsphilosophie mit der verhärteten Verfassung der Welt, und den Erfolgschancen in ihr, leichter vereinbar als das kleinste Stück Selbstbesinnung des Subjekts auf sich und seine reale Gefangenschaft." (*Th. Adorno*: „Negative Dialektik", Frankfurt 1975, S. 76).

Der populäre „Jargon der Eigentlichkeit" rechnete ab mit den Heidegger-Epigonen, der erste Teil der „Negativen Dialektik" mit Heideggers Seinsdenken selbst. „Ungreifbarkeit wird zur Unangreifbarkeit." (a.a.O., S. 69) — „Kritik des Kritizismus wird vorkritisch." (S. 70). „Sein jedoch, das kein Begriff oder ein ganz besonderer sein soll, ist der aporetische schlechthin", „keine Frucht mönchischer Keuschheit des Ursprünglichen" (S. 84). „Selbst vom Sein wagt Ontologie am Ende kaum mehr etwas zu prädizieren" (S. 86) und behandle es wie Kant das Ding an sich. „Sein ist das transcendens schlechthin", sagt Heidegger, und diese erhabene „Transzendenz gegenüber dem reflektierenden Verstand" (Seite 91) gebe dem Bedingten einen von der totgesagten Metaphysik geborgten falschen „Schein der Unbedingtheit" und dem „Seinsentwurf" einen „Hang, Freiheit aus Freiheit zu negieren" (S. 94). „Denken ohne Begriff ist keines" (S. 105). „Semsfrömmigkeit durchstreicht vollends den Inhalt, der in den halb oder ganz säkularisierten Religionen mitgeschleift war", und dem Seienden sei „entwendet, was immer dem Sein zugeschanzt wird." (S. 106) „Kraft der Logik der philosophischen Aporie ... versetzt er die empirische Übermacht des so Seienden ins Wesenhafte." (S. 107). „Im Wort Sein, dem Inbegriff dessen, was ist, hat die Copula sich vergegenständlicht." (S. 109).

Nach Adorno hat Heidegger die 'Nichtidentität von Subjekt und Objekt' als Sein identifiziert und deren Vermittlung dadurch unzulässig hypostasiert. Sein „besagt für sich genommen nicht mehr als das Negative, daß die Urteilsmomente, wann immer geurteilt wird, nicht nach der einen oder anderen Seite ineinander aufgehen; daß sie nicht identisch sind." — „Heidegger gelangt bis an die Grenze der dialektischen Einsicht in die Nichtidentität in der Identität. Aber den Widerspruch im Seinsbegriff trägt er nicht aus. Er unterdrückt ihn." (S. 111). „Was irgend unter Sein gedacht werden kann, spottet der Identität des Begriffs mit dem von ihm Gemeinten; Heidegger jedoch traktiert es als Identität, reines es selbst Sein, bar seiner Andersheit. Die Nichtidentität in der absoluten Identität vertuscht er wie eine Familienschande. Weil das 'Ist' weder nur subjektive Funktion noch ein Dinghaftes, Seiendes, ... ist,... nennt Heidegger es Sein, jenes Dritte." (S. 110 f.) — Das ist der 'ausgeschlossene Dritte' des logischen Grundsatzes. — „Wird aber die Analyse von Sein selber tabu, so geht die Aporie über in Subreption." (S. 110). Tabu ist vor allem die Psycho-Analyse des Seins.

„Nichtig ist der unmittelbare Ausdruck des Unausdrückbaren".

„Der Einspruch gegen Verdinglichung verdinglicht ... bis zum Widerruf des Bewußtseins ... Der Gedanke, der Unausdrückbares denken will durch Preisgabe des Gedankens, verfälscht es zu dem, was er am wenigsten möchte, dem Unding eines schlechthin abstrakten Objekts." (S. 116). --- Identitätsphilosophie: „Das 'Wesen' des Daseins liegt in seiner Existenz" seit „Sein und Zeit"(1927). — „Der Abgrund des Archaismus, in dem alles alles sein und bedeuten kann", „die gepriesene Ungeschiedenheit von Existenz und Essenz im Sein wird ... Verhängnis der Verkettung." (S. 125)

Unsere These : Heideggers „ontologische Differenz von Sein und Seiendem" ist so groß wie die logische Differenz zwischen Subjekt und Prädikat im „negativunendlichen Urteil der Qualität" (NUQ), das sich weigert, in das typisch jüdische „Reflexionsurteil der Quantität" von Hegels „Logik II" überzugehen. Heideggers „nichtendes Nichts", welches das „Seyn selbst" sei, weil es das „Seiende im Ganzen nichtet", ist synonym mit dem „MU" (Sowohlalsauchwedernoch) des Zen-Buddhismus und dieses mit einem NUQ über Subjekt und Objekt. Wie wäre es, wenn die „Rede vom Sein" als negativ-unendliches Qualitätsurteil über das „Seiende im Ganzen samt dem menschlichen Dasein" zu verstehen ist?

Was angeblich vor und über der abendländischen Subjekt-Objekt-Spaltung liegt als deren Quelle und Ermöglichungsbedingung, faßt *Robert Pirsig* in seinem zu Kultbuch gewordenen Roman „Zen oder die Kunst, ein Motorrad zu warten" nicht zufällig als so etwas wie „Qualität", subjektiv und nichtsubjektiv zugleich und weder nur 'subjektives Bedürfnis' noch 'objektive Formel'. Das 'Sein' ist für Heidegger weder Seiendes noch nichts. Kein Seiendes sei ein mögliches Prädikat oder gar mögliches Subjekt von so etwas wie „Seyn". Nicht den noch so großen Umfang eines noch so allgemeinen Oberbegriffs, sondern den Abgrund zwischen Subjekt und Objekt im NUQ nennt Heidegger „Lichtung" und „Öffnung des Seins für alles Seiende samt dem menschlichen Dasein". Der logische Schluß ist hier ersetzt durch deutsche 'existenzielle Entschlossenheit' und 'Seinserschlossenheit', die logische Bestimmung durch die „Stimmung der Angst vor dem Entgleiten des Seienden im Ganzen". — Heideggers „Dasein ist Sein zum Tode" und vom Tode her. Ist es Zufall, daß Hegels „Logik" und „Enzyklopädie" als Beispiel für ein NUQ ausgerechnet diesen Tod wählt, der bei Heidegger das „existenzielle Ganzseinkönnen" hegelisch 'aufhebt'? „Ebenso ist dann auch der Tod ein negativ-unendliches Urteil, im Unterschied von der Krankheit, welche ein einfach-negatives Urteil ist. In der Krankheit ist bloß diese oder jene besondere Lebensfunktion gehemmt oder negiert, wohingegen im Tode, wie man zu sagen pflegt, Leib und Seele sich scheiden, d. h. Subjekt und Prädikat gänzlich auseinanderfallen."

(Enzyklopädie, § 173)

„Das Einzelne ist aber auch *nicht* ein Allgemeines ... die vorhandene völlige Unangemessenheit des Subjekts und Prädikats; sogenanntes unendliches Urteil ... 'der Geist ist kein Elefant' ... — Sätze, die richtig, aber widersinnig sind ... überhaupt keine Urteile und können nur in einem subjektiven Denken vorkommen, welches auch eine unwahre Abstraktion festhalten kann." (Enzyklopädie, § 173). Das Subjekt bezieht sich nur auf sich, ohne „Verhältnis und Zusammenhang mit einem Anderen, mit einer äußeren Welt" (§ 174), wo „das Prädikat gleichsam die Seele des Subjekts" nicht mehr ist, sondern eher sein Jenseits.

Erst im 'Reflexionsurteil' des scharfen Verstandes ist „das Einzelne in sich geteilt, zum Teil bezieht es sich auf sich, zum Teil auf anderes" (Enzyklopädie, § 175) und verläßt seinen autistischen Narzißmus.

„Das Positive des unendlichen Urteils, der Negation der Negation, ist die Reflexion der Einzelheit in sich ... Durch die Vermittlung des negativen und unendlichen Urteils ist es (sc. das Subjekt) erst als Einzelnes *gesetzt."* Die unendlichpositiven Urteile lauten: „Das Einzelne ist einzeln", „das Allgemeine ist allgemein", und beides ohne Berührungspunkt. „Durch diese Reflexion der Urteilsbestimmungen in sich hat nun sich das Urteil aufgehoben; im negativ-unendlichen Urteil ist der Unterschied sozusagen *zu groß,* als daß es noch ein Urteil bliebe ..." (Logik II, Frankfurt 1981, S. 325).

„Ein Urteil, worin die Form des Urteils aufgehoben ist ... ist ein widersinniges Urteil. Es soll ein Urteil sein, somit eine Beziehung von Subjekt und Objekt enthalten; aber eine solche soll zugleich nicht darin sein." Da gehe es um Bestimmungen, „deren eine nicht nur die Bestimmtheit der anderen nicht, sondern auch ihre allgemeine Sphäre nicht enthält, also z.B. ... der Verstand ist kein Tisch und dergleichen. — Diese Urteile sind richtig oder wahr, wie man es nennt, aber einer solchen Wahrheit ungeachtet widersinnig und abgeschmackt. — Oder vielmehr sie sind *keine* Urteile. — Ein reelleres Beispiel des unendlichen Urteils ist die *böse* Handlung ... Das *Verbrechen* aber ist ein unendliches Urteil, welches nicht nur" einzelne Paragraphen, sondern „das Recht *als Recht* negiert." (a.a.O., S. 325).

Solche Verbrechen sind z. B. die Verbrechen, welche zu der Zeit begangen wurden, als Heidegger die „Kehre" von Kierkegaard zu Hölderlin machte, vom „Da-sein zum da-Seyn". Nach Kant ist ein Handlungsgrundsatz böse, der nicht verallgemeinert werden kann, ohne sich selbst aufzuheben: Das Einzelne ist einzeln und nicht verallgemeinerungsfähig, das Individuum hat sich aus der Allgemeinheit selbst 'ausgeschlossen'.

„Das negativ-unendliche Urteil, in welchem zwischen Subjekt und Prädikat gar keine Beziehung mehr stattfindet, pflegt in der formellen Logik bloß als sinnlose Kuriosität angeführt zu werden."
(Das hatte schon Fichte-Vorbild Maimon geändert, den Hegel aber verschweigt. Maimon kannte *unendliche* Urteile über eine Mannigfaltigkeit ohne Synthesis, *formelle* Urteile über eine Synthesis ohne Mannigfaltigkeit und *reelle* Urteile, in denen das Subjekt als Substanz wohl ohne akzidenzielles Prädikat, nicht aber das Prädikat als Akzidenz ohne substanzielles Subjekt bestehen könne.)
„In der Tat ist jedoch dieses unendliche Urteil nicht bloß als eine zufällige Form des subjektiven Denkens zu betrachten, sondern es ergibt sich dasselbe als das nächste dialektische Resultat der vorangehenden unmittelbaren Urteile (des positiven und des einfachen negativen), deren Endlichkeit und Unwahrheit darin ausdrücklich zutage kommt." (Enzyklopädie, Zusatz § 173).

Von dieser Unwahrheit des unmittelbaren positiven oder negativen Urteils leben ZEN und Heidegger, indem sie dagegen die Wahrheit der unendlich-negativen Urteile herausstreichen, die gar keine mehr sind, aber den Übergang zu den Reflexionsurteilen des jüdischen Verstandes scheuen. ZEN und Heidegger nisten sich ganz undialektisch in dieser Nische zwischen einfachen und reflektierten Urteilen ein, deren Sinn sie philosophisch bestreiten. —

Sie überschreiten unmittelbare Urteile und wollen nicht von Reflexionsurteilen überschritten werden. Kurz : Sie machen endliche zu unendlichen Urteilen und behandeln umgekehrt unendliche Urteile, als wären es einfache Urteile. —

„Das Seyn — Es selbst." Die qualifizierte Differenz von Subjekt und Objekt ist in der Tat ein weder subjektiver noch objektiver Tatbestand, doch auch keine sakrale Schicht über beiden, wie Heidegger suggerieren möchte, und keine Wurzel unter beiden.

Gegen Heidegger teilen Adorno und Hegel das dialektische Denken, gegen Adorno teilen Hegel und Heidegger die Ablehnung von Fragmenten, gegen Hegel teilen Adorno und Heidegger das anti-idealistische Naturdenken.

Was Adorno vor seinen miteinander verfeindeten Kardinalkontrahenten Hegel und Heidegger voraushat, verdankt sich nur seinem aphoristischen Denken, das beide als uneigentliche Konversation ablehnen würden.

Heidegger ist heute nicht mehr zu verstehen ohne seinen bedeutendsten Gegner Adorno und — nicht ohne den Vatermord von Habermas an seinem Lehrer Adorno. „Sein spricht sich dem Menschen zu", und „das Denken entspricht dem Sein", ohne sich zu widersprechen : eine bewußtlose Kommunikation gleichberechtigter Sozialpartner ohne 'instrumenteile Zweckrationalität'. Da dieser Heidegger von Adorno als alter Rechter erkannt wurde, mußte er von Habermas, der seinen geistigen Vater Adorno erledigte, als neuer Linker verkannt werden.

Heideggers „Sein" meint weder Seiendes noch Nichtseiendes, weder Begriff noch Unbegreiflichkeit. Zen-Koan : „Was ist Buddha ?" — „Drei Pfund Flachs." Wenn jedes Urteil möglich ist, dann ist kein Urteil sinnvoll und umgekehrt. Vor dem gemeinsamen Unterschied zu beliebigen drei Pfund Flachs verschwindet der Unterschied zwischen Buddhas und Nichtbuddhas. 'Drei Pfund Flachs' sind so wenig Buddhisten, daß sie nicht einmal Nichtbuddhisten, also z.B. nicht einmal Christen sein können. „Flachs" ist weder mögliches Prädikat noch mögliches grammatisches Subjekt von so etwas wie „Buddha", meint Zen zurecht.

„Wenn die Urteile des Daseins auch als Urteile der Inhärenz bestimmt werden können, so sind die Urteile der Reflexion vielmehr Urteile der Subsumtion." (Hegel: Logik II, Frankfurt 1981, S. 328). Reflexion subsumiert Einzelfälle unter ihren Allgemeinbegriff; im Qualitätsurteil werden umgekehrt Allgemeinbegriffe unter ein Individuum subsumiert, dem die Qualitäten anhängen.

Im NUQ weigert sich der und das Einzelne paranoisch nicht nur, unter Oberbegriffe subsumiert zu werden, sondern auch nur als unverwechselbar besondere „Konstellation von Allgemeinbegriffen" (Adorno) sich begreifen zu lassen. Subjekt ist Subjekt, Prädikat ist Prädikat und sonst nichts — dieses Nichts erhebt Zen zu „MU" und Heidegger zum „Seyn selbst" : Sowohl-als-auch-weder-noch.

Laut Adorno wird die 'Nichtidentität' von Prädikat und Subjekt in Heideggers „Seyn" nur hypostasiert. Die Vermittlung von Subjekt und Objekt durcheinander werde als Unmittelbares zweiter Art und als gesunde Mitte verkauft, also als *terminus medius* nicht von Schlüssen, sondern von 'Entschlossenheiten', als ganz besonderer Grund dafür, daß eins nicht ohne das andere sein könne.

Der real-existierende Widerspruch werde mit der Idee des Nichtwidersprüchlichen verwechselt bis zur schizoiden Zwangsvereinigung von Subjekt und Objekt. Nach Adorno verschwindet bei MH die Differenz von Ich und Nicht-Ich in ihrer gemeinsamen Differenz zum Sein und zum N-ich-ts, und Heidegger produziere die Subjekt-Objekt-Einheit gerade aus ihrer gemeinsamen Nichtidentität mit der Identität von Sein und Nichts.

Kein Subjekt ohne Objekt, kein Objekt ohne Subjekt : *Daß* Ich und Nicht-Ich durcheinander vermittelt seien, nenne Heidegger Sein. Erst wird das Objekt erschlossen durch die Entschlossenheit des Subjekts und später umgekehrt über das menschliche Dasein beschlossen durch die Verschlossenheit des Seins.

„Nur im Widerspruch des Seienden zu dem, was zu sein es behauptet, läßt Wesen sich erkennen." (Adorno: „Negative Dialektik", Frankfurt 1976, S. 169)

Dies behauptet es zu sein, und das ist es wirklich : Satire über das herrschende Unwesen war für Adorno heutzutage ebenso notwendig wie unmöglich.

„Ihr seht doch, daß Sokrates in die schönen Jünglinge verliebt ist..." *(Platon)*

„Unter solcher Verfassung muß denn auch Reichtum viel gelten, besonders bei Weiberregiment, wie das meistens ... bei den kriegerischen Stämmen der Fall ist, ... und wo etwa sonst man sich offen der Knabenliebe ergibt." *(Aristoteles)*

„Liebe ist Lust, verbunden mit der Idee einer äußeren Ursache ... Lust ist Übergang des Menschen von geringerer zu höherer Vollkommenheit." *(Spinoza)*

„Der Mann verhält sich zu Gott wie das Weib zum Manne ..." *(Hamann)*

„Das Weib wird durch die Ehe frei; der Mann verliert dadurch seine Freiheit." „Der Mann ist leicht zu erforschen, die Frau verrät ihr Geheimnis nicht..." „Die Frau will herrschen, der Mann beherrscht sein ... Sie ist empfindlich, er empfindsam ..." „Der Mann ist eifersüchtig, wenn er liebt; die Frau auch ohne daß sie liebt." „... kein Mann aber wird ein Weib sein wollen." *(Kant)*

„Erkennen ist die Liebe ... Die Liebe ist das Hervorbringen und die Auflösung des Widerspruchs ... der ungeheuerste Widerspruch, den der Verstand nicht lösen kann, indem es nichts Härteres gibt als diese Punktualität des Selbstbewußtseins, die negiert wird und die ich doch als affirmativ haben soll." *(Hegel)*

„Die Liebe ist der wahre ontologische Beweis vom Dasein eines Gegenstandes außerhalb unserem Kopfe." „Warum begab sich also der Sohn in einen weiblichen Schoß? ... weil der Sohn die Sehnsucht nach der Mutter ist." *(Feuerbach)*

„... flüchtet vor der geschichtlichen Tragödie, die ihm drohend zu nahe rückt, in die angeblich reine Natur, d. h. in die blöde Bauernidylle und predigt den Kultus des Weibes, um seine eigene weibische Resignation zu bemänteln." „Eine zu verschwenderische Natur hält den Menschen an ihrer Hand wie das Kind am Gängelband." — „Von diesem Augenblick an regen sich Kräfte und Leidenschaften im Gesellschaftsschoße, welche sich von ihr gefesselt fühlen." „Das Verhältnis des Mannes zum Weib ist das natürlichste Verhältnis des Menschen zum Menschen ... und das menschlichste Verhältnis zur Natur." *(Marx)*

A Schopenhauer meinte, „daß der Geschlechtstrieb ... die Konzentration alles Wollens ist", „die Quintessenz der Welt", und „daß Kant, so oft er vom Ding an sich redete ,... immer schon den Willen undeutlich dachte". „Die Liebe ... ist der Wahn, welcher dem Dienste der Gattung die Maske eines egoistischen Zwecks vorsteckt." — „Und was die Weiber betrifft, so war ich denen sehr gewogen — hätten sie mich nur haben wollen."

„Der Mann ist für das Weib ein Mittel... ein Spielzeug sei das Weib."

„Jedermann trägt ein Bild des Weibes von der Mutter her in sich ..." —

„Der Mann ist kindlicher als das Weib."

„Das Weib ist noch nicht einmal flach."

„Unter Frauen. Die Wahrheit ? O Sie kennen die Wahrheit nicht! Ist sie nicht ein Attentat auf all unsere pudeurs?" *(Nietzsche)*

„Also Tagtraum und ... konkrete Utopie bewirken sozusagen eine Philosophie von Schwangerschaft höchster Ordnung." „Die Materie ist die Mutter alles Seins, die sexuelle Aufklärung wurde komplett, das Weltgeheimnis war gelegt." *(Ernst Bloch)*

„Liebe ist das Genie des Armen". „Die Obszönität des weiblichen Geschlechtsorgans ist ... ein Ruf nach Sein wie alle Löcher ... Fülle des parmenideischen Seins." „Der Geschlechtsakt ist Kastration des Mannes". „Ich masturbierte lieber Frauen, als mit ihnen zu schlafen." *(Sartre)*

„Liebe ist die Fähigkeit, Ähnliches an Unähnlichem wahrzunehmen." *(Adorno)*

„Liebe heißt Identifizierung, Denken." *(Horkheimer)*

Themenstellung : Im rationalen Bewußtseinssystem des weltweit erfolgreichsten Denkers wird die systematisch rationalisierte Verdrängung unbewußter Sexualphantasien einer ganzen Epoche aufgedeckt. Rein metaphysische „Hinterwelten" haben rein physische Hintergedanken, und sogar für Nichtmarxisten ist es ein unbewußtes Sein, welches auch das philosophische Bewußtsein bestimmt, hinterrücks und meist unvermerkt. Heidegger nannte seine Schülerin Hannah Arendt, die er 1925 verführt hatte, die Muse seines Werkes und die „Passion meines Lebens", wurde aber dann eher Liebhaber der nationalen als der rationalen Sophia. Versucht wird hier eine Psychoanalyse nicht des Denkers, sondern seines Denkens und damit eine Motivdeutung der Argumente seiner Anhänger und Verächter. Heideggers vielberedete „Kehre" unter dem Eindruck politischer Enttäuschungen wird wörtlich als Per-Version, sein „Rückstieg zur frühgriechischen Physis" als philosophisch symbolisierte infantile Regression zur prädödipalen Ursymbiose von Menschenkind und „Mutter Natur" verstanden. Der so dezidiert antipatriarchalische Antibiblizismus dieses Ex-Katholiken flüchtete vor Gottvater zurück zu neuheidenfundamentalistischen Mutter-gottheiten, und daß alles psychisch Regressive als progressiv verkauft wird, macht seine Tiefenwirkung bis heute aus. Die freudianische Interpretation dieser „Ontologie" fungiert dabei nicht als reduktionistischer Universalschlüssel, sondern als notwendige Hilfswissenschaft ...

Interessenten : Philosophen, Psychologen, Theologen, Philologen.